慕尼黑・羅曼蒂克大道・法蘭克福

這是什麼呢？

（答案見P2）

Lala Citta是義大利文的「城市＝La Citta」，

和享受輕快旅行印象綜合而成的用語。

書中匯集了能飲用大杯啤酒搭配的巴伐利亞菜色、

有著中世浪漫氛圍的古城和街區等…

不可錯過的旅遊時尚新主題。

當你在想「今天要做什麼呢」時

就翻這本書吧。

歡樂旅遊的各種創意都在書中。

慕尼黑·羅曼蒂克大道·法蘭克福

Contents

本書標示

- …世界遺產
- …必看景點
- …絕佳景觀
- ~30分 …30分左右
- 30~120分 …30～120分
- 120分以上 …120分以上
- …需事先訂位
- …有英文版菜單
- …有諳英語的員工
- DRESS CODE …有著裝規定
- …有餐廳
- S…單人房或1人住雙人房的住宿費
- T…雙人房1晚的住宿費
- 交…交通
- 住…地址
- …電話號碼
- 時…開館時間、營業時間
- 休…公休
- 金…費用

●道路名稱的簡稱

Str.、-str.＝Straße、straße（街道）
Pl.、-pl.=Platz、platz（廣場）
St.=Sankt（聖）
HBF.=Hauptbahnhof（中央車站）
BHF.=Bahnhof（車站）

P1照片的答案→能讓孩童學習字母的木製玩具

073 羅曼蒂克大道

093 法蘭克福

102 法蘭克福市內交通

●地圖符號標示

Ⓡ…餐廳	ℹ…觀光服務處	U…U-Bahn
Ⓒ…咖啡廳	✈…機場	S…S-Bahn
Ⓢ…商店	…巴士站牌	…路面電車
Ⓝ…夜間景點	…銀行	…鐵路
Ⓔ…娛樂	…郵局	…觀光物件
Ⓗ…飯店	…醫院	…飯店
卍…寺院	⊗…警察局	…商業設施
…教堂	◆…市政廳	…公園、綠地

126 MAP

其他注意事項

○本書刊載的內容和資訊，是基於2015年5～6月時的取材、調查編輯而成。書籍發行後，在費用、營業時間、公休日、菜單等營業內容上可能有所變動，或是因臨時歇業而有無法利用的狀況。此外，包含各種資訊在內的刊載內容，雖然已經極力追求資訊的正確性，但仍建議在出發前以電話等方式做確認、預約。此外，因本書刊載內容而造成的損害賠償責任等，弊公司無法提供保證，請在確認此點之後再行購買。
○地名、建築物名在標示上參考政府觀光局等單位提供的資訊，並盡可能貼近當地語言的發音。
○休息時間基本上僅標示公休日，省略復活節、聖誕節、新年期間、國定紀念日等節日。
○費用的標示基本上為成人的費用。
○S為S-Bahn、U為U-Bahn、T為路面電車、B則表示路線巴士。

慕尼黑·羅曼蒂克大道·法蘭克福

區域Navi

流貫市中心的優雅緬因河

法蘭克福

Frankfurt am Main

綿延於萊茵河支流緬因河畔的德國金融、商業中心，也是神聖羅馬帝國皇帝舉行戴冠加冕儀式、文豪歌德居住26年的知名城市。

焦點

- ◆萊茵河遊船→P28
- ◆歌德故居→P96
- ◆海德堡→P100

歌德廣場上的歌德雕像

N
0 100m
丹麥
波羅的海
Baltic Sea
黑爾戈蘭灣
Helgoländer Bucht
普倫
波蘭
漢堡
不萊梅
易北河
荷蘭
童話大道
艾利卡大道
柏林
漢諾威
波茨坦
杜塞道夫
科隆
歌德大道
萊比錫
德勒斯登
法蘭克福
威瑪
馬堡
比利時
哈瑙
古城街道
呂德斯海姆
布拉格
盧森堡
麥茵茲
伍茲堡
巴德梅根特海姆
羅騰堡
捷克
海德堡
紐倫堡
仙蹤大道
丁克斯布爾
諾德林根
法國
斯圖加特
黑森林
Schwarzwald
慕尼黑
奧格斯堡
羅曼蒂克大道
列支敦斯登
高天鵝堡
康士坦茲
富森
貝希特斯加登
新天鵝堡
奧地利
阿爾卑斯山大道
瑞士
義大利

匯率

€1≒35元（2016年7月）

貨幣單位為歐元Euro（€）和歐分（¢），€1＝100¢（→P115）

小費

幾乎所有餐廳和飯店的帳單金額都已經內含服務費，因此並不需要另外付小費。不過，上餐廳時會有支付總金額的5～10%做為小費的習慣。由於瑞士並無在飯店客房內或餐廳桌上放置小費的習慣，若要給小費請直接交到對方手上。

稅金

在德國購物時商品標價都已經內含19%（食品、書籍、地圖骨董品、助聽器7%）的增值稅（MWST），此為歐盟國家居民必須支付的稅金，非居住在歐盟國家的旅客則享有免稅制度。辦理免稅手續後即可退回部分金額（手續→P120）。

時差

與台灣的時差有7小時。當台灣正午時，德國為清晨5時。3月最後一個週日～10月最後一個週六屬於夏令時間，所以時差會變成6小時。

其他詳細當地資訊→P109

僅次於首都柏林的第二大城、曾為巴伐利亞王國首都的慕尼黑，以及舉行皇帝加冕儀式的法蘭克福、德國最具代表的觀光街道——羅曼蒂克大道。絕不可錯過的旅遊焦點全都在這兒！先掌握重點再來規劃旅行計畫吧。

德國的基本資料

- 正式國名・都市名 德意志聯邦共和國
- 人口／面積 8200萬人 35萬7021km²
- 國旗 黑紅金三色旗
- 政治體制 聯邦共和體制
- 國歌 德意志之歌
- 語言 德語

總是旅客如織的新市政廳前

慕尼黑
München

以啤酒釀造地而聞名的城市，每年10月會舉辦慕尼黑啤酒節。除了啤酒外，也一定要嘗嘗白香腸、德國豬腳等巴伐利亞料理。

焦點

◆巴伐利亞料理→P10
◆瑪麗恩廣場的機關鐘→P38
◆市民的廚房・穀物市場→P39
◆寧芬堡宮→P46
◆慕尼黑啤酒節→P52

拜仁慕尼黑隊的主球場「安聯球場」

羅曼蒂克大道
Romantische Straße

在德國家喻戶曉的觀光街道中人氣排名第一。全長約350km的街道沿路上，散落著許多還保留中世風貌的可愛街區。

焦點

◆新天鵝堡→P20
◆羅騰堡→P24
◆法蘭根地區的鄉土料理→P25
◆傳統糕點「雪球」→P25
◆威斯教堂→P89

羅曼蒂克大道非吃不可的雪球

彷彿從繪本中跑出來般的街景

德國歷史年表

- BC50～10萬年左右 尼安德塔人落腳於杜塞道夫郊外
- BC1000～500年左右 凱爾特人居住在德國南部
- BC300年左右 日耳曼諸部族擴張至歐洲中部
- 50年 在科隆興建羅馬殖民城市
- 375年 日耳曼民族開始大遷移
- 962年 成立神聖羅馬帝國
- 1248年 科隆大教堂開土動工
- 1386年 設立海德堡大學
- 1519年 卡爾五世即位
- 1521年 馬丁・路德將新約聖經翻譯成德文
- 1618年 三十年戰爭（～1648年）
- 1701年 普魯士王國成立
- 1710年 開始建造茨溫格爾宮
- 1744年 伍茲堡的主教宮完工
- 1746年 動工興建威斯教堂
- 1747年 波茨坦的忘憂宮落成
- 1774年 歌德出版『少年維特的煩惱』
- 1806年 神聖羅馬帝國滅亡
- 1812年 「格林童話集」初版上市
- 1815年 德意志聯邦成立
- 1835年 建造德國第一條鐵路
- 1871年 德意志帝國（第二帝國）成立
- 1882年 組成三國同盟（～1915年）
- 1885年 賓士、戴姆勒各自開發出世界第一輛汽車
- 1914年 第一次世界大戰爆發
- 1919年 於威瑪成立包浩斯學校
- 1923年 啤酒館政變
- 1939年 第二次世界大戰爆發
- 1949年 德意志聯邦共和國（西德）、德國民主共和國（東德）成立
- 1961年 建設柏林圍牆
- 1972年 舉辦慕尼黑奧運
- 1989年 柏林圍牆倒下
- 1990年 東西德再度統一
- 2002年 歐元貨幣開始流通
- 2006年 主辦世界盃足球賽
- 2011年 舉行女子世界盃足球賽

8天6夜的 經典路線

將南德的魅力濃縮成
8天6夜的標準行程，
一次飽覽萊茵河、羅曼蒂克大道、
新天鵝堡等非去不可的景點♪

前往德國的方式

台灣僅有中華航空有直飛德國的班機，一週5～7班，或是經由香港、曼谷、新加坡或歐洲城市轉機。

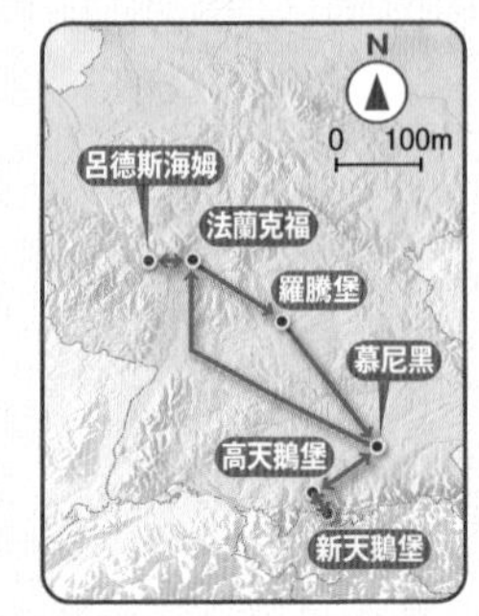

Day 1 抵達法蘭克福國際機場，搭S-Bahn到羅馬廳周邊

16:30 抵達法蘭克福國際機場

…S-Bahn20分

19:00 羅馬廳周邊的飯店Check in

…步行即到

20:00 羅馬廳周邊吃晚餐

抵達法蘭克福國際機場。夏天太陽要22時才會下山，抵達當日即可安排行程

從機場搭S-Bahn進市區

Day 2 造訪觀光、美食、購物景點豐富的法蘭克福舊城區

10:00 第一站先前往法蘭克福的地標──羅馬廳(→P96)

…步行10分

11:00 參觀歌德故居(→P96)

…步行10分

12:30 到Frohsinn(→P99)享用午餐

…步行3分

14:00 前往設計前衛的購物中心MyZeil (→P99)

…步行5～7分

15:30 到Kleinmarkthalle (→P99) 或現代藝術美術館 (→P107) 選購伴手禮

…步行5分

法蘭克福的舊市政廳「羅馬廳」，入口在建築物的旁邊

Frohsinn的內部擺設也很值得一看♪

Frohsinn除了義大利麵外，甜點樣式也很多

時間允許的話，一定要去現代藝術美術館的商店（→P98）瞧瞧喔

有如黑洞般獨特造型的MyZeil

搭乘MyZeil號稱歐洲第一長的手扶梯試試吧

可以試吃，所以請別客氣

法蘭克福規模最大的市場Kleinmarkthalle裡擺滿著各式各樣的美味食材

17:00 前往大教堂的觀景台(→P107)

●…步行12分

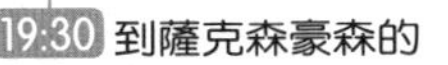

19:30 到薩克森豪森的Zum Grauen Bock吃晚餐(→P104)

爬上觀景台的階梯很陡
請小心慢走

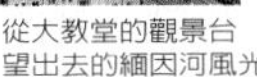

從大教堂的觀景台
望出去的緬因河風光

傳統住屋林立的
薩克森豪森

暢飲著名的蘋果酒
感受法蘭克福的
老街風情

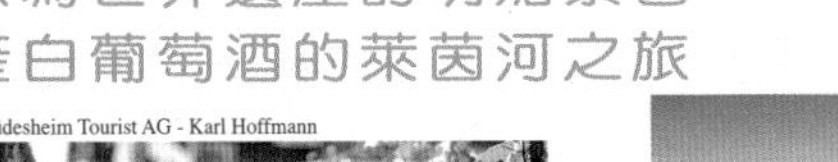

Day 3 能欣賞已登錄為世界遺產的明媚景色及品嘗當地產白葡萄酒的萊茵河之旅

09:00 從法蘭克福中央車站出發

●…VIA直達火車約1小時10分

10:30 抵達呂德斯海姆車站

●…纜車10分

11:00 從尼德瓦爾德紀念碑眺望優美景色（→P30）

●…纜車10分

12:00 遊逛斑鳩小巷
搭配特產白葡萄酒享用午餐

●…步行即到

14:15 從呂德斯海姆展開萊茵河遊船之旅

●…萊茵河遊船之旅1小時50分

16:05 抵達聖高爾斯豪森
and more… 登上羅蕾萊山頂

●…VIA約1小時40分

18:05 抵達法蘭克福中央車站

20:05 and more… 行程備案

©Rüdesheim Tourist AG - Karl Hoffmann

在呂德斯海姆的觀光勝地
斑鳩小巷品嘗美味的葡萄酒

搭纜車往
尼德瓦爾德之丘的
途中就能看到綿延的
葡萄園

漫步穿梭於呂德斯海姆的葡萄園間
©Rüdesheim Tourist AG - Marlis Steinmetz

©Rüdesheim Tourist AG - Karlheinz Walter

搭遊船從呂德斯海姆出發後馬上就會看到的葉連岩城堡

能近距離一睹
羅蕾萊的KD遊船
羅蕾萊號

and more…行程備案

要登上羅蕾萊山頂可由聖高爾斯豪森搭巡迴巴士，單程約15分鐘。沿著河岸徒步也只要15分鐘左右就會抵達登山口，再循著登山步道而上即可。從山頂可一望萊茵河的壯麗景致。

旅遊玩家的分享❶……空姐私房推薦

Q 有沒有德國非買不可的東西？

A 有機餅乾零食或調味料（→P57）。超市就能輕易買到，收到的人一定會滿意。包裝也很可愛，是伴手禮的最佳選擇。

日本航空空服員

Q 若想德國＋1個城市的話建議選擇哪裡呢？

A 搭芬蘭航空到赫爾辛基是台灣通往歐洲間最快捷的航程，而且可直接轉乘至慕尼黑、法蘭克福。赫爾辛基機場內還能買到北歐設計品牌Marimekko、嚕嚕米的相關商品，相當值得推薦♪

芬蘭航空空服員

A 若搭英國航空，即可經由倫敦前往慕尼黑和法蘭克福。在倫敦停留一晚後飛慕尼黑、慕尼黑再到法蘭克福，最後返回倫敦這樣的路線安排也很推薦。

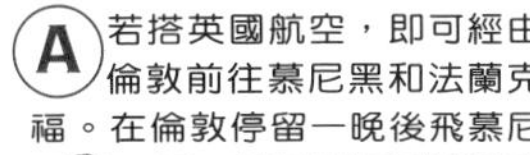

英國航空空服員

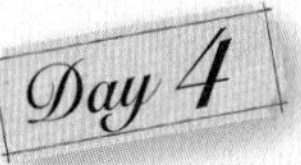

Day 4 羅曼蒂克大道的亮點 走進羅騰堡的童話世界

08:00 從法蘭克福出發

…歐洲巴士4小時

著名甜點「雪球」

到Friedel（→P25）外帶雪球

12:00 抵達羅騰堡到Glocke吃午餐（→P25）

…步行5分

14:00 參觀市政廳／市政廳鐘塔（→P26）

…步行1分

14:30 參觀聖雅各教堂（→P27）

…步行7分

16:00 到普隆萊小廣場拍照留念 沿著城牆漫步（→P27）

…前往飯店Check In

19:00 到Baumeisterhaus享用晚餐（→P82）

有懼高症的人可能就不推薦了

從市政廳鐘塔可將童話故事般的街景盡收眼底

還保留木造屋街景的羅騰堡

ADVICE

市集廣場從聖誕節前一個月開始就會舉辦聖誕市集，可以邊喝著耶誕熱紅酒暖暖身子，欣賞美麗繽紛的聖誕樹。

Day 5 於慕尼黑觀光的空檔大啖白香腸&白啤酒等巴伐利亞名物

09:00 從羅騰堡出發

…火車3小時

12:00 抵達慕尼黑

飯店寄放行李

13:00 到Zum Spöckmeier（→P65）**品嘗白香腸♪**

…步行即到

14:30 從聖彼得教堂的塔樓眺望慕尼黑的景色（→P39）

…U-Bahn1分

15:30 參觀王宮（→P37）

…步行5分

17:30 前往Dallmayr（→P39）**購物&喝咖啡**

飯店Check in

19:00 到啤酒屋吃晚餐（→P12）

到據說是白香腸發源店的餐廳朝聖，若夏天來訪則推薦露天座

僅能容納一人通過

可從聖彼得教堂望見新市政廳

由慕尼黑最古老的聖彼得教堂所欣賞到的景致

到王宮一睹優美的巴伐利亞王國風采

於1700年創業的食材店Dallmayr挑選伴手禮

Dallmayr的2樓設有咖啡廳，不僅咖啡，甜點類也很豐富

ADVICE

Dallmayr前的瑪麗恩花園每到夏天，如茵的草坪就成了市民的休憩場所，雖然置有長椅，但既然來了，就直接坐在草地上享受悠閒片刻吧。

到啤酒屋享受美味的小麥啤酒♪

Day 6 沉醉在德國代表名城新天鵝堡的豪華絢爛世界

07:30 從慕尼黑出發

…火車2小時30分

10:00 抵達高天鵝堡

10:30 參觀新天鵝堡

（→P20）

15:30 從高天鵝堡出發

…火車2小時30分

18:00 抵達慕尼黑

瀰漫著神聖氛圍的德國代表名城

路德維希二世窮盡畢生精力打造而成的豪華城堡

參觀後也別忘了買巧克力€1.90當伴手禮

ADVICE

旺季期間有時光買票就得大排長龍，行前先在網路上預約會比較保險。

Day 7 從慕尼黑搭火車享受優雅時光前往法蘭克福

09:00 閒逛穀物市場 （→P39）

12:00 從慕尼黑出發

…ICE4小時

16:00 抵達法蘭克福

ADVICE

建議最晚也要在2小時前抵達機場，辦好登機手續後，30分～1小時前需到登機口等候。

19:20 從法蘭克福國際機場起飛

Day 8

13:40 抵達台灣

ADVICE

午餐就在穀物市場解決，除了Imbiss（小吃攤）外也可選擇吧檯式的海鮮餐廳。

也有許多如熟食、葡萄酒之類在旅途中能方便享用的食物

市場內有許多價格實惠的葡萄酒可以選擇

也不可錯過穀物市場的五月柱Maibaum（每年5月1日於廣場豎立的城市象徵）

從小吃攤飄來的烤香腸香氣讓人食指大動

還有設計成吧檯式的海鮮餐廳

旅遊玩家的分享❷……空姐私房推薦

Q 最後在機場一定要買的伴手禮是什麼？

A 若是送給女性朋友的話，推薦Kneipp的入浴劑。有檸檬香蜂草、南非鉤麻等種類十分豐富，可依當天心情自由挑選。

日本航空空服員

A 創業於1912年的Ritter Sport巧克力。正方形的包裝是為了能方便放入任何外套的口袋，而且較不易碎裂。共有20多種口味，季節限定口味也是熱門選項。

芬蘭航空空服員

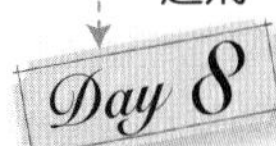

A 以軟糖聞名全世界的德國糖果公司Haribo的產品，建議挑選最經典、充滿德國特色的小熊軟糖。不過把可愛的小熊吃下肚還真有點可惜呢。

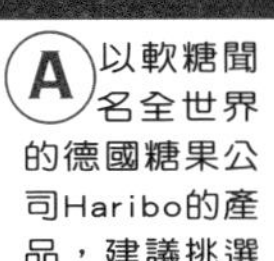

英國航空空服員

慕尼黑美食之旅

德國南部城市慕尼黑素以美食王國著稱。
有多樣以豬肉為食材的活力料理，每年10月開辦的慕尼黑啤酒節「Oktoberfest」等活動也都人山人海。
香腸、啤酒、咖啡廳和麵包，
一次將慕尼黑美食大公開！

一定要試試白香腸、白啤酒、椒鹽捲餅的慕尼黑式早餐！

Wurst（德國香腸）

＼這4種非吃不可♪／

從香腸開始進擊！

慕尼黑有白香腸及其他各種口味的香腸。
連法蘭克福與柏林當地的香腸都能在小吃攤買到，
一定要嘗嘗看！

烤香腸的撲鼻香氣讓人食指大動的小吃攤

白香腸 Weißwurst

將新鮮香芹和豬、小牛混合絞肉灌入豬小腸後水煮而成的單純風味香腸，一般的吃法是剝皮後沾甜芥末醬享用。

堅持白色外觀而選用100%的小牛絞肉，以口感比其他店家軟嫩為特色。僅於中午前供應
這裡吃得到 B …€5（2根）

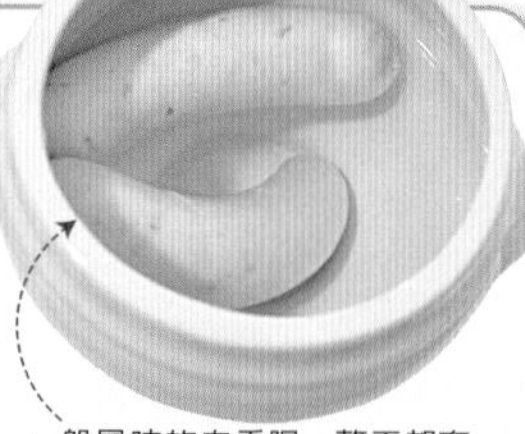

一般風味的白香腸，整天都有供應，想吃時很方便
這裡吃得到 C …€4.90（2根）

據說是白香腸的創始店，為其他店追隨的參考風味。相當推薦來吃吃看
這裡吃得到 A …€2.50（1根）

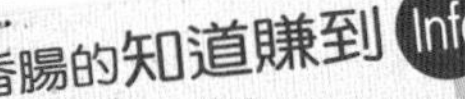

白香腸的知道賺到 Info

上午限定的菜單？

沒經過煙燻、只以水煮的白香腸放太久會壞掉，因此據說以前法律有規定只能在中午前販賣。衛生管理技術日益進步的現在雖然已無上午限定的規範，但似乎仍然保留了中午前食用的習慣，也有些餐廳會以中午12時前的限定菜單來供應。

沾甜芥末醬享用

由烘焙過的芥末籽製成，特色在於口味偏甜。甜味來自於砂糖、蘋果醬和蜂蜜等，與白香腸的軟嫩口感相當契合。

聖誕節時全家人一起吃

聖誕節的彌撒結束後，外帶白香腸與家人共享是巴伐利亞的傳統。巴伐利亞料理的名店等地，甚至會在聖誕節時，於店頭販售買回家只需加熱的水煮白香腸。

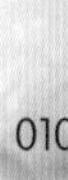

肝起司 Leberkäse Ⓒ €6.50

將牛肉、豬肉、培根等混合香料，放入模型蒸烤而成的香腸。多以一大塊切成薄片後端出，吃起來就像是沒有添加任何蔬菜的肉餅般。

裡面口感綿軟，越嚼越能吃出肉的鮮甜

雖然以肝為名但完全沒有使用到肝臟食材

有時在小吃攤的食品展示櫃中會看到一整塊的模樣

這裡也嘗得到！ Ⓐ…€9.60 Ⓑ…100g €3

餐廳List

Ⓐ Zum Spöckmeier→P65
Ⓑ Gaststätte Grosmarkthalle→P65
Ⓒ Hofbräuhaus→P66
Ⓓ Nürnberger Bratwurst Glöckl am Dom→P65
Ⓔ Löwenbräu Keller→P13

基本上會搭配德國酸菜一起吃，也有的店會放烤馬鈴薯

紐倫堡香腸 Nürnberger Bratwurst Ⓓ €8.20

起源於紐倫堡的香腸，特徵是加了能消除臭味、名為馬鬱蘭的香草。煎得酥脆的香腸外皮在口中一咬開後，香草和肉的香氣也隨即散發開來。

剛端上桌時相當燙口，若馬上就吃可是會燙傷的

以6條為單位供應，香腸長約5cm左右沒一會兒就吃光了

這裡也嘗得到！ Ⓑ…€5.20

香腸總匯 Wurstteller Ⓔ €12.50

若想品味多款香腸就推薦點這一道香腸總匯，大多會放上3種。幾乎所有的餐廳都有供應，打不定主意要吃什麼時不妨試試。

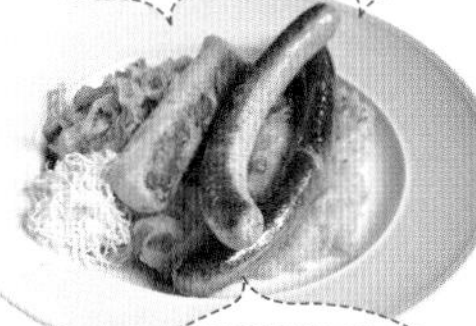

取名「如絹絲般柔軟」的香腸

用鹽醃漬成紅色、充滿咬勁的粗絞肉紅香腸

法蘭根地區的烤香腸，與紐倫堡香腸同樣

How to Eat

慕尼黑人認為從白香腸的兩端劃刀以吸食的方式品嘗才優雅，雖有此一說，但一般多會利用刀叉將皮切開後享用。

❶從鍋中取出

也有的店會以兩條為單位，此時請用刀子將連結兩條間的皮切開。

❷縱切劃刀

以叉子固定住後，邊用刀子縱向劃刀。秘訣在於不要切到下方的皮。

❸將皮與肉分開

將刀子滑入下方的皮和肉之間，像是將香腸翻轉般地除去外皮。

❹完成

另外一半也以同樣方式褪去外皮即大功告成！

這裡也要Check！

在Imbiss輕鬆大啖香腸♪

車站和市場等地常可見到的街頭小吃攤。不需到餐廳點餐，在Imbiss就能輕鬆享用香腸♪

Schlemmermeyer's

MAP P135-D2 地圖 正面-C3

穀物市場內的小吃攤，自1975年營業以來就是販賣香腸、火腿等的肉

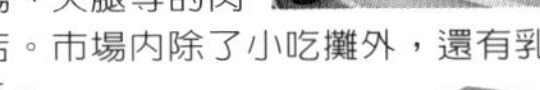

品專門店。市場內除了小吃攤外，還有乳酪專門店。

交Ⓢ1·4·6~8、Ⓤ3·6號線Marienpl.站步行5分 住Viktualienmarkt 3
☎(089)295575 時9時~18時30分（週六7時30分~16時）休週日

烤香腸 €1.70

選用肉質柔軟、較少調味料的香腸。麵包40¢，可自行添加番茄醬或芥末醬享用

+α 德式烤豬肉 100g€2.95

將外皮酥脆的烤豬切成片狀，煎餅般的乾硬外皮與入口即化的豬肉鮮味讓人欲罷不能。麵包另計40¢

Rubenbauer

MAP P134-A1

中央車站內營業已60多年的小吃攤。24小時營業的Imbiss僅此一家，有香腸、三明治、披薩等多樣選擇。

交住慕尼黑中央車站內
☎(089)54897110
時24小時
休無

漢堡肉丸 Fleischpflanzerl €3.10 +α

內夾以牛肉和豬肉的混合絞肉、洋蔥製成的漢堡排，重達150g以上的肉餅份量飽滿。

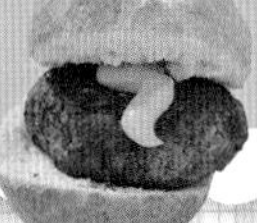

咖哩香腸 €3.40

搭配甜醬汁和咖哩粉享用的柏林著名香腸，若加點麵包要另付60¢

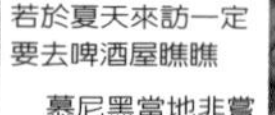

到Schwemme 喝啤酒吧！

造訪Schwemme（啤酒屋）
大口暢飲鮮釀啤酒♪
也有由啤酒釀造廠直營的Schwemme，
絕不可錯過當地才喝得到的特製啤酒！

連心都要醉了♡

若於夏天來訪一定要去啤酒屋瞧瞧

慕尼黑當地非嘗不可的小麥啤酒（白啤酒）

知道賺到 Info

一間餐廳只提供一家釀酒廠的啤酒？

店家招牌照過來！

雖然會不禁心想，如果能在一個場所喝到多款當地啤酒就好了，但很遺憾幾乎沒有這樣的店。餐廳大多會與啤酒釀造廠簽訂契約，因此只能供應同一家酒廠的產品。

慕尼黑國際機場內有釀酒廠？→P111

寶萊納啤酒 Paulaner

歷史悠久的釀酒廠，還留有1643年聖保祿教會修道士進行釀造的文獻。齋戒期間販售的烈性黑啤酒Bock相當著名，慕尼黑啤酒的代名詞——小麥啤酒Weissbier也是有口皆碑。

風味豐醇的小麥啤酒€4.10

這裡喝得到♪

Paulaner Im Tal

MAP P135-D2 地圖▶正面-C3

啤酒釀造廠直營 以原創菜色自豪的餐廳

推薦酒款是苦味較溫和的淡啤酒Helles及擁有豐富獨特香氣的小麥啤酒。可一次少量品嘗德國豬腳、烤豬肉、烤鴨的特餐1人€23.90（最低點餐數量3人份），相當有人氣。

data 交Ⓢ1～4·6～8、Ⓤ3·6號線Marienpl.站步行8分 住Tal 12 ☎(089)2199400 時10～24時 休無休 金午晚€15～

1.擁有美麗彩繪玻璃的店內 2.舒適宜人的中庭極具人氣最好先預約 3.加了椒鹽捲餅的湯€4.70 4.德式烤豬肉€12.90

皇家啤酒 Hofbräu

巴伐利亞公爵威廉五世於1589年所創設的宮廷釀造廠。1602年馬克西米利安一世禁止民間釀造白啤酒並獨佔市場，直至1828年路德維希一世才予以解禁。

淡啤酒€4.80

這裡也喝得到♪
Hofbräuhaus→P66

這裡喝得到♪

Biergarten am Chinesischen Turm

MAP P131-D1

在綠意盎然的舒適庭園 盡情大口飲酒

位於慕尼黑市民的休憩廣場——英國花園的啤酒花園，有小河綿延與一望無際的草坪。可於容納約7000個座位的寬敞腹地內，享用沁涼的淡啤酒、小麥啤酒和德國料理。

data 交Ⓑ54號往Lorettoplatz方向Chinesischer Turm下車即到 住英國花園(→P70)內 ☎無 時10～23時 休無休(冬天氣溫達20℃以上就會營業) 金午晚€8～

1.中國塔的2樓會舉辦樂團的現場演奏 2.洋溢綠意的啤酒花園 3.咖哩香腸&薯條€5.80

啤酒花園如何點餐？

啤酒屋的點餐流程與一般餐廳有些許不同。掌握訣竅就很簡單，請事先練習一下吧！

❶選擇餐點
到點餐攤位挑選料理。只需從展示櫃中自取菜色，或是向服務生告知要點菜單看板上的食物即可。

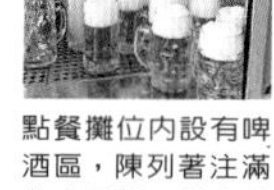

❷領取啤酒
點餐攤位內設有啤酒區，陳列著注滿的啤酒杯。點白啤酒的話，則由服務生當場注入酒杯。

❸結帳
手持放上餐點和啤酒的托盤到出口處的結帳攤位。1杯啤酒須多付€1押金，並領回一枚代幣。

❹領取刀叉等餐具
走出結帳攤位後，就有提供刀叉、湯匙和鹽、胡椒、紙巾等的餐具區。

❺坐定後開始暢飲
午間和傍晚後有時會找不到位子。跟別人併桌是很常見的情形，不妨出聲詢問一下。在場幾乎都是觀光客，說英文也OK。

❻收拾餐具
用餐完畢後，請將使用過的餐具放至餐盤回收區。將押金代幣拿到酒杯回收攤位，一枚代幣可退還€1。

試試顏色繽紛的啤酒

柏林啤酒 Berliner Weiße

右為車葉草、左為覆盆子，各€3.50

僅限柏林生產，帶有酵母發酵酸味的啤酒。會添加覆盆子、或如青汁味道的車葉草植物糖漿一起喝，慕尼黑當地還有摻小麥啤酒的喝法。以吸管飲用，但其實很容易喝醉，請小心。

這裡喝得到♪

Fürstenegger
MAP P128-A4
交U6號線Holzapfelkreuth站步行9分 住Würmtalstr. 2
☎(089)7141850 時10時～翌1時
休無休
金午晚€10～

能品嘗巴伐利亞料理與各國佳餚

獅王啤酒 Löwenbräu

15世紀創業的慕尼黑老字號啤酒釀造廠，於1867年的巴黎萬國博覽會獲得高度評價後，行銷至世界各地。Löwen即酒廠商標上的獅子，同時也是慕尼黑的代表標誌。

淡啤酒€4.50

這裡喝得到♪

Löwenbräu Keller
MAP P132-A2

釀造廠就在眼前的直營餐廳

將原本用於啤酒貯藏倉庫的建築物改裝而成的啤酒屋。以巴伐利亞百年建築為基調的圓形天花板店內，不僅吃得到德國豬腳等巴伐利亞名菜，還喝得到修道士啤酒廠的白啤酒。

data 交U1號線Stiglmaierpl.站步行3分 住Nymphenburger Str. 2
☎(089)54726690 時10～24時
休無休
金午晚€15～

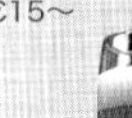

1.德國豬腳€14.50 2.天花板挑高、開闊感十足的店內 3.小麥啤酒€4.50

哈克普修啤酒 Hacker-Pschorr

前身為1417年就留有釀造紀錄的慕尼黑老字號釀酒廠Hacker。18世紀後葉Hacker家的女兒與Pschorr家的兒子聯姻，才改成目前的名字。

深色小麥啤酒€4.90

這裡喝得到♪

Hackerhaus
MAP P135-C2 地圖 正面-B4

改裝自啤酒釀造廠的巴伐利亞料理名店

1985年開業的慕尼黑傳統餐廳，由15世紀的歷史建築物翻修而成。在設有噴泉的清爽中庭空間裡，能享用牛肉肝丸、德式烤豬肉等巴伐利亞風味菜的特製拼盤。

data 交S1～4‧6～8、U3‧6號線Marienpl.站步行5分
住Sendlinger Str. 14
☎(089)2605026 時10～24時
休無休 金午晚€20～

1.中庭區廣受歡迎，最好提早來或是先預約 2.能一次吃到多樣風味的特製拼盤€16.90

奧古斯丁啤酒 Augustiner

慕尼黑最古老的啤酒釀造廠之一，據說1328年就已經在奧古斯都修道院釀製啤酒。能品嘗到沒有添加氣泡，而且直接從橡木桶注入酒杯的經典啤酒。

淡啤酒€3.80～

這裡喝得到♪

Augustiner am Dom→P66
Augustiner Großgaststätten→P42

修道士啤酒 Franziskaner

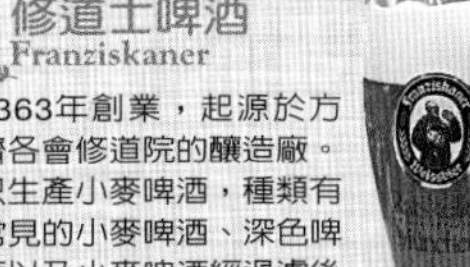

1363年創業，起源於方濟各會修道院的釀造廠。只生產小麥啤酒，種類有常見的小麥啤酒、深色啤酒以及小麥啤酒經過濾後的水晶啤酒。

小麥啤酒€3.90～

這裡喝得到♪

Zum Franziskaner→P41

斯帕登啤酒 Spaten

1397年慕尼黑市的納稅帳簿中，還留有斯帕登釀造廠的紀錄。自1807年被巴伐利亞宮廷釀造廠買下後，至1867年為止都是慕尼黑最大的釀造廠。

淡啤酒€3.70～

這裡喝得到♪

Spatenhaus→P65

必吃的德國料理

以下精選來到南德非嘗不可的德國料理。
享用過簡單調味、
風格卻豪邁的巴伐利亞菜後，
不妨也試試新鮮的時令食材和魚類料理吧♪

巴伐利亞料理

以經過簡單調味的豬肉、牛肉料理居多。由於沒有過多的加工、保留食材原本的風味，每一道都讓肉食主義者大呼過癮。本篇中介紹的料理，幾乎在所有巴伐利亞料理店都吃得到。

這個也是巴伐利亞料理

白香腸→P10
肝起司→P11

Schweinshaxe Ⓒ 德國豬腳

€13.90

將肉汁和啤酒淋上豬脛骨邊以炭火慢慢燒烤而成，可使用專用刀具豪邁切開大快朵頤。

外皮硬如煎餅般，必須以專用刀直立插入才能分切

裡面肉汁飽滿，能品嘗濃縮的豬肉鮮味

許多店家都會在烤至酥脆的階段淋上黑啤酒，也別忘了嘗一下香氣撲鼻的醬汁

肉品料理的配菜有這些

吃肉一定要配菜是德國料理的鐵則。有些料理會有固定的配菜，但大多可自行選擇。也提供單點服務，若還想多吃就加點吧。

馬鈴薯球 Kartoffelknödel

Q軟口感讓人一吃就上癮的馬鈴薯球，每家店的配方都不太一樣，可淋上肉汁或沾醬一起享用。

德國酸菜 Sauerkraut

高麗菜加上醋醃製而成，以溫和的酸味為特徵。為肉品料理的配菜，有時份量還會多到另外盛盤。有些店會以紫高麗菜製作。

水煮馬鈴薯 Gekochte Kartoffeln

將水煮過的馬鈴薯撒上胡椒鹽調味的陽春配菜。

Schweinebraten Ⓓ 德式烤豬肉

€13.90

巴伐利亞與施瓦本地區的風味料理。將豬肉淋上棕醬細火慢燉，柔嫩的肉質與濃郁的醬汁相當合搭。

肉質軟爛不需刀切，一入口幾乎就要化開了

猶如麵衣的豬皮吸附棕醬的風味後讓美味更加分

棕醬內加了黑啤酒，滲入黑啤香氣的豬肉吃起來相當可口

這個也非吃不可！

脆皮烤豬肉 krustenbraten

不以棕醬燉煮，而是淋上黑啤酒一面燒烤，將外皮烤成口感酥脆的佳餚。特色在於會撒上馬鬱蘭等香草，讓風味更加清爽。Ⓑ

Münchner Sauerbraten Ⓔ
慕尼黑酸燉肉
€15.90

在巴伐利亞、法蘭根、黑森等地方都很常見的傳統料理。將牛肉以紅葡萄酒、醋等醃漬後，再放進烤箱燒烤。

配菜是麵包做成的丸子，並附越橘果醬

全德國都吃得到的料理，有些地方還會以馬肉代替牛肉，或在醬汁放葡萄乾

牛肉會以紅葡萄酒、醋、香草醃漬，每家店作法不一，大多會浸置長達3天的時間

湯頭以牛骨和牛肉慢慢熬煮製成，鹹味顯著

Leberknödelsuppe Ⓑ
肝肉丸子湯
€5.50

丸子上會放些馬鬱蘭、香芹等香草，清爽的味道有畫龍點睛之效

以豬肝混合麵包製成的簡單肉丸，豬肝味道濃郁

將一大顆肉丸整個放入清湯內。每家店的份量不一，拳頭般大的肉丸很適合當作開胃菜享用。將麵包沾湯吃也很美味。

Entenbraten Ⓐ
烤鴨
€18.50（1/4隻）

甘甜醬汁與鴨肉的搭配十分對味

大多備有1/4隻或1/2隻等不同份量可以選擇

香味四溢的烤鴨，以酥脆外皮和肉質細嫩多汁為特色。搭配蘋果風味的濃醇醬汁一起品嘗。配菜大多為紫高麗菜製成的酸菜。

紫高麗菜做成的德國酸菜和白高麗菜的味道並沒有什麼差別

\還有很多/ 肉品料理！

除了巴伐利亞料理外，整個德國境內的肉品料理都很豐富。不妨也試試水煮豬腳之類的大份量菜色吧。

水煮豬腳 Eisbein
柏林當地的代表名菜。將鹽醃漬過的豬腳經長時間細火慢燉，吃起來有清淡的鹽味。柔嫩的表皮富含膠原蛋白，或許擁有美肌效果？

酥炸小牛排 Wiener Schnitzel
Schnitzel是切薄片的意思。小牛肉裹上麵包粉酥炸而成的維也納風炸肉排，全德國都能吃到。

牛肉捲 Rinderroulade
將蘆筍、四季豆等拌炒後包入牛肉薄片捲起，加入醬汁一起燉煮。德國各地方都吃得到這道菜。

水手雜燴 Labskaus
北部港灣城市的常見料理。將馬鈴薯、鹽醃牛肉、鹽醃沙丁魚、洋蔥等切成碎末後一起炒，最後再放上荷包蛋。

餐廳List

Ⓐ Ratskeller München
MAP P135-D1 地圖▶正面-C3
位於新市政廳地下樓、以擁有140多年的悠久歷史自豪，拱型天花板和厚重桌椅皆訴說著往日的風華。以德國豬腳€18.50等巴伐利亞料理為主，菜單上有附照片，點餐時十分方便。 交Ⓢ1・4・5～8、Ⓤ3・6號線Marienpl.站即到 住Marienpl. 8 ☎(089)2199890 時10～24時 休無休 金午€13～晚€18～

Ⓑ Augustiner am Dom→P66

Ⓒ Löwenbräu Keller→P13

Ⓓ Paulaner Im Tal→P12

Ⓔ Hackerhaus→P13

有魚類料理嗎？

慕尼黑地處內陸，因此餐廳的食材多以肉為大宗、魚類較為少見。若想吃海鮮，可前往穀物市場逛逛，而非餐廳。市場旁展示櫃裡鋪滿冰塊並陳列著新鮮魚貝類的餐廳比鄰而立。選好食材後店家還會幫忙建議如何烹調，點餐方式也很簡單。

依重量計價，烤龍蝦的價位約€25左右

春天當然就是要吃蘆筍

時序一進入4月中旬，就能在市場和街角的攤販看到白蘆筍的蹤影。對德國人而言，蘆筍是代表春天來臨的珍饈美味，每當產季來臨，餐廳就會放入菜單之中。6月下旬以後就吃不到了，若於盛產時節來訪絕對不可錯過。

\選甜點or選氣氛/ 

在慕尼黑品味咖啡時光

**精選出在慕尼黑觀光空檔時推薦造訪的咖啡廳。
每一家都是創業百年以上的老舖&名店，
就看您是注重甜點本身
還是店內的氣氛囉！**

一定要試試道地的年輪蛋糕喔♪

Kreutzkamm的店員

年輪蛋糕和史多倫麵包可是聖誕節的限定商品

雖然Kreutzkamm等年輪蛋糕專賣店一年到頭都有販售，但基本上並非固定商品，而是聖誕節前才會推出，請特別留意。

史多倫麵包 Stollen
每到聖誕節就會登場的磅蛋糕，保存期限長，因此也很適合當伴手禮

甜點咖啡廳

年輪蛋糕的創始店，還有路德維希一世的三男所認可的甜點店都在這裡。

1 年輪蛋糕 200g 約€7.80

2 鮮奶油年輪蛋糕 €3.70

3 Kreutzkamm特製果仁蛋糕 €3.60

4 杏仁糖膏 80g€4.50

5 Baumkuchen spitzen 250g€9.75

1.德國慶祝場合中不可或缺的蛋糕。在棍子上將麵糊層層堆疊，直接在火上慢慢烘烤而成。以200g、300g、500g、750g的重量為單位販售。白色是淋上香草糖霜、黑色是淋上巧克力，兩種的售價相同。也提供禮盒裝　2.年輪蛋糕的內餡是摻了櫻桃酒的奶油霜，濃郁的鮮奶油與綿密的年輪蛋糕相當契合　3.由加了杏仁的海綿蛋糕與杏桃香橙醬層層堆疊出的甜點，再放上橙皮和杏仁裝飾　4.杏仁粉拌入砂糖和蛋白所製成的甜點　5.Spitzen為先端之意，即一口大小的年輪蛋糕。原本只想吃一個，鬆軟的口感卻讓人忍不住一口接一口

1 Luitpoldtorte €4.20

2 Alto el Sol €4.70

3 黑森林櫻桃蛋糕 €4.30

4 Dome au chocolat €5.60

1.由加入杏仁的海綿蛋糕與白葡萄酒鮮奶油堆疊而成。表層巧克力的下方是杏仁糖膏，一入口即散發出微微的甜味　2.取名為熾熱陽光之意的甜點。使用味道接近芒果、帶明顯酸味的百香果製成，上面放的是口感類似小番茄的酸漿果，內餡還有巧克力慕斯　3.將海綿蛋糕捲入櫻桃，形塑出創意新潮的黑森林櫻桃蛋糕。熬煮成果凍狀的櫻桃有強烈的酸味，與巧克力的搭配相當絕妙　4.豪華蛋糕的上方放了一顆用砂糖和酒醃漬6個月的櫻桃。櫻桃外淋上了一層巧克力醬，下方圓球的內餡則有白巧克力慕斯和黑巧克力慕斯，能一次品嘗不同風味的巧克力

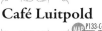

Kreutzkamm

MAP P135-C1 地圖 正面-C2

年輪蛋糕的發源店

1825年做出世界上第一個年輪蛋糕的甜點店。一條年輪蛋糕必須經過被稱為Konditor的專業師傅耗費3小時才能烘烤製成，據說店裡有好幾位師傅都已經持續製作了30多年。不但年輪蛋糕的口味眾多，還有多款加入巧思創意後所衍生出的甜點，可說是年輪蛋糕的天堂。外帶價格會比在店內吃來得更便宜，這點也很貼心。data →P37

Café Luitpold

MAP P133-C4 地圖 正面-B1

巴伐利亞攝政王也喜愛的甜點

1888年開店，為慕尼黑當地最古老的甜點店。取得路德維希一世的三男、巴伐利亞攝政王Luitpold von Bayern的首肯所命名的這家咖啡廳，曾經作為王公貴族的社交場所，總是高朋滿座。還會參考維也納的甜點或是使用從瑞士進口的巧克力，以傳統甜點為基礎，不斷地研發出新作品。data →P66

情調咖啡廳

可從窗邊或露天座欣賞街上景致，或是享受由店內陳設、舒適沙發所營造出的德式氛圍。

1.推薦能眺望瑪麗恩花園的靠窗座　2.從店內中央的螺旋梯往上走即咖啡廳　3.裝在咖啡壺後端上桌的特調咖啡，大約有兩杯的份量　4.上方裝飾的餅乾、奶油皆使用自家Espresso Barista咖啡的Dallmyar原創蛋糕　5.以當季水果製作的水果塔。初夏會選用鮮嫩多汁的草莓，並以不會造成負擔的小份量供應　6.一口大小的La Petite Deluxe系列各€3.80，共有5款。照片中是由傳統的義式甜點加點巧思後變身而成，滴入香草精的海綿蛋糕夾層還鋪滿了櫻桃醬

Dallmayr

MAP P135-D1 地圖 正面-C2

在高級食材店享受悠閒片刻

位於1700年創業、以高級食材店聞名的Dallmayr（→P39）2樓。在擺設著天鵝絨沙發的優雅店內，能品嘗到稱得上是Dallmayr代名詞的Prodomo咖啡等7款特調咖啡。還推出一口大小的甜點，以及使用本店特製濃縮咖啡所做成的甜點等，迷人的魅力可不僅僅只是店內的氣氛而已。

data 交Ⓢ1～4·6～8、Ⓤ3·6號線Marienpl.站步行5分 住Dallmayr2F ☎(089)21350 時9時30分～19時 休週日

1.充滿歷史痕跡的吧檯　2.2樓的牆面上裝飾著大型畫作　3.夏天則推薦能一望王宮花園的露天座　4.豪邁使用瑞可達、帕馬森、馬斯卡邦等三種起司做成的義大利麵餃，再灑上名為鼠尾草的香草，讓口味變得更有層次　5.以大蛋糕之意命名的義式甜點。長約30cm份量驚人，有草莓和起司兩種口味

Luigi Tambosi

MAP P133-D4 地圖 正面-C1

能眺望王宮花園景致的義式咖啡廳

1775年創業，為慕尼黑歷史最悠久的咖啡廳。設有面王宮花園的露天座，可於綠意盎然、舒適宜人的空間中享受愜意的美好時光。在路德維希一世接受義大利移民的政策下，該地區湧入了大量的移民，因此受義大利影響的菜色種類也相當豐富。店名是取自第一代創立者的名字。

data 交Ⓤ3～6號線Odeonspl.站即到 住Odeonsplatz 18 ☎(089)298322 時8時～翌1時 休無休

請享用 ＼可不只有黑麵包喔♪／

德國的麵包！

提起德國麵包（Brot）最常聯想到的就是帶酸味的黑麵包，但除此之外其實還有很多麵包都極具魅力。在S-Bahn、U-Bahn車站出入口的小吃攤也買得到，不妨多多嘗試各種不同口味的麵包。

Ziegler的店員

剛出爐的鬆軟椒鹽捲餅超美味的喔～

麵包店的知道賺到 Info

外帶比較便宜

設有內用區的店家，通常外帶可以便宜¢50左右。在公園野餐也很有樂趣，不如外帶麵包試試吧。

大麵包可請店家切成1/2或1/4塊

陳列在櫃台後方的大麵包雖然無法要求店家幫忙切成薄片，但可以只買1/2或1/4塊，不妨開口詢問看看。

MUST BROT

首先從代表性的麵包開始吃起。

椒鹽捲餅 ¢55

塗上小蘇打烤成黃褐色的麵包。表皮酥脆、內餡Q軟，很適合當下酒的點心。Ⓐ

＼還有這些種類！／

進化版椒鹽捲餅

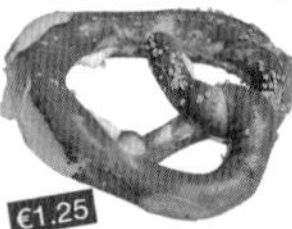

€1.25

奶油三明治 Ⓑ

將椒鹽捲餅切成薄片後，中間抹上濃郁的奶油。越嚼奶油的香味越在口中散發開來

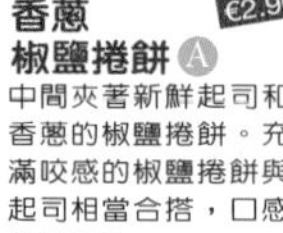

€2.90

香蔥椒鹽捲餅 Ⓐ

中間夾著新鮮起司和香蔥的椒鹽捲餅。充滿咬感的椒鹽捲餅與起司相當合搭，口感就像貝果

€1.50

堅果椒鹽捲餅 Ⓐ

將鬆軟的丹麥麵包做成椒鹽捲餅的造型。表層塗上榛果等奶油，帶香濃肉桂味的酥脆餅皮十分美味

凱撒麵包 ¢35

仿王冠形狀的麵包。表皮酥脆、裡面口感Q彈，沒有明顯酸味。因為星星的紋樣，所以也被稱為星星麵包 Ⓐ

葡萄麵包 ¢80

添加酵母菌讓口感變得蓬鬆並灑上杏仁片和糖粉，為該店的原創麵包 Ⓑ

肝起司三明治 €1.90

與椒鹽捲餅一樣富嚼勁的麵包中間夾著肝起司，仿足球造型的麵包很有慕尼黑特色 Ⓑ

分切成1/4 挑戰大麵包！

Der Zehntner €2.90（750g）

因Ziegler而一躍成名的代表性麵包。名稱取自做出這款麵包的所在地Zehntner街，特徵是擁有蘋果皮的纖維與甜菜糖等自然甜味 Ⓑ

Rischart Ur-Laib €2.80（500g）

Laib意指基本，Rischart以生活的基本為概念所推出的自信之作。裸麥佔60%、小麥佔40%，麵包口感略帶點酸味 Ⓐ

Shop List

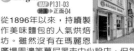

Ⓐ Rischart

MAP P135-D2 地圖▶正面-C3

1883年創立的麵包老店，除了諾伊豪森街（→P43）以外，光S-Bahn、U-Bahn車站等市中心就有14家店鋪。位於穀物市場前的本店，1樓是販賣麵包和甜點的外帶區、2樓則設有咖啡廳。最推薦能眺望市場的露天座。DATA→P66

Ⓑ Ziegler

MAP P131-D3 地圖▶正面-D4

從1896年以來，持續製作美味麵包的人氣烘焙坊。雖然沒有在瑪麗恩廣場周邊等慕尼黑市中心設店，但每天早上店外幾乎都能見到慕尼黑市民們大排長龍。有足球造型的肝起司三明治等多款巴伐利亞地方特有的麵包。也附設內用區。交Ⓢ1～8號線Isartor站步行3分 住Isartorplatz 6 ☎(089)223355 時5時30分～18時30分(週六6時～12時30分) 休週日 E

在葡萄酒產區最北限的土地上熟成

德國葡萄酒也不可錯過

德國葡萄酒出自全世界葡萄酒產區的最北限。利用陡峭的斜坡栽種優質的葡萄，並延緩採收期以增加葡萄的甜味。不妨來試試德國餐桌上必備的葡萄酒魅力吧。

德國葡萄酒的特徵

1 葡萄酒的等級

依葡萄的甜度及收穫時期可分為3個等級，經濟實惠的日常餐酒Tafewein、產地限定的高級葡萄酒Q.b.A.、以延緩採收提高甜度的葡萄釀造的頂級葡萄酒Q.m.P.。

2 葡萄的品種

德國以白葡萄酒為主流，主要的品種有麗絲玲、希瓦納、穆勒-圖爾高、科訥等。

3 葡萄酒的口味

德國葡萄酒以乾型口味佔大半的生產量，有Trocken（乾型/不甜）、Halbtrocken（半乾型/微甜）和Classic（經典乾型）、Selection（精選乾型）4種，其餘皆屬甜型口味。甜點酒則稱為Eiswein（冰酒）。

4 酒標的標示方式

全德國有13個指定生產區域，擁有Q.b.A.和Q.m.P.等級的優質葡萄酒。以下針對最知名的萊茵河流域和莫色耳河流域的產地做介紹。

德國葡萄酒的主要產區

A 萊茵高 Rheingau
品質優良的葡萄酒產自於萊茵河畔廣大斜坡上的葡萄園。

C 萊茵黑森 Rheinhessen
德國最大的葡萄產地，不論紅酒白酒的種類都非常豐富多元。

D 莫色耳 Mosel-Saar-Ruwer
生產於莫色耳流域，以礦物質豐富、帶果香酸味的白葡萄酒為主流。

B 法蘭根 Franken
法蘭克福東部丘陵地帶所釀造的乾型口味葡萄酒，以圓形扁身的酒瓶為標誌。

E 巴登 Baden
位於13個產區中的最南端。不僅有發揮當地風土特色的白葡萄酒，也生產許多優質的紅葡萄酒。

葡萄酒值得推薦的餐廳

慕尼黑
Ratskeller München→P15
羅曼蒂克大道
●羅騰堡
Glocke…P25
●伍茲堡
Backöfele…P79
Juliusspital…P79

來到法蘭克福不可錯過！

蘋果酒

蘋果酒可說是法蘭克福的名產，口感類似蘋果醋、還有股新鮮的酸味。酒精濃度約5%與啤酒差不多，能輕鬆飲用的這一點也很讓人開心。緬因河南端薩克森豪森地區，櫛次鱗比的小酒館都有供應蘋果酒，造訪法蘭克福時一定要來品嘗看看。

從慕尼黑、羅曼蒂克大道、法蘭克福前來必訪！

南德3大景點

從慕尼黑GO!

景點 1

路德維希二世投注心血打造的美麗城堡

新天鵝堡

新天鵝堡是1869年由巴伐利亞王國的國王路德維希二世所下令興建。從矗立於1000m懸崖上的白牆城堡，可一窺國王對於築城的熱情。建議最晚在午間之前入場，連同豪華絢爛的城堡內部一起細細品味欣賞。

年紀輕輕便繼承王位的路德維希二世，因政局動盪不安加上與蘇菲取消婚約，讓他逐漸對政治失去興趣。尤其在造訪法國凡爾賽宮後，認為應該要打造一座符合中世騎士居住的「夢之城」，於是從1869年開始動工興建城堡。但建造城堡耗費龐大的資金與建材導致借款和負債增加，最終遭到罷免王位。1886年，在路德維希二世謎一般的死因後終止了所有的建築工程。雖然1890年沿用原本的設計圖再次動工，但細部的裝飾已經與路德維希二世當初描繪的城堡有所不同。

新天鵝堡 MAP P92-B1
Schloß Neuschwanstein

必見 120分以上

交高天鵝堡（→P92）觀光服務處到售票中心步行4分
住Alpsee Str.12（售票中心）
☎(08362)930830
時售票中心8時～17時30分（10月16日～3月9時～15時30分），城堡9～18時（10月16日～3月10～16時） 休無休 金€12

©Bayerische Schlösserverwaltung

©Bayerische Schlösserverwaltung

1.也能參觀臥室（→P22）內的祈禱室　2.在慕尼黑出生、高天鵝堡長大，18歲即位為王的路德維希二世　3.往歌劇廳（→P23）途中的通道可一望豐饒綠意的景色

入場的流程

參觀新天鵝堡只限參加導覽行程。首先到高天鵝堡的售票中心購票，可選擇利用馬車、巴士或徒步等方式前往城堡。

1 購票

共有4個售票窗口。若無預約就到「Neuschwanstein und Hohenschwangau」的窗口，有預約者就往「RESERV. TICKETS」。預約請上高天鵝堡的官網（URL www.hohenschwangau.de/），可選擇英語介面。城內參觀只限導覽行程。備有中文的語音導覽，購票時告知工作人員需要中文（Mandarin）即可。門票上會註明導覽梯次的編號和入場時間。

2 前往城堡入口

從售票中心往城堡有3種方式。趕時間的話搭巴士，若時間充裕則建議坐馬車，回程也一樣。

推薦 巴士…單程需10分，下車後到城堡入口步行10分。上行€1.80、下行€1，來回€2.60。若人潮多時就得考量到等待時間。巴士的下車處即瑪麗恩橋，為絕佳的觀景地點。

若時間充裕就優雅一下 馬車…單程需20分，下車後到城堡入口步行5分。上行€6、下行€3。視天候狀況也可能停駛。

對腳力有信心的話 徒步…單程40～45分，由於需沿著山路而上，請穿著方便行走的服裝。

3 入場

時間一到，電子看板上就會顯示導覽梯次的編號，請到驗票機前集合。依照工作人員的指示將門票放入驗票機後入場，一進場就會看到領取語音導覽機的窗口。只需出示門票工作人員便會遞上語音導覽機，請再確認一下語言選項是否正確。

※新天鵝堡內禁止攝影拍照

瑪麗恩橋的整修工程預計到2016年7月底結束，在此之前禁止進入。

打造新天鵝堡的

路德維希二世生平

對政治毫無興趣、將熱情都投注在華格納和築城上的路德維希二世，生涯簡介如下。

1845年 8月25日誕生於寧芬堡宮，為巴伐利亞國王馬克西米利安二世與普魯士公主瑪麗的長男。少年時期都在高天鵝堡度過。

1861年 觀賞華格納的歌劇『羅恩格林』後，對華格納傾心不已。

華格納是誰？
1813～83年。出身於萊比錫的作曲家，在頭號粉絲路德維希二世的資助下活躍於作曲界。代表作有『唐懷瑟』和『尼貝龍根的指環』等。

1864年 18歲。父王過世後，以第四代巴伐利亞國王路德維希二世的身分即位。一上位便即刻尋找下落不明的華格納並將他延攬身邊。

1867年 22歲。宣布與巴伐利亞公主蘇菲的婚約，但僅僅10個月就取消。據說因為國王喜歡的其實是蘇菲的姊姊伊莉莎白（西西）。

西西是誰？
西西（伊莉莎白）和路德維希二世為表親關係。17歲與奧地利皇帝弗蘭西斯約瑟夫結婚，但因婆媳不和，一生幾乎都在旅行中度過。1898年在瑞士的雷夢湖畔被暗殺。

1868年 23歲。宣布建造新天鵝堡，翌年動工。

1874年 29歲。開始興建林德霍夫宮，1879年落成，是路德維希二世建造的三座城堡中唯一在他生前完工的城堡。

1878年 33歲。海倫基姆湖宮動工，幾乎未完成。

1883年 38歲。華格納於義大利威尼斯去世。

這段期間造訪過凡爾賽宮等地的路德維希二世對於築城的熱情更加強烈，導致王室的財政陷入困境。

18歲即位時曾因高挑俊美的外表成為女性憧憬的對象，但惋惜的是晚年容貌已不復當年。

1886年 41歲。6月12日在新天鵝堡被逮捕並軟禁在貝爾格堡，翌日與隨行的醫生一同溺死在施坦貝爾格湖畔，死因成謎。

{景點❶}……新天鵝堡

新天鵝堡的 景點介紹

城堡內的4、5F是主要的參觀重點。3F則有伴手禮店和咖啡廳，從5F走下1F的途中可千萬別錯過♪

4F Start!

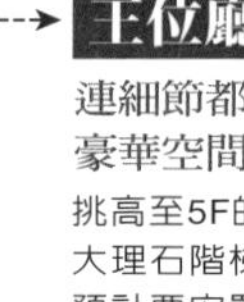

©Bayerische Schlösserverwaltung

前廳 Unterer Vorplatz ①

美不勝收的拱型圓頂天花板

位於國王住居入口的房間。圓頂天花板上裝飾著色彩豐富的圖案，拱型的銜接處則有施萬高、巴伐利亞和維特爾斯巴赫的徽章。灰泥壁面上有以『尼貝龍根的指環』為主題的繪畫，大理石的入口也十分吸睛。

王位廳 Thronsaal ②

連細節都精雕細琢的豪華空間

挑高至5F的大廳。宏偉大理石階梯的上方原本預計要安置王座，但因國王去世，始終未能完工。王座上方的壁畫描繪椰子樹間站著6位聖王，再上層還有耶穌、瑪利亞和約翰。馬賽克拼貼的地板和重達900kg的水晶吊燈也不容錯過。

©Bayerische Schlösserverwaltung

Check!
為了配合身形高挑的國王，床鋪比同時代之物來得大些，窗簾和床罩的顏色則選用國王喜愛的寶藍色。還可以參觀臥室內的祈禱室。

©Bayerische Schlösserverwaltung

臥室 Schlafzimmer ③

路德維希二世最喜愛的房間

城堡內唯一的哥德樣式房間，作為國王的臥室使用。橡木家具上佈滿精緻的雕刻，床鋪的頂蓬、看書的椅子、中央的梁柱、洗臉台都很值得細看。壁畫上繪有華格納樂曲『崔斯坦與伊索德』的場景。

©Bayerische Schlösserverwaltung

起居室 Wohnzimmer ④

光彩奪目的金色黃銅製吊燈

起居室包含大交誼廳和以石柱相隔的『天鵝區』一隅，牆壁上描繪著華格納的歌劇『羅恩格林』的傳說場景。房間內最大的焦點是深得路德維希二世喜愛的天鵝造型琺瑯瓷花瓶。天鵝區的地毯還維持當時的原樣。

©Bayerische Schlösserverwaltung

洞窟 Grotte und Wintergarten ⑤

充滿奇幻氛圍的人工洞窟

位於起居室和書房之間的人工鐘乳石洞。出自慕尼黑的景觀設計師 August Dirigl 的設計，以粗麻和石膏打造而成，並從華格納的歌劇『唐懷瑟』中獲得靈感，讓這座洞窟有引導前往裝飾著唐懷瑟畫作的書房之意。

©Bayerische Schlösserverwaltung

5F

©Bayerische Schlösserverwaltung

歌劇廳 Sängersaal ⑦

繪畫環繞的壯麗空間

以華格納歌劇『帕西法爾』的傳說為主題的繪畫佈滿了整個房間。這些作品皆出自斐迪南·皮洛蒂和奧古斯都·修皮斯之手，只有歌劇舞台的畫作『克林沙魔法下的花園』來自舞台設計師克里斯蒂安·揚克。路德維希二世一次也沒有使用過這間大廳便過世了。

Check!

據說國王熱切希望能在新天鵝堡打造歌劇廳，因此城堡是以歌劇廳為中心建造。雖然以瓦爾特堡為藍本設計，但裝飾的豪華程度更勝瓦爾特堡。

階梯的天花板 Decke der Treppe ⑥

向天延伸的圓柱

專為路德維希二世打造的城堡主階梯。中央的圓柱仿椰棗樹的外觀，旁邊還置有龍的石像負責守門。比擬天空的半圓形天花板上則鑲滿著金色星辰。

⑥ 階梯的天花板
從4F
⑦ 歌劇廳
前廳
王位廳
往1F
語音導覽歸還BOX
導覽行程到此結束
5F

⑤ 洞窟
起居室
從入口
往5F
① 副官室 書房 ④
② 食堂 更衣室 ③
僕人房
小祈禱室
前廳
王位廳
臥室
4F

※請注意城堡內禁止拍照攝影

出口（從地下樓）
騎士館
廚房
⑧
洗刷炊具的房間
上層中庭
下層中庭
從3F、5F
廁房
1F

3F

伴手禮

3F的商店中有販售導覽手冊、明信片和天鵝造型的紀念品等等。參觀廚房後也有商店，但規模較小，若要買伴手禮的話建議先在3F買齊。

開瓶器€4.50，背面是磁鐵

明信片€0.60，附城堡郵戳

繪有路德維希二世晚年肖像的巧克力，1個€1.90

小歇片刻

城堡的3F有一間自助式咖啡廳。蛋糕類€2.60～、飲品類€2.60～，也提供輕食。

可由窗邊座位眺望城堡周圍綠意盎然的景致。蘋果酥捲€4.40很有人氣

Finish!

1F

廚房 Küche ⑧

集合最新設備的國王廚房

1F的廚房完整保留了當時的模樣，全白的拱型天花板以灰泥粉刷，並用花崗岩石柱支撐。溫水設備、自動迴轉式烤爐都可謂當時最新的設備，還有將煙囪的火爐熱氣傳導至嵌在麵包烤箱旁的溫盤器，讓餐具加溫。

©Bayerische Schlösserverwaltung

從羅曼蒂克大道的城市GO！

景點❷ Rothenburg ob der Tauber
羅騰堡

MAP P126-B2
交 搭歐洲巴士從慕尼黑出發約5小時30分，從法蘭克福出發約4小時。
詳細說明→P76

羅騰堡位於能俯瞰陶伯河的山丘上。
城牆環繞的舊城區仍保留中世紀的古城風情，只需2～3小時即可逛完主要景點。成排的木造屋、鏤空鍛鐵的美麗招牌等，不妨悠閒漫步其間，感受城市的氛圍。

遊逛前先看這裡！

有如置身明信片中的街道，常讓人忍不住看到出神。
但若於行前掌握下面幾個重點，相信能留下更多的回憶！

別忘了抬頭觀察上方♪

招牌介紹

吊掛在店頭的鐵製裝飾招牌。由招牌設計就能一眼看出是什麼店，相當有趣！

藥局
杯子上有條盤繞在手杖的蛇

酒吧
葡萄酒杯的兩側有葡萄串

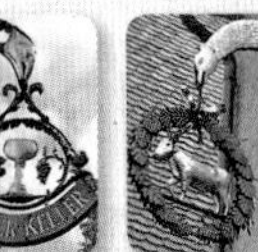

肉舖
除了新鮮肉品外，也販售火腿等加工品

麵包店
兩頭獅子舉起戴著王冠的椒鹽捲餅

飯店
獅子手持市徽，下方會標示飯店名稱

銀行
名稱和標誌的設計每家都不相同

非吃不可的知名甜點——雪球！

Friedel MAP P81-B1

有如成人拳頭般的大小，吃一個就飽了

位於市集廣場附近，方便觀光途中順道前往

將餅乾麵團揉開後，再裹成圓球狀下去炸的知名甜點。雪球€1.80～，有巧克力、花生巧克力等多種口味。小顆雪球€1.30。2樓的咖啡廳也提供三明治€2～等輕食。

data 交市集廣場旁 住Markt 8
☎(09861)7818 時7～18時(週日10時～)
休無休

午餐就吃法蘭根料理

Glocke MAP P81-B2

店内以骨董風格的陳設呈現一體感

德國風味高麗菜捲€9

能品嘗到法蘭根地區的鄉土料理，還供應以自家農園的葡萄釀造的葡萄酒，最推薦可一次喝到5種法蘭根葡萄酒的試飲套餐€5～9。

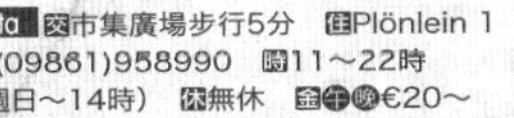

data 交市集廣場步行5分 住Plönlein 1
☎(09861)958990 時11～22時(週日～14時) 休無休 金午晚€20～

冬季會舉辦聖誕市集

從11月下旬到聖誕節前兩天左右（→P8），會以市集廣場為中心舉辦聖誕市集。廣場上滿是販售聖誕飾品、各式糖果餅乾的攤販，到了晚上點亮聖誕樹後氣氛更是熱鬧。天氣相當寒冷請確實做好保暖措施，或是來杯溫熱紅酒暖暖身子吧。

若非冬季來訪就到這兒

Käthe Wohlfahrt MAP P81-A2

一整年皆售有聖誕雜貨的人氣店。除了裝飾聖誕樹的飾品、蠟燭外，還有不少店家原創的木製工藝品擺飾。應有盡有的商品和佈置，讓人光看就樂趣無窮。交市集廣場旁 住Herrngasse1 ☎(09861)4090 時9～18時(週日10時～) 休聖誕節～4月上旬的週日

純手工的擺飾€179

燭台€79.95

種類豐富的聖誕飾品€14.95～

精緻的木製工藝品€109

{景點❷}……羅騰堡

羅騰堡的
推薦觀光行程

Start!

交羅騰堡站步行10分或歐洲巴士停靠站步行8分

羅得城門 ❶
Rödertor MAP P81-B2

從羅得城門的塔樓俯瞰羅騰堡市街，北側以外的窗戶都可以打開取景拍照

能將14世紀末建造的街區盡收眼底的城門

位於城市東側的城門，兼具徵收關稅和防衛功能的設施都還保留原貌。可爬樓梯上到塔頂，眺望羅騰堡的市街景致，觀景樓層還有展示第二次世界大戰的資料。

data 交市集廣場步行5分
住Rödergasse 電無
時10～17時 休12～2月
※聖誕市集期間照常開放
金€1.50 ～30分

也入選為風景明信片的人氣拍照景點，穿過塔門後即市政廳

有時還會看到觀光馬車

步行5分

步行1分

市政廳／市政廳鐘塔 ❷
Rathaus / Rathausturm MAP P81-A2

必見 眺め 30～120分

融合兩種建築樣式的城市地標

建於1250～1400年左右的哥德樣式市政廳。16世紀初因火災燒毀，前半部重建成文藝復興樣式。高約60m可一望街區的鐘塔，為蓋在人字形屋頂上的特殊構造。

data 交面向市集廣場
住Marktplatz
電(09861)404177
時9時30分～12時30分、13～17時(11、1～3月僅週六日的12～15時)。11月底～12月23日會有變動 休11、1～3月的週一～五 金€2

Check!

面市集廣場的市議會飲酒廳在壁面上有座機關鐘，10～22時的每個整點都會有人偶出來表演「勝負一飲」的故事（→P83）。

以塔樓的頂端為目標！

塔樓的時鐘周圍即觀景台，能360度欣賞街景。

沿著木梯一路而上爬，梯間狹窄易滑，請多加留意！

觀景台的寬度只能勉強容納一個人通過，若是怕高的人不建議上去

放眼望去是一片如童話世界般的街道

聖雅各教堂 ❸
St. Jakobs Kirche MAP P81-A1

以雙尖塔為正字標記的哥德樣式教堂

1311年動工興建，直到約170年後的1485年才完成。教堂內最精采的參觀重點，是里門施奈德巧奪天工的聖血祭壇雕刻及後方的彩繪玻璃。還可爬上後殿的2樓欣賞擁有69個音栓、5500支音管的管風琴。

data 交市集廣場步行1分
住Klostergasse 15 ☎(09861)700620
時9時～17時15分(11、1～3月10～12時、14～16時、12月10時～16時45分)
休不定休 金€2.50 

Check!
聖血祭壇的作者里門施奈德的另一傑作『最後的晚餐』也相當出色。里門施奈德是活躍於15世紀、中世紀德國最具代表性的雕刻家，栩栩如生的雕刻風格很值得細細品味。

位於Klostergasse的右手邊。沿著幽靜小徑再往前走約10分鐘即城堡花園的入口

克林根城門
歐洲巴士停靠站
絞刑城門
❸聖雅各教堂
Freidel
市政廳/市政廳鐘塔 ❷市集廣場
馬庫斯塔和羅得拱門
羅得城門 ❶
格拉赫鐵匠鍛造屋
城門
Teddyland
Käthe Wohlfahrt
城堡花園 ❹
往巴士總站、羅騰堡站
Glocke
普隆萊小廣場 ❺
基博斯鐘塔
❻城牆
修比特城門

步行10分

城堡花園 ❹
Burggarten MAP P81-A2

四季花卉盛開的綠意公園

源起於1142年霍亨斯陶芬家族在此地築起城堡。自1356年因地震倒塌後就沒有再建，只保留布拉修斯教堂並規劃成為公園。

data 交市集廣場步行5分
住Burggarten 時自由參觀

園內設有長椅，可坐下來休息片刻

從花園的南側能眺望到基博斯鐘塔一帶，眼前的遼闊綠意令人神清氣爽

上方刻有市徽的城門

步行10分

推薦可從餐廳「Glocke」（→P25）的門前取景拍照，將整排的木造屋街景收進景框

普隆萊小廣場 ❺
Plönlein MAP P81-B2

還維持中世紀樣貌的城市最美景點

拉丁語中為「小地方」之意的普隆萊，被譽為是木造住宅林立的舊城區中最美的景觀，也是著名的拍照景點。由朝陶伯河谷方向與往南邊郊外延伸的兩條道路交會所形成的三角形廣場，過去曾是城市的交通要衝之地。

data 交市集廣場步行5分
時自由參觀

也能在三角形廣場上看到街頭藝人的身影

步行即到

Finish!

城牆 ❻
Stadtmauer MAP P81-B3

見證城市歷史建於12世紀的堅固城牆

原本是10世紀興建作為城市防禦之用的石牆。現存的大部分城牆為康拉德三世於12世紀下令興建，西側設有放箭小窗的牆面則是建於14世紀。

data 交市集廣場步行5分 時自由參觀

往帝國城市廳的方向走，就會到柯波哲拉門

可從城牆通道上眺望市街景致

到城牆走走吧

從北側的克林根城門經過羅得城門一直到南側的修比特城門為止，城牆的上層都設有可行走的通道，總長約2.5km。城牆通道可由羅得城門或城門附近上去。

通道只有勉強能錯身而過的寬度

通道為木造，雨天需留意腳步濕滑

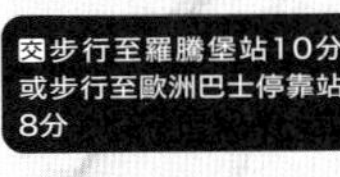

交步行至羅騰堡站10分或步行至歐洲巴士停靠站8分

景點 3 Rhein Cruise

萊茵河遊船之旅

萊茵河從瑞士國境一路流貫德國西南部後進入荷蘭。
其中從呂德斯海姆到柯布倫茲之間，
眼前盡是古堡和堡壘，壯闊的美景無垠無盡。
沿岸小鎮散布其間，中世紀古城的風情依舊。
整片綠意盎然的釀酒用葡萄園遍布河階上，形成一幅美麗的景觀。

父河——萊茵河

全長1233km的國際河流，流域面積將近是台灣的五倍大。源頭來自瑞士阿爾卑斯山脈的融雪，流經瑞士、奧地利、義大利、列支敦士登、法國、德國、荷蘭、比利時和盧森堡9個國家，最後注入大西洋。貫穿德國的部分長達698km，其中萊茵河谷中游上段的賓根～柯布倫茲間約65km已被列為世界遺產，該區間內的兩岸就有多達40座的古堡和城址。可從船上悠閒欣賞岸上古堡錯落分布的遊河行程，廣受全世界各地的旅客歡迎。

從羅蕾萊山頂眺望的萊茵河及聖高爾斯豪森的街景，聳立於右邊半山坡位置的是貓堡

搭乘KD萊茵河觀光船

萊茵河遊船之旅 觀光重點區間的簡單介紹

KD萊茵河觀光船

正行經呂德斯海姆市街的觀光船歌德號

定期行駛於麥茵茲～科隆之間，總計航程185km的觀光船公司。14艘觀光船中又以蒸汽船歌德號最具人氣，每日1班來回柯布倫茲～呂德斯海姆。觀光船會沿途停靠城鎮一路行進，上下船的地點皆可自由選擇，因此建議選擇景點集中的呂德斯海姆～聖高爾斯豪森的熱門區間搭乘。所需時間也只約1小時50分，但要注意若為逆流下行（往南）則需3小時將近一倍的時間。只要掌握下列從法蘭克福出發的交通方式、購票資訊等萊茵河遊船之旅的重點，就能輕鬆體驗遊船的樂趣。

KD萊茵河觀光船公司
住Frankenwerft 35 Köln ☎(0221) 2088318 (KD Sales Service) 時運行期間 3 月下旬～ 10 月下旬（每年各異）。冬天期間請撥打上列電話洽詢。 金單程€19.40、來回€22.60（呂德斯海姆～聖高爾斯豪森之間），費用依乘船區間而異。也可利用德國火車通行證享 8 折優惠 URL www.k-d.com

❶從法蘭克福出發的交通方式

從法蘭克福的話利用鐵路最方便，或是參加CP值很高的當地導覽行程。

鐵路 萊茵河有東岸的私鐵VIA鐵路、西岸的國鐵DB德國鐵路兩條鐵路並行而駛。觀光船會行經兩岸的乘船處，因此請先選擇乘船的區間，再決定要搭乘的鐵路和車站。呂德斯海姆、聖高爾斯豪森都是VIA鐵路的車站，從法蘭克福中央～呂德斯海姆間的威斯巴登起訖。每小時約1～2班，若搭乘連結法蘭克福中央車站的直達火車，則不需換車即可抵達。可自行上DB（德國鐵路）的官網查詢時刻表。

所需時間和費用

區間	時間	費用
法蘭克福中央～呂德斯海姆	約1小時11分	€11.60
聖高爾斯豪森～法蘭克福中央	約1小時40分	€20.70
聖高爾斯豪森～呂德斯海姆	約25分	€6.10

停靠在聖高爾斯豪森站的VIA鐵路列車

呂德斯海姆的乘船處，需穿越平交道請多加小心

當地導覽行程 JTB的MyBusEurope等都有規劃從法蘭克福出發的巴士行程，相當實用。除了搭乘萊茵河觀光船外，還會安排呂德斯海姆的觀光及葡萄酒試飲等。詳細情形→P108。

❷時刻表和航線

呂德斯海姆～聖高爾斯豪森之間，旺季時上行和下行皆為1日5班，淡季1日有4班。冬季（11～3月）基本上停駛，但若有團體預約或導覽行程就會運行，請事先洽詢。

KD萊茵河遊船之旅時刻表 （僅列出麥茵茲～聖高爾斯豪森）

①	①	②	③	②	地名	①	①	②	③	②
10:10	12:10	14:10	15:10	17:10	出發 St.Goarshausen 抵達	11:05	12:05	13:05	16:05	18:05
10:20	12:20	14:20	15:20	17:20	St.Goar	10:55	11:55	12:55	15:55	17:55
10:50	12:50	14:50	15:50	17:50	Oberwesel	10:35	11:35	12:35	15:35	17:35
11:05	13:05	15:05	16:05	18:05	Kaub	10:25	11:25	12:25	15:25	17:25
11:30	13:30	15:30	16:30	18:30	Bacharach	10:15	11:15	12:15	15:15	17:15
11:40	13:40	15:40	16:40	18:40	Lorsch	10:05	11:05	12:05	15:05	17:05
12:30	14:30	16:30	17:30	19:30	Assmannshausen	09:45	10:45	11:45	14:45	16:45
13:00	15:00	17:00	18:00	20:00	Bingen	09:30	10:30	11:30	14:30	16:30
13:15	15:15	17:15	18:15	20:15	Rüdesheim	09:15	10:15	11:15	14:15	16:15
		(19:05)	(20:05)		Wiesbaden		09:05	(10:05)		
		(19:30)	(20:30)		抵達 Mainz 出發		08:45	(09:45)		

①4月3日～10月25日每日運行、②4月25日～10月4日每日運行、③7・8月的每日與9月3日～10月4日的週四～日運行。上列時刻表為2015年4～10月的資料，因此可能會有變動，請上KD官網確認。

❸當天購票也OK

在乘船處的售票亭買票，團體以外不需預約。請先在官網確認好時刻表，並於出發前15分鐘抵達乘船處。也可利用歐洲鐵路通行證和德國鐵路通行證（→P114），但必須先在火車站的票務櫃檯辦理開票手續。

❹船內是什麼樣子呢？

觀光船多是利用長50m、寬約10m的大船運行。船內250席、甲板200席（依船型而異），還設有餐廳和酒吧。不僅能用餐，也能享用萊茵河沿岸釀造的葡萄酒。甲板上迎風吹拂神清氣爽，但要小心帽子或行李被吹走。

◀售票亭
▼船內也有餐廳，可以品嘗到德國料理

乘船前不可不知的 觀光船One Point Advice

●拍照建議上午or下午？…
若要拍攝羅蕾萊和貓堡所在的右岸就選下午，萊茵石城堡等景點所在的左岸則挑上午。

●暈船的對策…
雖然船身算大也不太會搖晃，但容易暈船的人還是建議攜帶止暈藥。適度控制飲食或飲酒也有幫助。

●注意曬傷…
甲板上遮陽的地方很少，請先備妥防曬乳液、墨鏡或帽子等。

●服裝…
德國的夏天意外地涼爽。在甲板上欣賞風景有時會風大覺得冷，不妨多帶一件長袖上衣。折傘也可帶著備用。

●注意行李…
景點都在兩岸，因此常需要往返甲板，要注意視線不可離開行李以免遭竊。甲板上有時風會很大，請小心帽子別被吹走。

萊茵河遊河之旅的景點介紹！

1.居高臨下俯瞰萊茵河的尼德瓦爾德紀念碑
2.搭乘纜車從山麓到山頂只需10分鐘
3.從觀景台眺望萊茵河與呂德斯海姆的街景

1 呂德斯海姆 Rüdesheim

萊茵河觀光的中心地，聚集世界各地前來的遊客。歷史可上溯至古羅馬時代的這座古城，不僅擁有風光明媚的景色，更是著名的葡萄酒產區。主要街道是不到150m的「斑鳩小巷Drosselgasse」，酒館、伴手禮店比鄰而立，到深夜依舊喧嘩熱鬧。

坐落於葡萄園中的葡萄酒博物館

人潮絡繹不絕的斑鳩小巷

時間允許的話也來逛逛吧

尼德瓦爾德紀念碑 Niederwalddenkmal

從高約230m的山丘，能將呂德斯海姆的街景盡收眼底。設有能眺望萊茵河美景的觀景台，以及為紀念1871年德意志帝國統一而豎立的尼德瓦爾德紀念碑。也可沿著葡萄園間的小徑登頂，但若從斑鳩小巷前方搭乘纜車上行、下行，單程都只需10分鐘左右。

Seilbahn（纜車）

交呂德斯海姆車站步行10分　時9時30分～18時（11月～16時，3、4、10月的平日～17時，6、9月的週六日和7、8月～19時）休12月下旬～3月中旬　金單程€5、來回€7

賓根　④　⑤　德雷丁斯豪森　⑥　⑦　下海姆巴赫
←法蘭克福　賓根　②　萊茵河
呂德斯海姆　阿斯曼斯好森　洛許
①　呂德斯海姆　③　阿斯曼斯好森　洛許

2 鼠塔 Mäuseturm

佇立於河川中段

過去為了徵收通行稅而興建的關口。傳說因重稅讓通行者和農民苦不堪言的大主教在這裡被老鼠咬死，但真相眾說紛紜。

築城年 13世紀　築城主 麥茵茲大主教

3 葉連岩城堡 Ruin Ehrenfels

雙塔樓的輪廓很有美感

原本打算建造為關口，但後來變成麥茵茲大主教的居城。1689年遭法軍破壞，遂成了廢墟。Ehrenfels為「榮譽之堡」之意。

築城年 1211年　築城主 麥茲大主教

4 萊茵石城堡 Burg Rheinstein

城堡內也設有餐廳和禮拜堂

以「萊茵寶石」為名的城堡。900年左右開始興建，約1200年時成為麥茵茲大主教掌管的法庭。17世紀由腓特烈．威廉四世下令修復而成。

築城年 13世紀左右　築城主 不詳

5 萊亨斯坦城堡 Burg Reichenstein

山腰上的雄偉城堡

萊茵河沿岸古堡中歷史最悠久的城堡之一，推論建於11世紀。由於成為貴族暗地為賊的活動根據地，於1254年被萊茵都市聯盟討伐破壞。

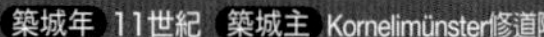
築城年 11世紀　築城主 Kornelimünster修道院

6 素角城堡 Burg Sooneck

被公認為難以攻陷的堅固城堡

原本打算建造作為萊亨斯坦城堡的守護城，卻和萊亨斯坦城堡一樣變成騎士團盜賊的本營，後來因偷襲經過附近的商人而遭到萊茵聯盟的破壞。

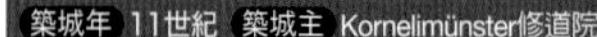
築城年 11世紀　築城主 Kornelimünster修道院

7 福斯坦堡城堡 Burg Fürstenberg

向上細長延伸的塔樓頗具特色

屬於巴哈拉周邊主教區的碉堡，11世紀建造的圓形塔樓讓人印象深刻。從矗立於葡萄園中崩毀的灰泥牆，可一窺中世紀的古堡風貌。現為私人財產，無法入內參觀。

築城年 1219年　築城主 科隆大主教

8 史塔雷克城堡 Burg Stahleck

號稱是德國最美的青年旅館

城堡建於巴哈拉的丘陵上，1142年時成為7位選帝侯中地位最重要的普法爾茲侯爵的居城。能欣賞壁壘、塔樓和主城堡等霍亨斯陶芬王朝時期的建築技術精粹。於1689年被法軍炸毀，現在則修復成為青年旅館。

築城年 12世紀 築城主 科隆大主教

9 普法爾茲城堡 Die Pfalz bei Kaub

城堡有如浮在河面上的軍艦般

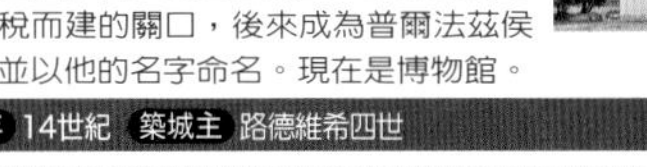

驟然矗立於沙洲上的白色城堡，原本是為了徵收關稅而建的關口，後來成為普爾法茲侯爵之物並以他的名字命名。現在是博物館。

築城年 14世紀 築城主 路德維希四世

10 葛登岩城堡 Burg Gutenfels

矗立於葡萄園的河階地上

位於萊茵河沙洲上的普爾法茲城堡背後、可一望考布街景的斜坡上，目前做為飯店使用。深得巴伐利亞路德維希國王的喜愛並曾旅居於此。由於對抗敵人攻擊的防禦力堅強，因此於16世紀被命名為堅固岩石之意的葛登岩。

築城年 1200年左右 築城主 法爾肯施泰因家族

11 奧夫森堡 Auf Schönburg

現在是能體驗中世紀生活的古堡飯店

1166年腓特烈一世賜予家臣的城堡。家族靠著萊茵河的通行稅而繁榮興盛，但在1689年被法軍攻陷後失去城池。

築城年 12世紀初 築城主 不詳

13 貓堡 Burg Katz

山腰上雄偉的外觀

以築城主卡策奈內倫伯格伯爵之名（Katz＝貓）命名的城堡，是為徵收通行稅而設置在羅蕾萊前端的關口。

築城年 1371年 築城主 卡策奈內倫伯格伯爵威廉二世

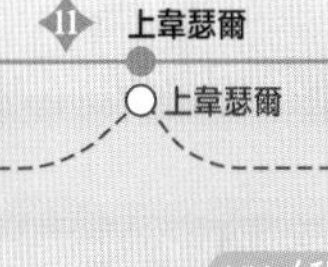

從羅蕾萊山頂眺望的聖高爾斯豪森街景

12 羅蕾萊 Loreley

朝萊茵河突起、高約130m的岩山。以萊茵河少數的危險航段而聞名，傳說船員們被美麗少女羅蕾萊的歌聲魅惑，因此捲入漩渦中喪命。經過時船內會播放羅蕾萊之歌，不妨仔細聆聽。北側沙洲的前端還豎立著少女羅蕾萊的銅像。

沙洲上豎立著羅蕾萊的銅像

高約130m的羅蕾萊岩山

時間允許的話也來逛逛吧

爬上羅蕾萊的山頂！

從羅蕾萊山頂可以眺望萊茵河壯闊的美景，還設有餐廳方便用餐休息，若時間充裕相當推薦前往。搭乘從聖高爾斯豪森巴士總站發車的巡迴巴士（金單程€2.80、來回€5.60）單程約15分。徒步也只需沿著河岸走15分鐘左右即到登山口，再順著階梯步道一口氣往上爬就能到山頂。

不妨在古堡迎接早晨

14 萊茵岩城堡 Burg Rheinfels MAP P29

1245年建造，與聖高爾對岸的貓堡同樣為卡策奈內倫伯格家族所建。如今改裝成現代化的飯店，從面河的大片落地窗望出去的景致美不勝收。

現代化的休閒飯店

築城年 1245年
築城主 卡策奈內倫伯格伯爵迪特五世

Romantik Hotel Schloss Rheinfels

交聖高爾站車程3分，或步行15分
住Schloßberg 47, 56329 St. Goar
☎(06741)8020 金Ⓢ€135～、Ⓣ€190～ 64室
URL www.schloss-rheinfels.de

以白色為基調的摩登客房

被譽為「萊茵河珍珠」的萊茵河觀光勝地

Rüdesheim MAP P126-A1
呂德斯海姆

為萊茵河觀光的中心地，起源可上溯至古羅馬時代。這座人口不到1萬人的小城市，以萊茵高葡萄酒（→P19）的產區名聞遐邇，據說當地就有高達380間的酒廠。夏天滿山綠意、秋天一片金黃閃耀，壯闊美景一望無際。斑鳩小巷等主要觀光景點都在徒步圈內，小巧的街區最適合恣意漫步遊逛。還有前往郊外悠閒觀光的健行行程，有時間的話十分推薦參加。

Access 法蘭克福搭VIA直達列車約1小時30分

Information
Rüdesheim Tourist MAP…❶
交呂德斯海姆站步行8分
住Rheinstrasse 29a
☎06722-906150 時8時30分～18時30分(週六日、1～3月、11・12月週一～五10～16時)
休1～3月、11・12月的週六日

也是著名的葡萄酒產區
©Rüdesheim Tourist AG-Karlheinz Walter

©Rüdesheim Tourist AG Walter-lpr
也很推薦造訪各家酒窖
©Rüdesheim Tourist AG Hoffmann-lpr

舉辦葡萄酒節的秋天時節也很值得一訪

葡萄酒嘉年華

8月會舉辦麗絲玲白葡萄酒節，10月下旬有新酒節。主要會場在市集廣場，還有美食區和現場表演。詳細說明請上URL www.ruedesheimer-weinfest.de/、URL www.tage-des-federweissen.de/。

©Walter-lpr

景點在這兒

斑鳩小巷 Drosselgasse MAP…❷

全長僅144m的舊城區主要街道，葡萄酒小酒館和伴手禮店比鄰而立。除了能品嘗地產萊茵高葡萄酒的餐廳外，還有販售各種萊茵高商品的店家，很適合來這裡找尋伴手禮。不妨漫步在這條知名的小街巷弄，享受萊茵河觀光的樂趣。

©Rüdesheim Tourist AG Walter-lpr
到深夜依仍熱鬧喧嘩的著名小巷

尼德瓦爾德紀念碑 Niederwalddenkmal MAP…❸

©RüdesheimTouristAG_Hoffmann

山丘上聳立著1877～83年建造的紀念碑，能將萊茵河與呂德斯海姆的美麗街景盡收眼底。
DATA→P30

為紀念1870～71年德意志帝國統一的雕像

從市區搭乘纜車很方便

阿斯巴赫 Asbach MAP…❹

成立於1872年的白蘭地公司。以呂德斯海姆地產葡萄酒蒸餾製成的白蘭地，也是呂德斯海姆咖啡所採用的白蘭地品牌。只要向觀光服務處申請即可參加導覽行程。交呂德斯海姆站車程5分 住Ingelheimer Strasse 4 ☎06722-497345 時9～17時 休週日一、假日

©Asbach
還有販售1972年產的陳年白蘭地
白蘭地巧克力也是超人氣的伴手禮

斑鳩小巷的精選餐廳&商店

咖啡廳 MAP…❺
Eis Café Engel

能在此品嘗到著名的呂德斯海姆咖啡Rüdesheimer Kaffee€7.60。先在方糖上倒入阿斯巴赫白蘭地並點燃，最後注入咖啡即完成。交呂德斯海姆站步行7分 住Drosselgasse ☎06722-4024 780 時9時30分～18時 休週一、1月(12月無休，2、3月不定休)

餐廳 MAP…❻
Breuer's Rüdesheimer Schloss

備有麗絲玲白酒和黑皮諾紅酒等約400種的萊茵高葡萄酒，還能享用每季固定推出的新菜色。交呂德斯海姆站步行8分 住Steingasse 10 ☎06722-90500 時11～20時 休12月下旬～2月底(3、11月不定休)

餐廳 MAP…❼
Weinhaus Drosselhof

建於1727年，為斑鳩小巷最古老的葡萄酒小酒館。能品嘗到風味始終如一的暖心家常菜與地產葡萄酒。交呂德斯海姆站步行6分 住Drosselgrasse 5 ☎06722-1051 時10時～深夜 休1、2月的週一～五

商店 MAP…❽
Weinladen Drosselkellerei

店內陳列著豐富多樣的萊茵高葡萄酒。設有試飲區、酒窖和葡萄酒博物館，是品嘗呂德斯海姆葡萄酒的最佳去處。交呂德斯海姆站步行10分 住Oberstrasse 26 ☎06722-91305 時11～20時(週五六～22時) 休1～2月(3、4、11、12月不定休)

München

慕尼黑

INDEX

位於瑪麗恩廣場上的
新市政廳

掌握城市概要 München 區域Navi

1 Marienpl. MAP P135-D1

瑪麗恩廣場

地處市中心人來人往的廣場，新哥德樣式的新市政廳（→P70）就矗立在面廣場的位置。新市政廳的機關鐘每到固定時間，即可欣賞搭配音樂舞動的人偶表演。也很適合做為會面的場所。

CHECK!
- ●聖母教堂（→P38）
- ●諾伊豪森街（→P42）
- ●新市政廳（→P70）

最近車站>>>Ⓢ1～4·6～8、Ⓤ3·6號線Marienpl.站

Schloss Nymphenburg

寧芬堡宮 MAP P128-A2

維特爾斯巴赫家族為了打造夏季離宮而興建的宮殿（→P46），也以路德維希二世的誕生地而廣為人知。寬敞的腹地內置有庭園和餐廳等。

最近車站>>>
Ⓣ17號、Ⓑ51·151號Schloss Nymphenburg

奧林匹克公園周邊 7

2 Odeonspl. MAP P133-D3

音樂廳廣場周邊

位於與維特爾斯巴赫家族深具淵源的宮殿──王宮、鐵阿提納教堂北側的廣場。亦是舉辦活動時的會場，週日、假日總是熱鬧滾滾。

CHECK!
- ●王宮（→P37）
- ●巴伐利亞州立歌劇院（→P49）
- ●鐵阿提納教堂（→P70）

最近車站>>>Ⓤ3～6號線 Odeonspl.站

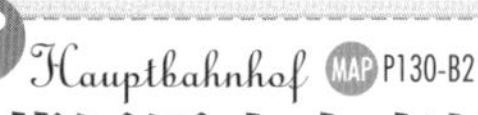

3 Hauptbahnhof MAP P130-B2

慕尼黑中央車站周邊

連國際列車也能駛進的大型車站。車站內設有營業到很晚的速食店和超商等，相當便利。車站周邊林立著各種等級的飯店。

最近車站>>>
Ⓢ1～4·6～8·27、Ⓤ1·2·4·5·7號線Hauptbahnhof站

4 Pinakothek MAP P132-B2

皮納可提克周邊

老繪畫陳列館、新繪畫陳列館等美術館雲集，可於慕尼黑首屈一指的博物館區欣賞傑出的繪畫作品。備有廣大的草坪，也是市民喜愛的休憩場所。

CHECK!
- ●老繪畫陳列館（→P40）
- ●新繪畫陳列館（→P41）
- ●現代藝術陳列館（→P70）

最近車站>>>Ⓤ2號線Theresienstr.站或Ⓣ27號、Ⓑ100號Pinakotheken

曾以巴伐利亞王國的首都繁盛一時的慕尼黑，為德國代表性的大城市之一。歷史建築物、由啤酒釀造廠經營的餐廳等比鄰而立，是一座精巧的都市。

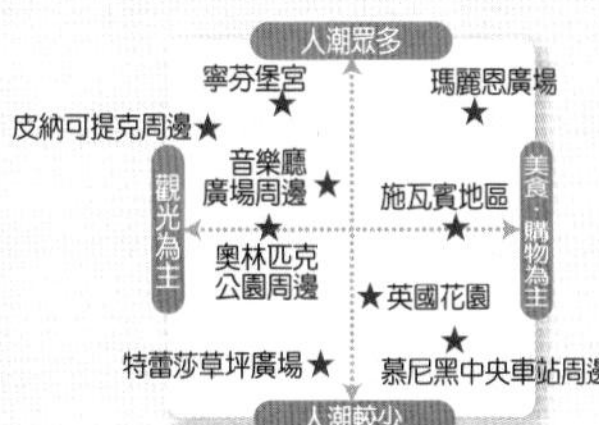

5 Englischer Garten MAP P131-D1
英國花園

1789年於卡爾．西奧多選帝侯時代所打造的庭園，做為公共設施之用。依偎著伊薩爾河畔，長達5km、面積約3.7k㎡。離市中心雖然有點遠，天氣晴朗時不妨來走走逛逛。

最近車站>>> U3·6號線Giselastr.站

6 Schwabing MAP P129-C1
施瓦賓地區

大學集中的這一帶為學生城，時尚咖啡廳、商店、酒吧等比比皆是。與市中心迥異的繽紛建築物林立，相當吸睛。販售骨董、美術品的店家也很多。

最近車站>>> U3·6Münchner Freiheit站

Theresienwiese
特蕾莎草坪廣場 MAP P130-A4

慕尼黑啤酒節（→P52）的會場就在這兒，於啤酒節期間會架起巨大帳篷的啤酒屋和遊樂園。

最近車站>>> U4·5號線Theresienwiese站

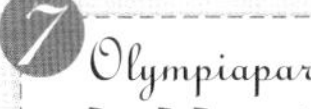

7 Olympiapark MAP P128-B1
奧林匹克公園周邊

1972年夏季奧林匹克運動會的會場，如今是市民休憩的公園。高290m的奧林匹克塔為明顯地標。

最近車站>>> U3號線Olympiazentrum站

COURSE 1

將主要焦點一網打盡 一日慢遊 經典行程

以瑪麗恩廣場為中心，教堂、市場、美術館等設施聚集。從慕尼黑最大的景點——王宮出發，醉心於王朝留下的文化遺產、豪奢的宮殿建築，穿插在市場或美術館咖啡廳的休憩時光，盡情享受漫遊城市的樂趣。

行程比較表

遊逛度	♪♪♪	移動範圍雖不大，美術館等設施佔地寬廣
美食度	♪♪	瑪麗恩廣場周邊有許多餐廳
取景度	♪♪♪	可飽覽街景的瞭望景點是必遊之地
文化度	♪♪♪	保留歷史建物
推薦時段		9～10時出發
所需時間		約8小時
預算參考		門票、入場費€25＋購物費＋用餐費

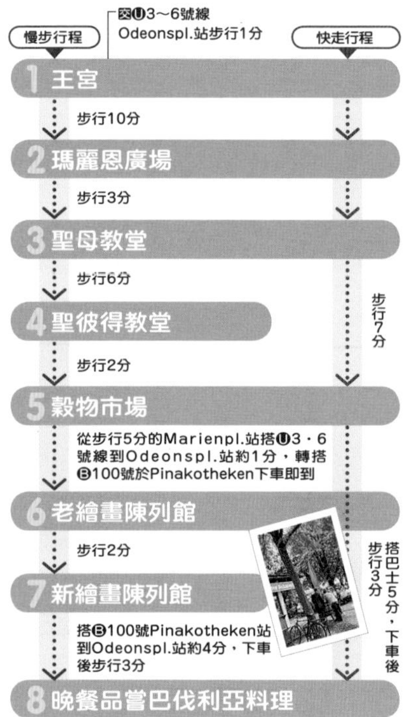

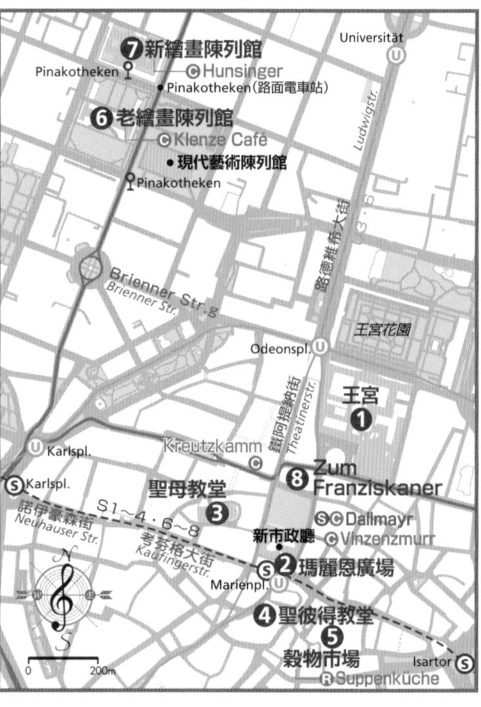

王宮 Residenz

MAP P133-D4 地圖▶正面-C1

Point 依循箭頭方向和工作人員的指示參觀。由於館內腹地遼闊，要重返想再欣賞一次的景點相當困難，最好不要錯過任何參觀重點。此外，參觀前要將隨身行李寄放在置物櫃。館內有提供對應展示廳編號的英文語音導覽（免費）。

散發燦爛光芒的巴伐利亞王國華麗宮殿

14世紀末由維特爾斯巴赫家族的史蒂芬三世所興建的宮殿。歷經多次的增建和改建，造就出洛可可、巴洛克、新古典主義等諸多樣式混合的罕見美麗建築物。目前內部有王宮博物館、屈維利埃劇院和寶物館對外開放。

DATA 30～120分 必見

交U3～6號線Odeonspl.站步行1分
住Residenzstr. 1 ☎(089)290671
時9～18時（10月17日～3月為10～17時）
休無休 金€7
※與寶物館的套票€11

1骨董廳。王宮內有100個以上的廳室 2石窟庭園入口處以貝殼裝飾而成的壁面 3石窟庭園。宮殿內有7座庭園和1座噴泉庭園

History 維特爾斯巴赫家族

主宰巴伐利亞王國的家族，擁有以慕尼黑為據點的廣大領地。自1180年鄂圖一世受封為巴伐利亞公爵以來，直到1918年為止都是在維特爾斯巴赫家族的統治之下。打造新天鵝堡（→P20）的路德維希二世也是同一家族的成員。

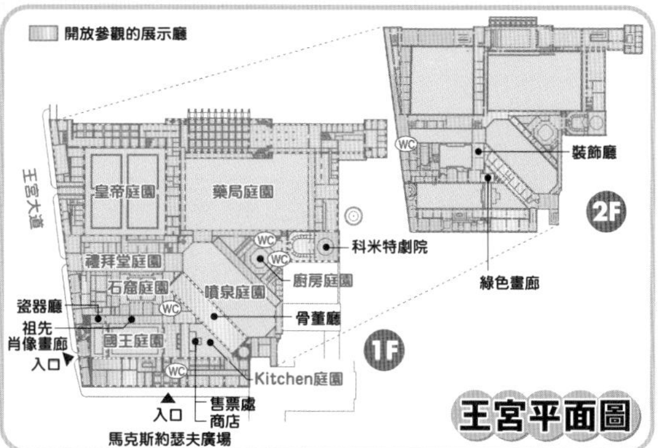

王宮平面圖

LaLa check! 觸摸盾牌就有好運到!?

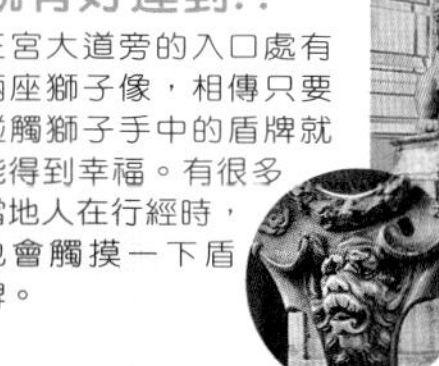

王宮大道旁的入口處有兩座獅子像，相傳只要碰觸獅子手中的盾牌就能得到幸福。有很多當地人在行經時，也會觸摸一下盾牌。

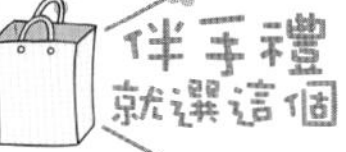

伴手禮就選這個 王朝的家徽商品

王宮博物館內的商店，售有各式各樣以家徽為設計主題的商品。

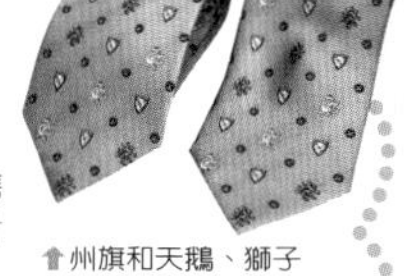

⬆州旗和天鵝、獅子圖案的領帶€29.95

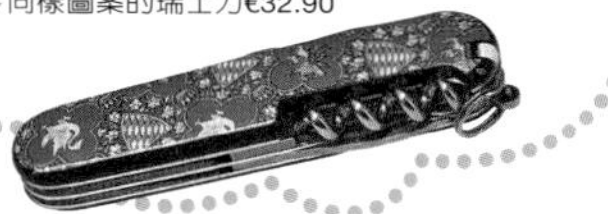

⬇同樣圖案的瑞士刀€32.90

在這邊休息一下！

Kreutzkamm MAP P135-C1 地圖▶正面-C2

年輪蛋糕的名店

1825年於德勒斯登創業的糕點店。以年輪蛋糕聞名，也是很受歡迎的伴手禮。找到位子後，再走到蛋糕展示櫃前點餐。交S1～4、6～8、U3、6號線Marienpl.站步行5分 住Maffeistr. 4 ☎(089)293277 時8～19時（週六9時～，10～4月的週日、假日12～18時）休5～9月的週日 金€5～

⬇老店特有的沉穩安靜氣圍

➡年輪蛋糕200g€7.80～（因重量而異）。請留意賞味期限

⬆充滿濃郁甜味的當店特製果仁蛋糕€3.60

⬇還有街頭藝人的表演

2 瑪麗恩廣場
Marienpl.

MAP P135-D1 地圖▶正面-C3

不分晝夜都熱鬧非凡的慕尼黑起點

位於舊市區中心的廣場，總是人潮熙來攘往。中世紀時是市場、騎士馬上比武的場地，周邊還留有許多歷史建築物。1867～1909年興建、高85m的新哥德樣式新市政廳（→P70）也是其中之一，入口附近設有觀光服務中心，相當方便。

DATA ～30分 必見

交Ⓢ1～4・6～8、Ⓤ3・6號線Marienpl.站即到

登上新市政廳的瞭望台瞧瞧！

搭乘電梯上到高65m的瞭望台。可以飽覽慕尼黑的街景，運氣好的話還能遠眺阿爾卑斯群山。時10～19時（11～4月～17時）休11～4月的週六日 金€2.50

⬆面新市政廳的瑪麗恩廣場

在廣場燈光的襯托下，呈現夢幻般氛圍的新市政廳，用完晚餐後順路過去欣賞一下吧

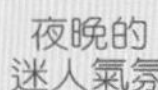

夜晚的迷人氣氛

重點看過來♪

塔上的機關鐘於每日11時、12時、17時（11～2月僅11時、12時），會搭配音樂及32個人偶，重現1568年威廉五世侯爵的結婚大典。

⬆內夾手工漢堡排的三明治
➡番茄醬和咖哩粉為味道關鍵的咖哩香腸

♪在這邊休息一下！

Vinzenzmurr

MAP P135-C1 地圖▶正面-C3

可隨意光顧的輕鬆店家

位於新市政廳附近的店。入口有提供外帶的小攤販，後方則設有站立式內用區。各種口味的三明治€2.10～，秤重計價的沙拉吧很受歡迎。交Ⓢ1～4・6～8、Ⓤ3・6號線Marienpl.站即到
住Marienpl. 8
☎(089)221938
時8～20時（週六10時～）
休週日 金€4～

➡每到中午和傍晚總是門庭若市

3 聖母教堂
Frauenkirche

MAP P135-C1 地圖▶正面-B2

以洋蔥頭雙塔為明顯目標

1468～88年建造的聖母教堂，內部有描述基督受難的彩繪玻璃、祭壇畫『瑪麗亞昇天』、『路德維希皇帝陵墓』等眾多參觀焦點。

DATA ～30分

交Ⓢ1～4・6～8、Ⓤ3・6號線Marienpl.站步行3分 住Frauenpl. 12 ☎(089)2900820時7～19時（週四～20時30分、週五～18時。南塔因整修工程至2016年暫停開放） 休無休 金免費（南塔€3）

➡以黑色大理石打造的路德維希皇帝陵墓氣勢恢弘

⬅後期哥德樣式的樸實磚造教堂

惡魔的腳印!?

關於入口附近的腳印有個傳說。由於潛入的惡魔在此處環視教堂時看不到任何的窗戶，認為這樣的教堂不會有人來而心生竊喜地留下了腳印，但後來發現只要往前移動窗戶就會現身，怒不可抑的惡魔於是掀起了一場暴風雨欲將教堂吹走。大家不妨也站在腳印上眺望教堂試試吧。

4 聖彼得教堂

St. Peterkirche

MAP P135-D2 地圖▶正面-C3

長期受到愛戴的古老教堂

慕尼黑歷史最悠久的教堂，當地人稱為「老彼得」。教堂內的濕壁畫天花板和裝飾都很出色，還展示了在第二次世紀大戰中遭到損毀的當時照片。拾約300級的階梯而上即瞭望台，優美的景致為慕尼黑之最。

↑舉行彌撒時內部禁止拍照

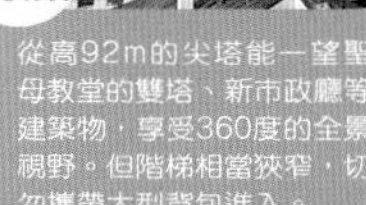

↑西北方向有聖母教堂聳立

Best View!!

從高92m的尖塔能一望聖母教堂的雙塔、新市政廳等建築物，享受360度的全景視野。但階梯相當狹窄，切勿攜帶大型背包進入。

←從格子窗可一望慕尼黑的街景

DATA ~30分

交S1～4．6～8、U3．6號線Marienpl.站步行3分
住Rindermarkt 1 ☎(089)210237760 時7～19時／塔9時～18時30分（週六日10時～、冬天～17時30分）
休無休 金免費／塔€2

→五月柱就宛如市場的象徵

5 穀物市場

Viktualienmarkt

MAP P135-D2 地圖▶正面-C4

慕尼黑最大的露天市場

氣氛熱絡的露天市場，有販賣花卉、生鮮食品、葡萄酒、蜂蜜等形形色色的攤商，也有啤酒屋，好天氣時更是吸引大批市民前來光顧。市場內聳立著代表「五月柱」之意的「Maibaum」。

↑購物、用餐人潮不斷的市民休憩場所
→建議品項較齊全的上午時段來訪

DATA

交S1～4．6～8、U3．6號線Marienpl.站步行5分
住Am Viktualienmarkt 1
☎(089)23338513 時9～19時左右
※因店而異 休週日

在市場中發現好物♪

介紹幾樣在食材、花卉各種商品琳瑯滿目的市場中，發現到的便宜、可愛好物。

→乾燥玫瑰花€5

←瓶身也很可愛的蜂蜜葡萄酒€2.90

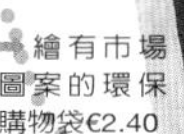

→繪有市場圖案的環保購物袋€2.40

↑啤酒杯蓋€6.50

♪在這裡休息一下！

Suppenküche

MAP P135-D2 地圖▶正面-C4

市場內的湯品專門店。先挑選牛肉或雞肉等湯頭，再依喜好加點麵條或肉品。售價€5左右。

交S1～4．6～8、U3．6號線Marienpl.站步行5分 住Viktualienmarkt 28
☎(089)2609599 時9～18時 休週日
金午晚€5～

↓很適合當輕食來享用

↓清淡口味的美味湯品

順道逛逛

Dallmayr

MAP P135-D1 地圖▶正面-C2

1700年創業的高級食材店

尤其以優質的咖啡豆和巧克力聞名遐邇，適合當伴手禮的加工品、糕點類也很豐富多樣。其中最具人氣的是特調咖啡豆Prodomo，也可於2樓的咖啡廳品嘗。

交S1～4．6～8、U3．6號線Marienpl.站步行5分
住Dienerstr. 14-15
☎(089)21350 時9時30分～19時 休週日

↑裝咖啡豆的瓷罐來自寧芬堡瓷器品牌Nymphenburg

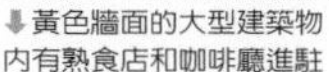

↓黃色牆面的大型建築物內有熟食店和咖啡廳進駐

→著名的Prodomo咖啡豆，罐裝€8.70

←拉丁美洲產咖啡豆「GRANVERDE」200g€4

↓綜合糕點€16.50

6 老繪畫陳列館

Alte Pinakothek

MAP P132-B2

Point 依德國繪畫、義大利繪畫等主題區分展覽廳，便於參觀。請先上2樓瀏覽各國的繪畫作品，再到1樓欣賞特別展。

歷代王族的珍藏品齊聚一堂

路德維希一世為了展示王朝收藏品而設立的美術館，以14～18世紀的作品為中心，集結了約700幅繪畫。還陳列有漢斯・巴爾東・格里恩、杜勒等德國古典繪畫以及達文西、拉斐爾等義大利繪畫，魯本斯的作品也很充實。

⬆1836年落成的歐洲屈指美術館

善用語音導覽！

只需輸入繪畫銘板上的編號，即可聆聽該幅畫作的導覽解說。有英語、德語等5種語言選項，並無中文

DATA  30～120分 必見

交Ⓤ2號線Theresienstr.站步行10分，或Ⓣ27號、Ⓑ100號Pinakotheken下車即到 住Barer Str. 27 ☎(089)23805216 時10～18時（週二～20時）休週一 金€4（週日€1）※週日的語音導覽€4.50（週日以外免費） ※部分展示室整修至2018年

必看作品！

『最後的審判』
Das Große Jüngste Gericht
魯本斯（1617年）

魯本斯宗教畫中的最高傑作之一，為馬克西米利安一世的小舅子所委託繪製的祭壇畫大作。以強而有力、戲劇性的構圖與細膩的筆觸，描繪出世界末日來臨時衆人接受上帝審判的模樣。

『自畫像』
Selbstbildnis im Pelzrock
杜勒（1500年）

杜勒28歲時的作品『自畫像』。以耶穌為藍圖描繪出左右對稱、面朝正前方的模樣，臉旁還寫下此幅畫是以“永不褪色的色彩描繪”的文字。目前陳列在第二展覽廳。

誰？ 彼得・保羅・魯本斯 Peter Paul Rubens

巴洛克繪畫的巨匠，以深具氣魄的構圖與豐富用色獨樹一格。為17世紀法蘭德斯畫派的代表畫家。

誰？ 阿爾布雷希特・杜勒 Albrecht Dürer

1471年生於紐倫堡，為德國文藝復興的集大成者。以深奧的精神表現與銳利的寫實風格為特色。除了油畫外，還有木版畫和銅版畫等作品。

⬆德國繪畫史上的偉大畫家──杜勒的『四使徒』

Klenze Café

位於1樓的英式咖啡廳。水果塔之類的自製蛋糕很有人氣，並備有50多種類的紅茶。

☎(089)12134980 時10～18時（週二～20時）休週一 金午晚€4～

⬆大份量的香蕉塔€4.30

➡店內為天花板挑高的舒適空間

將心儀的畫作帶回家
選購博物館商品GET!

⬅杜勒『自畫像』的滑鼠墊€9.90

⬇蠟燭燈罩 3個一組€5.90

⬇印上部分畫作圖案、樣式豐富的手拿鏡€2.90

7 新繪畫陳列館

Neue Pinakothek

MAP P133-C1

近代繪畫大師的作品饗宴

主要展示19世紀以後的歐洲繪畫和雕刻作品。典藏品超過5000件以上，能欣賞到雷諾瓦、莫內、塞尚、梵谷等人的大作。館內有自然光線灑落進來，營造寬敞舒暢的空間。

Point 展場只有單一樓層，每間展示廳都會編號，只需遵循箭頭方向參觀即可。寬敞展示空間的中央設有座椅，可邊休息邊欣賞畫作。

DATA 30～120分 必見

交U2號線Theresienstr.站步行10分，或T27號、B100號Pinakotheken下車即到 住Barer Str. 29 ☎(089)23805195 時10～18時（週三～20時） 休週二 金€7（週日€1）※週日的語音導覽€4.50（週日以外免費）

↑陳列一系列德國風景畫的第6展示廳 ➡現代化的建築外觀

必看作品！

©bpk/Bayerische Staatsgemäldesammlungen/distributed by AMF/OADIS

『向日葵』Sonnenblumen
梵谷（1888年）

1888～90年期間所描繪的『向日葵』系列作品之一，為梵谷在滿心期待高更來訪時完成的作品。2年後梵谷自殺，這幅畫也成了往日幸福時光的證明。

誰？ 文生．梵谷 Vincent van Gogh

以鮮明色彩和熱情洋溢的筆觸展現自我風格的後期印象派畫家。雖然生前賣出的畫作只有一幅，但死後梵谷的構圖方式與卓越畫工受到廣大的肯定。

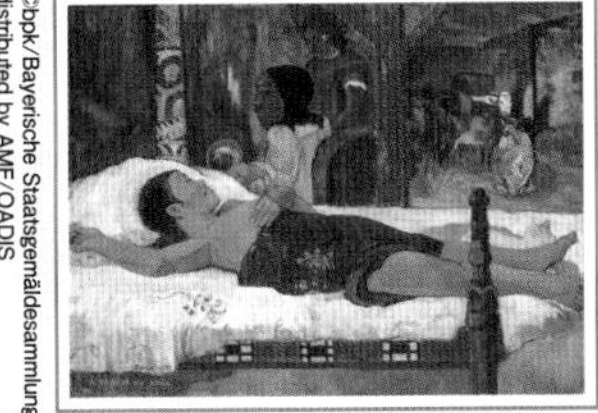

©bpk/Bayerische Staatsgemäldesammlungen/distributed by AMF/OADIS

『基督誕生』
Die Geburt-Te tamari no atua
高更（1896年）

高更為了紀念與大溪地籍妻子Pajura的小孩誕生所描繪的作品，以基督為主題來呈現。

誰？ 保羅．高更 Paul Gauguin

與梵谷同為後期印象派的畫家。畫作主題多為宗教、南國風情，以曲線輪廓、明顯色塊為特色。1888年曾與梵谷共同生活過一段日子，過世後對許多畫家仍然有著深遠的影響。

在這邊休息一下！

Hunsinger

往地下樓走即可看到的時尚咖啡廳，售有湯品、帕尼尼三明治之類的輕食。☎(089)24290204 時11時～翌1時（週日～18時） 休週二 金午晚€7.50～

➡帕尼尼三明治 €5.50

➡取材自描繪慕尼黑啤酒花園畫作的滑鼠墊€9.90

⬅可當伴手禮的「向日葵」磁鐵€3.90

8 在歷史悠久的道地餐廳品嘗巴伐利亞料理

Zum Franziskaner

MAP P135-D1 地圖▶正面-C2

可細細品味的老字號餐廳

若想在沉穩氛圍中品嘗高品質的巴伐利亞手作料理來這兒就對了，招牌菜是切成片狀的肝起司。甜點也廣受好評，平底鍋烘烤的麵包沾上李子醬享用的皇帝煎餅極為美味。

➡皇帝煎餅€16.40～（最少2人份起餐）

➡帶骨烤乳豬€19.70～

DATA

交U3～6號線Odeonspl.站步行3分 住Residenzstr. 9 ☎(089)2318120 時9時30分～24時 休無休 金午€16～晚€22～

COURSE 2

從瑪麗恩廣場到卡爾斯廣場 諾伊豪森街周邊見聞錄

Neuhauser Str.

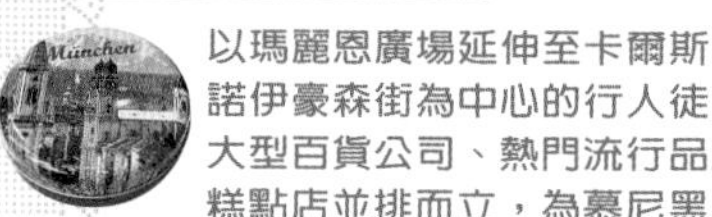

以瑪麗恩廣場延伸至卡爾斯廣場的諾伊豪森街為中心的行人徒步區，大型百貨公司、熱門流行品牌店、糕點店並排而立，為慕尼黑的主要大街。在購物人潮熙來攘往的街道上，還能欣賞音樂演奏和街頭藝人的表演。

ACCESS 交Ⓢ1～4・6～8、Ⓤ3・6號線Marienpl.站，或Ⓢ1～4・6～8、Ⓤ4・5號線Karlspl.站即到

行程比較表

遊逛度	♪ 規劃完善的直線道路，逛起來十分舒適
美食度	♪♪ 街道沿路有餐廳和咖啡廳
取景度	♪ 說不定能與街頭藝人一起入鏡
文化度	♪♪ 歷史悠久的教堂和建築物林立
推薦時段	從店家開始營業的10～11時左右
所需時間	約4小時
預算參考	購物費＋用餐費

買包蜂蜜堅果當逛街時的零嘴

最適合選購伴手禮的百貨公司「Karstadt」

LaLaCheck!

妝點聖夜的聖誕市集

從聖誕節前約4個星期的週日就開始登場的聖誕季，讓德國各地都瀰漫在過節氣氛中。慕尼黑的瑪麗恩廣場在這段期間也會有整排的聖誕市集，人來人往好不熱鬧。

張燈結綵的聖誕樹就矗立在一整排的攤位旁

MAP P134-B1 地圖▶正面-A3

Augustiner Großgaststätten

當地人認證食物美味又氣氛佳的老店

由啤酒釀造場直營的餐廳，隱身於1328年興建、曾做為釀造啤酒之用的建築物中。維持原貌的建物內，還能看到彩繪玻璃的圓頂天花板和濕壁畫。推薦菜是Augustiner特餐€19.80。

一次享用3種料理的Augustiner特餐

DATA

交Ⓢ1～4・6～8、Ⓤ4・5號線Karlspl.站步行5分 住Neuhauser Str. 27 ☎(089)23183257
時10～24時 休無休 金午€15～晚€21～

↑設在中庭的露天座

店家自豪的啤酒500mℓ€3.85～

↓年輪蛋糕€5～

Leysieffer

MAP P135-C1 地圖▶正面-B3

誕生於德國的巧克力店

添加大量鮮奶油的巧克力外側再撒上砂糖的招牌商品Die Himmlischen€5.80～，多達80幾種口味的巧克力棒也很受歡迎。

DATA……
交S1～4‧6～8、U3‧6號線Marienpl.站步行3分 住Kaufingerstr. 9 ☎(089)2604406 時10～20時（週六～18時） 休週日

Biebl

MAP P134-B1

以德國品牌為主的嚴選商品

有許多觀光客會登門造訪的刀具店，陳列著德國的HENCKELS、WÜSTHOF和瑞士VICTORINOX等品牌的商品。店家還推出只有這裡才買得到的原創商品，絕不可錯過！

➡HENCKELS的著名商品TWIN Select剪刀€61.95

⬅原創商品的瑞士刀€13.80

DATA……
交S1～4‧6～8、U4‧5號線Karlspl.站步行1分 住Karlspl. 25 ☎(089)557505 時10～19時（週六～18時） 休週日

MAP P135-C1 地圖▶正面-B2

到這邊休息一下！

水果優格€4.40

Rischart

除了必備的咖啡外，蛋糕、蛋包等輕食也很豐富的咖啡廳。還設有戶外座位區。

DATA……
交S1～4‧6～8、U3‧6號線Marienpl.站步行5分 住Neuhauser Str. 2 ☎(089)231700340 時7～22時（週六8時～、週日9～19時） 休無休 金午晚€8～

MAP P135-C1 地圖▶正面-B3

Der Wachszieher am Dom

多款多樣的繽紛蠟燭

位於聖母教堂附近的蠟燭專賣店。裝飾著植物、天使等圖案的手工蠟燭約€10，選擇性豐富。還提供在蠟燭刻上名字的服務，1個文字€1～3。

DATA……
交S1～4‧6～8、U3‧6號線Marienpl.站步行5分 住Thiereckstr. 2 ☎(089)225023 時10時～18時30分（週六～14時） 休週日

可聆聽表演者的演奏或與街頭藝人合照，打賞則隨個人心意

MAP P135-C2 地圖▶正面-B3

Galeria Kaufhof

商品一應俱全的大型百貨公司

涵蓋7個樓層的百貨公司，從名牌精品到運動用品、食品都買得到。Steiff、adidas等德國品牌店也很多，很適合來選購伴手禮。地下樓設有食品賣場，想少量採買東西時也很方便。

DATA……
交S1～4‧6～8、U3‧6號線Marienpl.站步行1分 住Kaufingerstr. 1-5 ☎(089)231851 時9～20時 休週日

Kaut Bullinger

MAP P135-C2 地圖▶正面-B3

德國製的機能性文具琳瑯滿目

共有5層樓的大型文具店。從MONT BLANC等優雅洗鍊的高級名牌，到鉛筆、筆記本之類的平價文具應有盡有，以色鉛筆聞名的Faber-Castell、天鵝商標的Stabilo的商品也很齊全。

DATA……
交S1～4‧6～8、U3‧6號線Marienpl.站步行5分 住Rosenstr. 8 ☎(089)238000 時9～20時（週六9時30分～18時） 休週日

COURSE 3

博物館王國的潛力 獨特博物館大精選

德國的博物館數量之多，甚至有「博物館王國」的稱號，慕尼黑市內也有好幾間博物館。以下將介紹正統派的德意志博物館，以及展示馬鈴薯相關資料的馬鈴薯博物館、車迷一定要朝聖的BMW世界等五花八門的必遊博物館。

德意志博物館3樓的太空飛行展示

隨處可見黑色幽默的VALENTIN KARLSTADT博物館

行程比較表

遊逛度	♪♪ 德意志博物館的佔地遼闊
美食度	♪♪ 大型博物館內會有咖啡廳或餐廳
取景度	♪♪ 尤其推薦德意志博物館的飛機展示
文化度	♪♪♪ 能從多元面向認識德國歷史
推薦時段	許多博物館的閉館時間較早最好提前來訪
所需時間	約8小時
預算參考	門票＋博物館商品消費＋用餐費

參觀建議

❶大件行李請寄放置物櫃

小型博物館並無這項服務，但德意志博物館等設施就有提供寄放行李的置物櫃。投入€2硬幣後即可上鎖，當開啟時硬幣就會退還。請自備零錢。

❷導覽手冊

詳細記載館內平面圖、各博物館介紹內容的導覽手冊，有英語、義大利語、西班牙語等版本，但鮮少有中文版。無論哪一間博物館都會提供英語版本，若無中文版時就索取英語版的導覽手冊吧。

❸拍照攝影

雖然也有博物館開放可以使用閃光燈，但基本上大多規定拍照時禁用閃光燈。禁止拍照的場所會設置立牌，請特別留意。

雖然幾乎都只提供德語和英語服務，但參加團體導覽解說也是一種遊逛方式

德意志博物館

MAP P131-D4

Deutsches Museum

一整天也逛不完的巨大博物館

創始人是德國電氣工程學者Oskar von Miller，工業技術、自然科學領域的館藏品在全世界赫赫有名。精心設計的展示規劃，讓孩童可以邊實際體驗邊學習知識。1樓（EG）有能瞭解飛機歷史的實物大模型區、3樓（2G）有太空飛行區等，展示內容精彩又豐富。

DATA 必見 120分以上

交S1～4・6～8號線Isartor站步行10分
住Museumsinsel 1　☎(089)21791　時9～17時（12月第2個週三12時～）　休無休
金€11　※至2025年為止部分展示室整修中

2樓的實物大模型飛機展示令人震撼

矗立於伊薩爾河沿岸的德意志博物館

博物館商品大發現！♪

←裡面裝的不是沙而是凝膠的計時器€14

➡登載代表展示物的英語版導覽手冊€9.50

4樓咖啡廳落地窗環繞可一望街景

BMW世界 MAP P129-C1

BMW Welt

近距離體驗名車的工藝技術

內有體驗型設施、展示中心、餐廳和商店的現代風格建築。E0（1樓）設有可體驗下雪或下雨時輪胎承受壓力的機器、馬達構造等人氣展示，不論大人小孩都能樂在其中。旁邊還有BMW博物館。

⬆簡約洗鍊的外觀造型

DATA ～30分

交U3號線Olympiazentrum站步行3分 住Am Olympiapark 1 ☎(089)125016001 時9～18時（依店舖、設施而異）休無休 金免費

⬅即使沒有駕照也能參加試駕體驗 ⬇位於E0樓的雙層博物館商店

博物館商品大發現！♪

⬆繡有BMW商標的帽子€20

⬅BMW世界的原創水壺€9

⬆往後拉一段距離就會向前跑的BMW小車€3.95

VALENTIN KARLSTADT博物館

Valentin-Karlstadt Musäum MAP P131-D3 地圖▶正面-D4

德國喜劇精髓的所在

展示出身慕尼黑的偉大喜劇演員Karl Valentin相關資料的博物館。1910～30年代與Liesl Karlstadt的搭檔組合受到廣大群眾歡迎，館內陳列著兩人演出的喜劇電影、照片、引人發噱的黑色幽默等展示。建築物分成2座塔樓，售票處所在的塔樓最上層設有餐廳。

博物館設在伊薩爾門的塔樓內

DATA ～30分

交S1～4、6～8號線Isartor站步行3分 住Tal 50 ☎(089)223266 時11時1分～17時29分（週五六～17時59分、週日10時1分～17時59分）休週三 金€2.99

⬆還展示了在實際演出中穿過的服飾等

➡就算聽不懂德語也會覺得好笑

博物館商品大發現！♪

➡擷取自喜劇電影畫面的明信片各€1

玩具博物館 MAP P135-D2 地圖▶正面-C3

Spielzeugmuseum

骨董玩具大集合

位於舊市政廳內的博物館。沿著螺旋階梯往上可看到熊布偶、鐵道列車等玩具，這些珍藏品都是由Ivan Steiger從歐洲、美國收集而來的骨董。能一覽德國知名布偶製造商Steiff（→P54）歷史的泰迪熊展示區，也不容錯過。

DATA ～30分

交S1～4、6～8、U3、6號線Marienpl.站即到 住Marienpl. 15 ☎(089)294001 時10時～17時30分 休無休 金€4

琳瑯滿目的珍貴歷史收藏

博物館商品大發現！♪

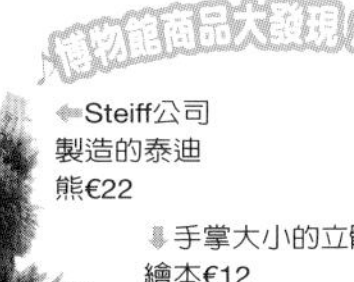
⬅Steiff公司製造的泰迪熊€22

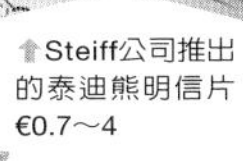
⬇手掌大小的立體繪本€12

⬆Steiff公司推出的泰迪熊明信片€0.7～4

馬鈴薯博物館

Kartoffelmuseum MAP P129-D4

探索德國馬鈴薯的起源

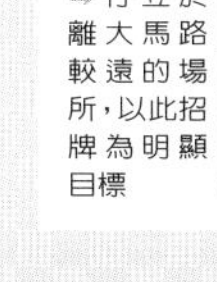

➡佇立於離大馬路較遠的場所，以此招牌為明顯目標

德國的代表性食材即馬鈴薯。博物館內羅列著馬鈴薯從印加帝國時代演變至今的歷史軌跡，以及在豐收慶典中使用的馬鈴薯造型水壺、描繪馬鈴薯田的畫作等有趣展品。

DATA ～30分

交S1～4、6～8號線、U5號線Ostbahnhof站步行3分 住Grafinger Str. 2 ☎(089)404050 時週五9～18時、週六11～17時（週二～四需事先預約）休週日一 金免費

⬆馬鈴薯的展示包羅萬象令人咋舌

博物館商品大發現！♪

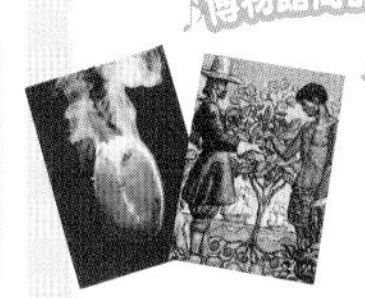
⬅明信片€1

➡內含馬鈴薯成分的護手乳€3.80

COURSE 4

巴伐利亞王國的夏宮 華麗的寧芬堡宮

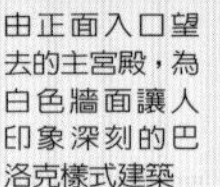

1662年巴伐利亞選帝侯斐迪南．瑪里亞為慶祝繼承人馬克西米利安二世的誕生，下令興建的維特爾斯巴赫家族避暑山莊。目前看到的外觀，則是馬克西米利安二世繼位選帝侯的1679～1726年期間擴建而成的規模。以下精選出宮殿、運河、庭園等寧芬堡宮的參觀焦點，一睹巴伐利亞王國的繁榮景象。

由正面入口望去的主宮殿，為白色牆面讓人印象深刻的巴洛克式建築

寧芬堡宮

MAP P128-A2

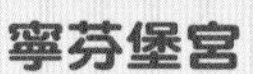

Schloß Nymphenburg

DATA 必見 30~120分

交T17號、B51．151號Schloß Nymphenburg下車步行10分 住Schloß Nymphenburg 1 ☎(089)179080 時9～18時（10月16日～3月底10～16時） 休無休 金€6（與馬廄博物館、其他5座宮殿和小屋的套票€11.50，冬天€8.50）

行程比較表

遊逛度	♪♪ 包含庭園在內佔地十分遼闊
美食度	♪ 只設有咖啡餐廳
取景度	♪♪♪ 推薦從庭園的角度拍攝宮殿
文化度	♪♪♪ 感受巴伐利亞王國的繁榮與歷史
推薦時段	建議人潮較少的上午來訪
所需時間	約4小時
預算參考	門票€6＋用餐費＋購物費

交T17號、B51．151號
Schloß Nymphenburg下車
步行10分

1 主宮殿
步行1分
2 庭園
步行3分
3 Schloßcafé im Palmenhaus
步行5分
4 離宮禮拜堂

交T17號、B51．151號
Schloß Nymphenburg下車
步行10分

天鵝優雅地悠游於庭園的水池

1 主宮殿

Mittelbaur palast

精采景點齊聚一堂的白牆宮殿

宏偉豪奢的主宮殿內，展示著保留當時家具、瓷器、繪畫等物品的房間和畫廊。以中央的宴會大廳為中心，北側是巴伐利亞選帝侯的寢室、南側是選帝侯王妃的寢室。

GOLDEN ROUTE
【所需約40分】

❶宴會大廳 Festsaal
❷壁毯廳 Gobelinzimmer
❸馬克西米利安一世的美人畫廊 Schönheitsgalarie König Max Emanuel
❹卡爾．西奧多的房間 Karl Theodor Zimmer
❺寢室 Schlafzimmer
❻路德維希一世的美人畫廊 Schönheitsgalarie König Ludwigs I
❼王妃的寢室 Schlafzimmer der Königin

路德維希一世的美人畫廊中展示了36幅美女肖像畫。畫中主角是從各社會階層遴選而出的美女們，路德維希一世心儀的Lola Montez也在其中

以洛可可風格裝潢擺飾的宴會大廳，天花板還殘留著描繪奧林匹斯眾神居住之地的濕壁畫

❸、❹、紋章廳正在進行改裝工程不對外開放，完工時程未定

寧芬堡宮全域圖

●印代表涵蓋在套票內的宮殿和小屋，若5處全部參觀約需2小時

象徵慕尼黑的石獅子像

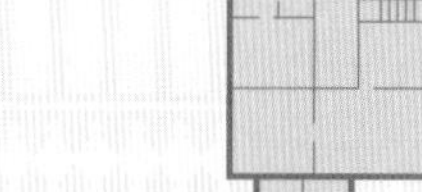

坐落於湖畔邊的Badenburg，可持套票入內參觀

可沿著運河旁的林蔭道一路漫步到宮殿入口

4月25日～10月15日期間庭園內的水道每天都會有貢多拉船航行。10～18時（視天候狀況可能會取消）、所需30分，€15

2 庭園

Nymphenburger Schloßpark

被讚譽為卓越藝術的美麗庭園

現在的庭園風貌，是1715年由宮廷建築師Joseph Effner和巴黎造園師Dominique Girard共同設計而成。將建築物置於整座庭園的中心，以運河為中軸規劃出左右對稱的「理想都市」，庭園內還有Pagodenburg、Badenburg、Magdalenenklause、Amalienburg等建物。也是廣受慕尼黑市民喜愛的休憩場所。

中央設有便利物資運送的運河

可邊眺望宮殿邊小歇片刻

伴手禮就選這個！

1樓的售票處旁設有商店，販賣宮殿的導覽書籍和商品。不妨於參觀前後繞去瞧瞧。

➡以庭園內自在悠游的天鵝為造型的削鉛筆器€2.90

➡還自路德維希一世美人畫廊中Helene Sedlmayr肖像畫製成的明信片

3 Schloßcafé im Palmenhaus

能品味優雅時光的咖啡餐廳

寧芬堡宮內的餐廳，同時也是熱門的結婚典禮、派對場地。早餐和午間套餐都很物超所值。設有露天座，可邊暢飲啤酒邊用餐。

⬆早餐套餐Frühstück Nymphenburg€11.30

DATA…………

☎(089)175309 時11～18時（週六10時～、冬天～17時30分） 休無休 金午€12～晚€16～

4 離宮禮拜堂

Schloss Kapelle

靜靜佇立的優美禮拜堂

由Joseph Effner於1715年完工的禮拜堂。巴洛克樣式的豪華主祭壇置有耶穌和Maria-Magdalena的雕像，拱型天花板上的濕壁畫則呈現出晚期洛可可風格的優雅氣息。

祭壇上裝飾的巴伐利亞與波蘭的聯盟紋章也很值得欣賞

小小知識

王室御用的瓷器製造廠

創業於18世紀的寧芬堡瓷器與維特爾斯巴赫家族有深厚淵源，直至今日仍然在宮內的同樣場所製造瓷器，馬廄博物館的2樓展示著寧芬堡瓷器。城牆建物內設有直營的商店，另外在市中心也有直營門市（→P67）。

熱血沸騰、情緒激昂！德式娛樂活動

慕尼黑當地娛樂活動的關鍵字即足球和音樂，不論比賽還是舞台皆屬高水準。能親身到現場觀賞賽事或欣賞歌劇當然最好，若時間上無法配合則不妨試試下述推薦的景點。

行程比較表

遊逛度	♪♪ 移動範圍很廣，搭乘交通工具比較輕鬆
美食度	♪♪♪ 在氣氛佳的美食區品味晚餐
取景度	♪ 參加球場導覽團即可拍到珍貴照片
文化度	♪♪♪ 享受德國的娛樂文化
推薦時段	上午就出發
所需時間	約6小時
預算參考	門票＋用餐費＋伴手禮費

●足球行程		●音樂行程
交U6號線Fröttmaning站步行15分		交U3～6號線Odeonspl.站步行3分
到球迷商店選購加油道具	1	德國歌劇的殿堂巴伐利亞州立歌劇院
往球場內移動		步行3分
參加球場導覽團	2	尋找音樂相關商品
U6號線Fröttmaning站搭車，Münchner Freiheit站下車步行3分		U3・6號線Marienpl.站搭車，Universität站下車步行5分
到施瓦賓地區大啖份量十足的晚餐	3	前往曾是有志成為藝術家者聚集的老字號餐廳
步行3分至交U3・6號線Münchner Freiheit站		步行5分至交U3・6號線Universität站

足球行程

1 到球迷商店選購 加油道具

MAP P128-A4

FC Bayern München Megastore

拜仁慕尼黑隊的官方商店就設在安聯球場的2樓。售有球衣、圍巾、帽子、背包和文具等，以球隊代表色紅色為基調的各式商品。

DATA

交U6號線Fröttmaning站步行15分 住安聯球場內 ☎(0180)5365360 時10時～18時30分 休無休

⬆圍巾€15，冬天看球時的必備之物

⬅嬰兒連身衣 €12.95

⬆球衣€59.95～79.95

到這兒享用午餐！

MAP P128-A4

Arena Bistro

位於球場2樓的餐廳，提供佛卡夏麵包€3.90、披薩€4.50之類的義式輕食料理。

DATA

交U6號線Fröttmaning站步行15分

住安聯球場內

☎(089)32376(內線3333)

時10～18時 休比賽日

金午晚€10～

球場商品也要注目

球場2樓除了球迷商店外還有球場的商店，陳列著安聯球場的相關商品。以球場外觀為造型的便當盒、徽章之類的伴手禮，都相當有質感。

便當盒€6.95

徽章 €3.95

音樂行程

1 前往明星輩出的 德國歌劇殿堂朝聖

MAP P135-D1 地圖▶正面-C2

巴伐利亞州立歌劇院

Bayerische Staatsoper

由巴伐利亞國王馬克西米利安一世下令建造，於1811～18年期間完成的希臘神殿樣式劇院。為德國歌劇的殿堂，1865年華格納的歌劇曾在此地進行首演。每年7月會舉辦歌劇音樂節。

DATA

交U3～6號線Odeonspl.站步行3分

住Max-Joseph-Pl. 2 售票窗口：☎(089)21851920

時10～19時 休週日

URL www.staatsoper.de（可預約）

HOW TO欣賞歌劇

表演季節

基本上會在9月～翌年6月於國內各劇場舉辦，除了歌劇外芭蕾、古典音樂會的演出期間也幾近一致。

購票方法

在當地的話可到劇場的售票亭購票，視演出節目有時在觀光服務處也能買到票。若要購買當日票，請於開演前1～2小時到劇場窗口排隊。若於台灣購票，則可至劇院的網站自行訂票。

觀賞禮儀

服裝並無硬性規定，但要避免過於休閒的穿著。建議選擇正式休閒裝，男性可穿有領襯衫加外套、女性則穿洋裝。演出時嚴禁交談，並且關掉手機和手錶的鬧鐘。遲到的話必須等到中場休息時間才能入內，因此最好提早抵達會場。

觀賞歌劇前小憩片刻！

MAP P133-D4 地圖▶正面-C2

Café Kunsthalle

位於Fünf Höfe購物中心內，Kunsthalle der Hypo-Kulturstiftung美術館附設的咖啡廳。鮮奶油蛋糕€3.60、蘋果捲€4～等手工蛋糕€4.30～很受好評。

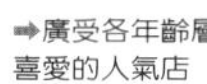

➡廣受各年齡層喜愛的人氣店

⬆摩登風格的店內裝潢⬅店家自製的柏林人麵包Krapfen €1.30～1.50

DATA

交U3～6號線Odeonspl.站步行5分 住Theatinerstr. 8 ☎(089)20802120 時10～20時，站席8時30分～20時（週六9時～、週日10時～）

休無休 金午晚€8～

足球行程

2 參加足球迷為之瘋狂的球場導覽團

MAP P128-A4

安聯球場
Allianz Arena

2006年德國舉行世界盃開幕戰的體育場。每天都有環繞球場一圈的導覽團，能參觀足球場、更衣室、VIP包廂、媒體記者席等平常無法進入的場所。球場可容納66000人，夜間還會以燈光打出紅、藍兩色。

DATA

交U6號線Fröttmaning站步行15分 住Werner-Heisenberg-Allee 25 ☎(089)69931222 時10～18時。球場導覽團11時、13時、15時、16時30分（僅13時提供英語，其他時段皆為德語） ※11人以上成團 休無休 金球場導覽團€10

須先行付費，等預定時間一到隨即出發。球場內佔地遼闊，途中還得上下階梯，最好穿雙舒服好走的鞋。

拜仁慕尼黑隊的球員更衣室，以球隊代表色的紅色為統一色調。

看完說明球場建造過程的影片，接著從3樓的觀眾席依序參觀贊助商貴賓室、記者俱樂部。

球場導覽團的參加方法

前往球場導覽團的櫃台報名，繳交費用€10。到了集合時間即依照嚮導的指示開始參觀。導覽團只提供德語和英語解說（僅13時的場次有英語），所需約1小時。比賽日不會有導覽團。

HOW TO觀賞足球

賽程

原則上從8月開賽一直到翌年5月，共18支隊伍依主客場制進行賽事。比賽基本上會排在週六日，週六自15時30分開始有7場、周日從17時30分開始有2場比賽。

購票方法

直接上各足球俱樂部的官方網站訂票最為方便，須以信用卡支付費用。體育場的售票處也可購票，除了冠亞軍戰等賽事外幾乎都買得到當日門票。

音樂行程

2 選購音樂相關商品當另類伴手禮

MAP P135-D1 地圖▶正面-C3

Bauer & Hieber

由百餘年歷史的慕尼黑音樂公司所經營的商店。從民族音樂到流行音樂、爵士樂各領域的CD和書籍都一應俱全，地下樓層還有鋼琴、豎琴等依樂器分門別類的樂譜。適合當作伴手禮的明信片、音符造型的雜貨，也都相當推薦。

DATA

交S1～4・6～8、U3・6號線Marienpl.站步行2分 住Landschafstr.1 ☎(089)2111460 時9時30分～19時（週六～18時） 休週日

⬇巴伐利亞的傳統音樂CD€17.99

⬆1911年發行的『天堂的慕尼黑人』卡通DVD €12.99

⬆琳瑯滿目的名作曲家明信片

⬅1樓陳列著CD和雜貨

➡印上音符圖案的文件夾€5.95

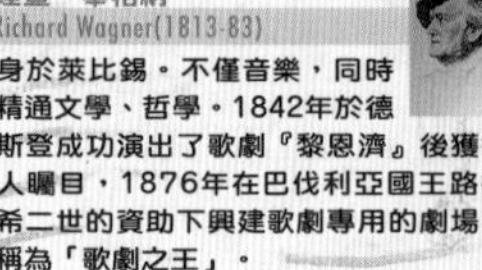

必見！與德國淵源深厚的音樂家（明信片 各€1）

約翰・賽巴斯汀・巴哈
Johann Sebastian Bach(1685-1750)

出生於德國西北部的埃森納赫。跟隨宮廷樂師的父親學習小提琴和音樂理論，從小就展露出才能。18歲時就任安斯達特新教會的風琴師，之後還擔任過宮廷樂師等職務。一生當中創作出超過1000首樂曲，被稱為「音樂之父」。

路德維希・范・貝多芬
Ludwig van Beethoven(1770左右-1827)

誕生於萊茵河畔的波昂，從小就以音樂家的身分登台演出。16歲拜師莫札特，22歲師事海頓。年近30歲時聽力開始衰退，但仍持續音樂創作，留下了『第3號交響曲（英雄）』『第5號交響曲（命運）』等眾多不朽的名曲。

理查・華格納
Richard Wagner(1813-83)

出身於萊比錫。不僅音樂，同時還精通文學、哲學。1842年於德勒斯登成功演出了歌劇『黎恩濟』後獲得眾人矚目，1876年在巴伐利亞國王路德維希二世的資助下興建歌劇專用的劇場。被稱為「歌劇之王」。

足球行程

3 到施瓦賓地區 大啖份量十足的晚餐

MAP P129-C2

Wirtshaus Zur Brez'n

坐落於林蔭道綿延的利奧波德街上，以椒鹽捲餅為標誌的店家。白天和夜晚是傳統巴伐利亞料理的餐廳，到了深夜則變成年輕人聚集的熱鬧酒吧。Happy Hour（17～19時、22時～）時段所有雞尾酒均以€5.50計價，店内的啤酒供應商為寶萊納Paulaner。

DATA

交U3・6號線Münchener Freiheit站步行3分
住Leopoldstr. 72 ☎(089)390092 時10時～翌1時（週四～六～翌3時） 休無休
金午€8～晚€12～

↑服務人員的態度十分親切友善

↓馬鈴薯牛肝菌菇湯€5

↑佐蔓越莓的維也納炸小牛排€20

↑店内共有3層樓，圖為1樓的酒吧區

↑也設有露天座，好天氣時尤其推薦

注目地區

能遇見嶄新慕尼黑的施瓦賓地區

U3・6號線Münchner Freiheit站的周邊一帶，有多所大學、流行店家和咖啡廳比鄰而立。夜晚時分的酒吧裡也常見到年輕人的身影，能感受與市中心迥異的氣氛。

音樂行程

3 前往曾是有志成為藝術家者聚集的老字號餐廳

MAP P129-C2

Alter Simpl

前身為夜總會，據說曾是許多演員和藝術家們的聚集場所。如今轉型為餐廳＆酒吧，在上班族和年輕人間很有人氣。菜色以加入創新元素的巴伐利亞料理為中心，啤酒除了基本款外還有Guinness、Kilkenny等品項。

DATA

交U3・6號線Universität站步行5分
住Türkenstr. 57 ☎(089)2723083
時11時～翌3時（週六日～翌4時）
休無休 金午晚€10～

↓牆上掛著以前光顧過本店的演員Karl Valentin的照片

↑中午時段有許多前來吃午餐的上班族和學生

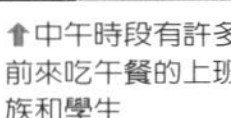

←將火腿、芥末醬等包入豬肉裡的Münchner Art€10.80

←不切塊的咖哩香腸€5.90

LaLaCheck!

初夏之夜的優雅時光

一年一度的慕尼黑音樂節，主會場就位於州立歌劇院前的廣場。每年6月下旬到7月底會上演華格納、莫札特等作曲家的德國歌劇作品，吸引全世界的樂迷前來欣賞。音樂節期間也會有免費的表演活動。

感受世界最大規模的啤酒盛宴
慕尼黑啤酒節

聞名全世界的啤酒嘉年華Oktoberfest，
前往源起於200年前的傳統慶典朝聖，
盡情暢飲南德引以為傲的名酒吧！

世界著名的啤酒嘉年華，也是“啤酒之都”慕尼黑一年當中最熱鬧的時候。每年9月的第3個週六開幕，原則上會在10月的第一個週日落幕（2015年的舉辦時間為9月19日～10月4日）。歷史悠久，源自1810年為了慶祝巴伐利亞王國路德維希王儲與薩克森王國特蕾莎公主的結婚典禮。以遊行和開幕典禮揭開啤酒節的序幕後，可前往14座大型啤酒屋帳篷開懷暢飲專為啤酒節特別釀製的啤酒，每天都人山人海熱鬧不已。

1.3.啤酒公司大型帳篷內座無虛席的景象　2.由各啤酒廠一手打造佈置的巨大帳篷　4.有的帳篷還設有可俯瞰平面座位的2樓區　5.搭配樂隊演出炒熱遊行的氣氛

會場在這裡！

位於慕尼黑市中心的西南方，名為「特蕾莎草坪」的遼闊廣場。

特蕾莎草坪廣場

Theresienwiese MAP P130-A4

交U4・5號線Theresienwiese站和Schwanthalerhöhe站、U3・6號線Goethepl.站即到
時10時～23時30分（週六日9時～）
※啤酒販售～22時30分
URL www.oktoberfest.de/en/

能喝到這6款著名啤酒！

奧古斯丁啤酒
Augustiner

維持傳統方式直接從木桶倒出的生啤酒廣受歡迎，沒有添加碳酸的溫和口感吸引許多忠實顧客。

皇家啤酒
Hofbräu

在慕尼黑啤酒節會場的巨型帳篷約可容納1萬人，若想感受節慶的熱鬧氣氛這裡是首選。

寶萊納啤酒
Paulaner

白啤酒（小麥啤酒）最有名的就是這家釀酒廠，同時也是拜仁慕尼黑隊的官方贊助商。

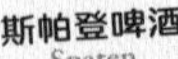

斯帕登啤酒
Spaten

啤酒節會在慕尼黑市長將啤酒桶的栓子敲入桶內後大喊「O'zapft is！（打開了）」正式揭開序幕，此時登場的木桶就是來自斯帕登。

獅王啤酒
Löwenbräu

會在啤酒節會場搭起巨大帳篷，造訪前沒事先預約座位的人可先來這兒碰碰運氣。

哈克-普修啤酒
Hacker-Pschorr

Hacker和Pschorr各自有獨立的帳篷，頂上裝飾著白雲和星星的Hacker帳篷人氣很高。

慕尼黑啤酒節 Q&A

造訪前一定要先知道的啤酒節基礎知識。

Q.需預約嗎？

A.最好預約為佳

事先預約比較保險，但預約時須以一桌10人為單位。每間啤酒屋帳篷都接受預約，將時間和人數等資料傳送至官方網站上公布的傳真號碼即可。最慢請於啤酒節開幕前3星期完成預約手續。

Q.不預約也能入內嗎？

A.有空位就可以進場

傍晚以後幾乎全都被預約訂位了，瞄準週一～五的14時30分以前或週六日9時一開張後的時段可能還會有空位。客滿時帳篷的入口會先關上，只能在門口排隊等候空位。

Q.如何點餐？

A.跟餐廳一樣

坐定位後負責該區的服務生會送來菜單，要點餐或點啤酒都必須透過該位服務生。有時見到兩手端滿啤酒的服務生從旁經過時，也可出聲示意買酒。

Q.如何結帳？

A.在桌邊買單

告知負責該區的服務生後帳單就會送上，請直接在桌邊買單。不可使用信用卡。

Q.有哪些實用會話？

A.下面4句

請給我一杯啤酒
Eine Maβ, bitte!
※1杯基本上是1公升

乾杯！
Prost

這個位子有人坐嗎？
Ist hier noch frei?

洗手間在哪裡？
Wo ist die Toilette?

Q.其他注意事項？

A.預約飯店

啤酒節期間全慕尼黑的飯店都會被訂光光，因此請提早預約。費用也會比平常來得貴，請留意。若預約不到客房，不妨選擇距離稍遠的奧格斯堡（→P87）等地的郊區飯店再搭火車往返。

啤酒以外的注目焦點

知名食物

帳篷內和戶外區都有提供德國豬腳、白香腸等慕尼黑名菜。另外也可在會場內的攤販，買到夾著香腸的熱狗麵包、椒鹽捲餅之類的美食。

遊行

啤酒節的第1天（開幕）與第2天，會舉辦宣告慶典開始的遊行活動。裝載著鮮花裝飾啤酒桶的有篷馬車、樂隊、身穿巴伐利亞民族服飾的隊伍會繞行市內遊行。

現場表演

大型啤酒屋帳篷內還設有舞台，能欣賞現場表演。當反覆演奏的『Ein Prosit（乾杯歌）』唱到最後的「Prosit（乾杯）」時就得跟著舉起酒杯乾杯，這種與大夥同樂的感覺令人意猶未盡。

遊樂園

對不能喝啤酒的小孩子而言，會場內的大型移動遊樂園就相當具有吸引力。不需門票、想玩哪樣遊樂設施再付費即可，旋轉馬車、鬼屋、巨型摩天輪等都很受歡迎。

若於慕尼黑啤酒節以外的時間造訪不可錯過的重點！

除了啤酒節外還有許多與啤酒相關的景點，好好感受一下慕尼黑這座啤酒天堂吧！

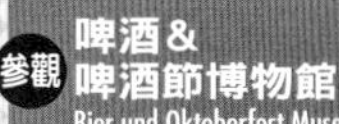

參觀 啤酒&啤酒節博物館
Bier und Oktoberfest Museum
MAP P135-D2 地圖 正面-D4

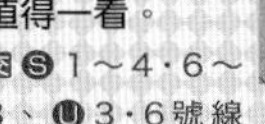

晚上則搖身變成啤酒餐廳

展示啤酒釀造的歷史，遠從最早的美索不達米亞一直到慕尼黑。歷年的啤酒節明信片、紀念啤酒杯等展示，也很值得一看。

實際使用過的啤酒釀造機器

交Ⓢ1～4·6～8、Ⓤ3·6號線Marienpl.站步行10分 住Sterneckerstr.2 ☎(089)24231607 時13～18時（啤酒餐廳：週一18～24時、週二～六13～24時） 休週日一（啤酒餐廳週日公休） 金€4

購物 Max Krug
MAP P135-C1 地圖 正面-B2

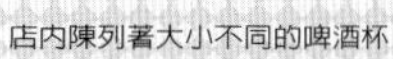

選購獨特的啤酒商品

位於行人徒步區諾伊豪森街上的伴手禮店。有各種不同設計款式和尺寸的啤酒杯，還有防止灰塵掉入的啤酒杯蓋等商品。交Ⓢ1～4·6～8、Ⓤ3·6號線Marienpl.站步行5分 住Neuhauser Str.2 ☎(089)224501 時9時30分～20時 休週日

店內陳列著大小不同的啤酒杯

以慕尼黑觀光景點為設計圖案的帶蓋啤酒杯€46.6

具保冷效果的錫製帶蓋啤酒杯€39.95

飲酒 啤酒特集→P12

風格厚重樸實的

德國製品

造型簡單耐看又兼具
實用性與高品質的德國製品，
是出自卓越技藝與工匠精神的結晶，
值得一輩子珍藏。以下將從瓷器、
廚房雜貨、運動鞋等商品領域，
介紹幾個大家耳熟能詳的
德國一流品牌。

布偶玩具

德國金耳釦泰迪熊 Steiff

Schlaf Gut Bär各€9.90

可代代相傳的泰迪熊

1880年創業、以泰迪熊商品廣為人知的品牌，出生於南德的Margarete Steiff自品牌成立以來即秉持「只給孩子最好的」的信念至今。所有的布偶左耳都會縫上一塊標籤，黃色代表經典款、白色代表限定款。

SHOP…C

➡坐在旅行皮箱上的泰迪熊€39.90

➡Issy Donkey €9.90

小知識

支持德國產業的Meister制度

所謂Meister意指「達人」「職人」「巨匠」，而Meister制度就是為了徹底學習專業技藝，由國家所主導推行的制度，對德國的產業發展具有莫大的貢獻。雖然目前有很多職業已經停止實施此制度，但造就現今德國品牌繁榮景象的幕後功臣就是這個教育制度。

A Puma Concept Store

MAP P135-C1 地圖 正面-C2

商品樣式豐富齊全的品牌概念店。1樓為男士館，2樓為鞋類商品和女士館。交Ⓢ1～4·6～8、Ⓤ3·6號線Marienpl.站步行5分 住Theatinerstr.1 ☎(089)44447010 時10～20時 休週日

B WMF

MAP P135-C1 地圖 正面-C3

陳列著廣受愛用的壓力鍋、餐具、調理用具等製品的WMF路面店，也買得到姊妹品牌的商品。交Ⓢ1～4·6～8、Ⓤ3·6號線Marienpl.站步行5分 住Weinstr.4 ☎(089)296751 時10～20時 休週日

C Galeria Kaufhof

MAP P135-C2 地圖 正面-B3

有多個品牌店進駐的高級百貨公司。地下1樓有Pelikan、MONTBLANC，3樓有Steiff、4樓有Villeroy & Boch，5樓有adidas。詳細請參照P43。

運動用品

愛迪達 adidas

以三斜線造型為商標

由創辦人Adolf Dassler於1949年成立，以功能性運動鞋商品打開市場。為德國甲級足球聯賽球隊拜仁慕尼黑的官方贊助商，印有球隊Logo的商品也很受歡迎。

SHOP… C

拜仁慕尼黑隊的球帽 €17.95

adistar Racer Shoes€89.95

運動用品

彪馬 PUMA

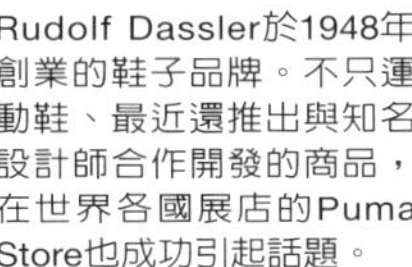

法拉利系列球鞋€100

與流行元素結合後人氣逐漸攀升

Rudolf Dassler於1948年創業的鞋子品牌。不只運動鞋、最近還推出與知名設計師合作開發的商品，在世界各國展店的Puma Store也成功引起話題。

SHOP… A

法拉利系列手提包 €95

法拉利系列高筒球鞋€80

文具

萬寶龍 MONTBLANC

持續創造歷史的世界精品

1906年創業。1963年曾發生過一個著名的小故事，在會議中正要簽名的西德總理遍尋不著筆，而當時甘迺迪總統出借的筆正是MONTBLANC的鋼筆。筆蓋上的白色標誌，代表著白朗峰（Mont Blanc）頂的萬年積雪。 SHOP… C

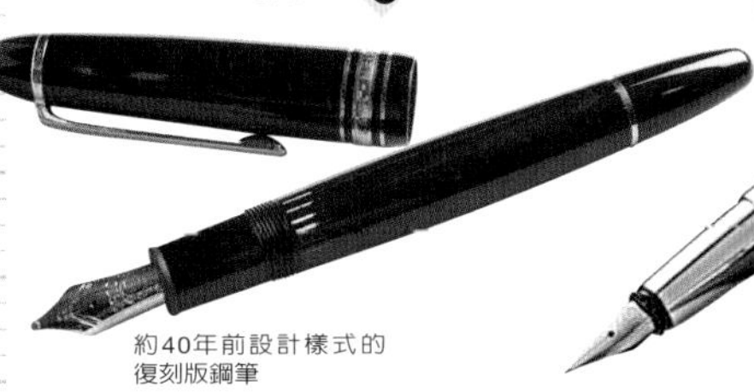

約40年前設計樣式的復刻版鋼筆

文具

百利金 Pelikan

講究書寫流利感的鋼筆

1838年創立的品牌，以蘊含玩心的設計為特色。近來Skeleton系列的鋼筆、Pelikan Junior的兒童用鋼筆都十分受到矚目，當然經典設計款的人氣依舊屹立不搖。

SHOP… C

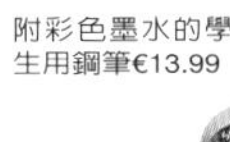

Pelikan Pura黑色銀飾 €72

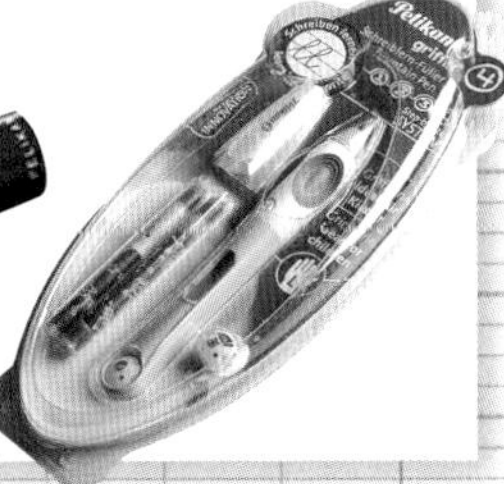

附彩色墨水的學生用鋼筆€13.99

D Kunstring

MAP P133-D3 地圖 正面-C1

陳列著以邁森瓷器為主的歐洲各大品牌瓷器。邁森瓷器素面€30～、紋樣€60～。交U3～6號線Odeonspl.站步行1分 住Brienner Str.4 ☎(089)281532 時10時～18時30分（週六～18時） 休週日

E Aigner

MAP P135-D1 地圖 正面-C2

慕尼黑為本店，包包、服飾、小物等品項尤其齊全。交S1～4·6～8、U3·6號線Marienpl.站步行5分 住Theatinerstr.45 ☎(089)30702066 時10～19時（週六～18時） 休週日

瓷器

邁森
Meissen

歐洲最古老的瓷器工房

廣受歐洲王公貴族喜愛的白瓷，曾經有「白色金子」之稱。起源於取得東方瓷器的強王奧古斯都二世，下令著手研發歷經萬難後才終於燒製成功。中國風紋樣、藍洋蔥系列等都很有人氣。

SHOP…P55 D

藍洋蔥系列的濃縮咖啡杯碟組 €145

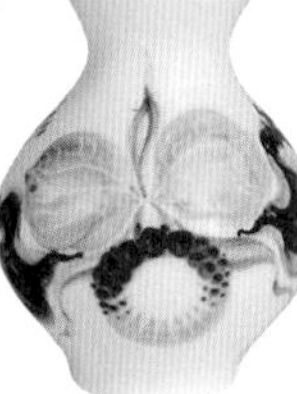

蘭花圖案的花瓶€104

瓷器

唯寶
Villeroy & Boch

王室御用的老字號瓷器品牌

1748年創業的老店，曾因日本皇太子妃雅子的嫁妝而躍上版面。傳統的花卉圖案主題人氣依舊，新開發的系列則以豐富用色和大膽設計為特徵。

SHOP…P54 C

1969年設計的野玫瑰盤€26.90（21㎝）

New Wave Acapulco 系列的杯碟組€29.90

廚房用品

WMF

具高度機能性的廚房用品

1853年創業於刀具產業重鎮蓋斯林根的餐具品牌。1984年推出的壓力鍋相當有名，深受消費者的好評。每一樣廚房用品都很實用方便，設計風格簡約洗鍊。

SHOP…P54 B

材質厚重的燉鍋 €114

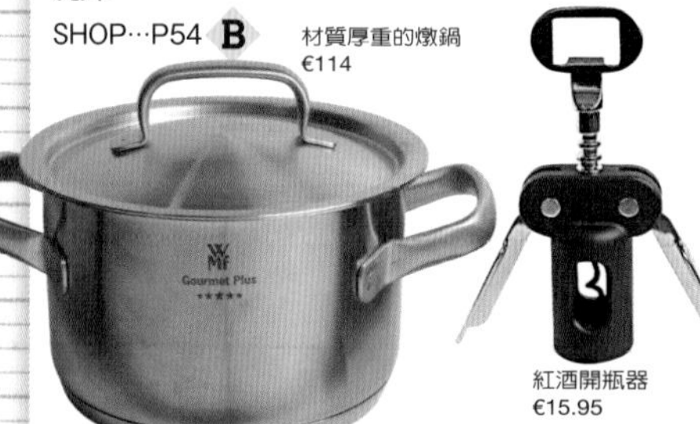

紅酒開瓶器 €15.95

流行時尚

愛格納
Aigner

凝聚匠心的精緻作工

由出生匈牙利的Etienne Aigner所成立的品牌。一開始為馬具製造商，1950年在紐約發表產品後以設計師的身分獲得了高度評價。1965年在慕尼黑設立公司。

SHOP…P55 E

小牛皮公事包 Cybill Bag€799（小）、€1200（大）

附大型拉鍊的牛皮製側背包 XL Zip Bag €499

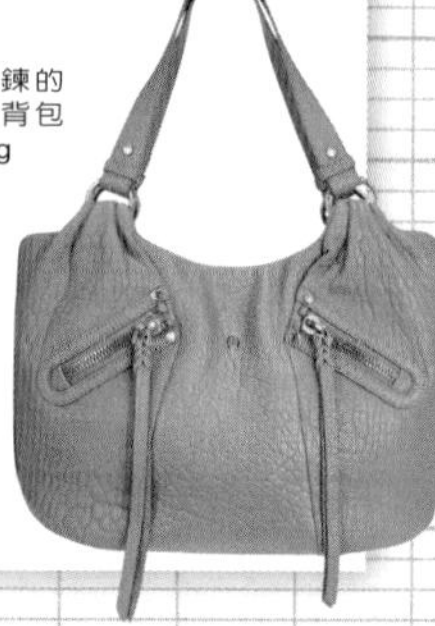

追加 簡單輕便的德國製品

德國製的化妝品、家庭用品也都相當實用，以下介紹超市或藥局（→P57）就能買到的平價商品！

克奈圃
Kneipp

克奈圃神父為了治癒宿疾而研發出使用水療和藥草植物的治療法。以天然藥草為基礎製成的入浴劑€0.95～ ②③

妮維雅
NIVEA

1911年問世的妮維雅乳霜，是全世界第一個成功使用油包水乳化劑的商品。潤膚霜€1.15～ ②③

PENATEN

擁有百年以上歷史的嬰幼兒用品品牌。Intensive Cream（臉部＆身體適用）為天然成分的護膚乳液，有皮膚乾燥問題的大人也可使用。€2.75 ②

FROSCH

知名的德國環保洗碗精，98%的成分可自然分解。含蘆薈成分，溫和不刺激手部肌膚。€1.25（125ml）②③

德國有機商品

德國為有機先進國。
從化妝品到食品種類琳瑯滿目，
觀光客在超市就能輕鬆買到手。

美妝品 die Kosmetika

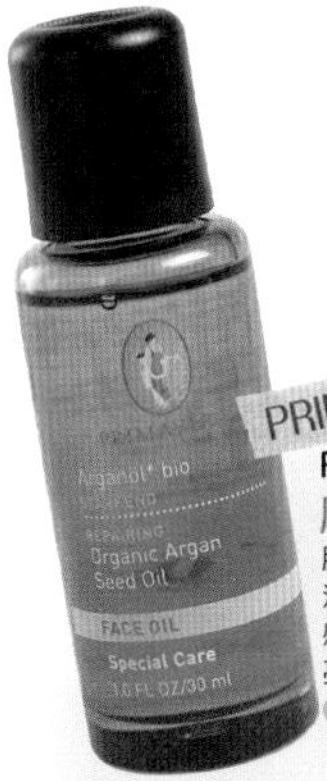

PRIMAVERA

PRIMAVERA的
摩洛哥堅果油
臉部適用的摩洛哥堅果油，能讓乾燥肌膚或敏感性肌膚變得水嫩透亮。€10.90（30mℓ）①

alverde

alverde的
身體噴霧
香橙和檸檬香蜂草混合而成的香氣清新宜人，可於沐浴後或是流汗後使用。€2.95（150mℓ）②

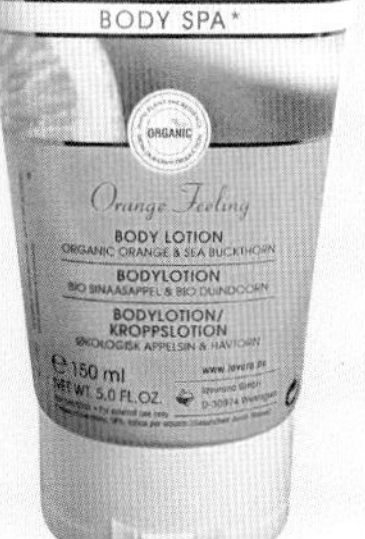

lavera

lavera的
身體乳液
含有機香橙和沙棘成分，沐浴後塗抹全身清爽又舒適。€5.95（150mℓ）②

lavera

lavera的
面膜
左邊是含野玫瑰、酪梨、夏威夷豆成分能活化肌膚的面膜€1.95。右邊是清潔肌膚毛孔的面膜€1.99，含薄荷油、礦物泥、裏海的鹽等成分②

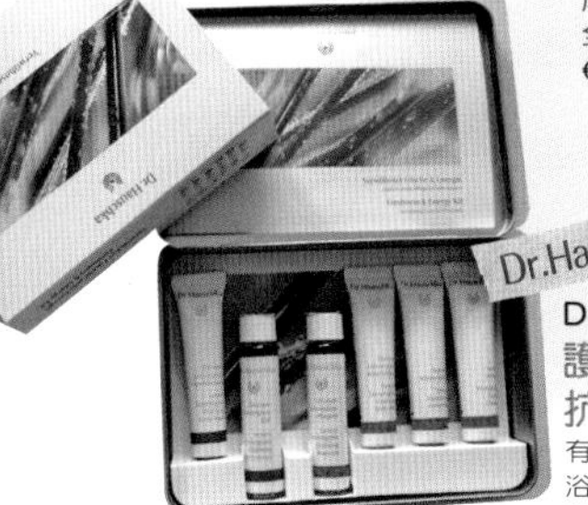

Dr.Hauschka

Dr.Hauschka的
護膚套組・抗老回春
有含檸檬和檸檬草成分的沐浴油、身體乳液等，總共6款產品的套組。€10.50①

食品 Essen

洋蔥蘋果醬
口感濃稠，吃起來就像肝醬慕斯般€1.49③

生薑巧克力
將生薑糖水淋上苦甜巧克力製成€2.75②

水果軟糖
有香橙、芒果、蘋果等7種口味的軟糖€1.79①

巧克力威化餅乾
威化餅乾外層塗上牛奶巧克力€2.29①

穀物棒
含堅果、蔓越莓、向日葵子等成分的穀物棒49￠①

咖啡
混合阿拉比卡與羅布斯塔品種的綜合咖啡豆，濃縮咖啡用€2.99（250g）③

花草茶
含黑莓、茴香成分適合早上飲用的花草茶€1.55②

馬鈴薯湯
水滾後倒入湯粉煮約5分鐘就是道地的馬鈴薯湯€0.95②

超市List

①Basic

慕尼黑
MAP P135-D2 地圖▶正面-C4
住Westenriederstr.35
時8～20時 休週日

法蘭克福 MAP P138-A1
住Leipziger Str.11
時8～21時(小酒館7時～) 休週日

②dm

慕尼黑
MAP P134-B1
住Karlspl.25/Stachus Einkaufszentrum 時8～20時
休週日

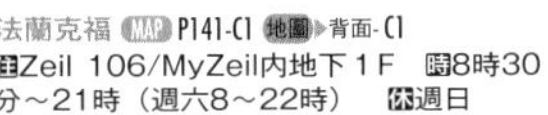

法蘭克福 MAP P141-C1 地圖▶背面-C1
住Zeil 106/MyZeil內地下1F 時8時30分～21時（週六8～22時） 休週日

③Rossmann

慕尼黑
MAP P130-B2
住Seidlstr.5
時7～20時 休週日

法蘭克福 MAP P140-B2 地圖▶背面-B2
住Roßmarkt 5 時8時30分～20時（週四～六～21時） 休週日

城市的遊覽方式

遊覽方式的重點

市中心徒步即可，郊外則搭乘交通工具

瑪麗恩廣場周邊的市中心徒步就能遊遍，很多街道都設有行人徒步區。若要前往距離稍遠的施瓦賓地區、奧林匹克公園等地，利用S-Bahn、U-Bahn、路面電車等交通工具就能輕鬆抵達。

⬆也是長程列車起迄站的慕尼黑中央車站
➡年輕人聚集的施瓦賓地區

只要掌握重點就能輕鬆遊逛城市！

⬆不分晝夜購物和觀光人潮不斷的諾伊豪森街周邊

以街道名稱和門牌號碼為線索

「Straße」代表街道，大多會省略只標示「-str.」「Str.」；廣場「Platz」也一樣，會標示成「-pl.」「Pl.」。每棟建築物都會有門牌號碼，只要沿著地址走就能抵達目的地。街道兩側的門牌號碼，一邊是奇數、另一邊是偶數。

⬆還有標示出街道名稱和目的地方向的指示牌
⬅數字代表門牌號碼，下方文字為街道名稱

要留意自行車道！

對德國人而言自行車是重要的移動手段之一。由於使用者眾多，除了人行道、車道外還設有自行車道。有的地方則是規畫自行車優先道，與車道並行。通常自行車道會設在人行道的旁邊，請勿佔用。

藍底圓形標誌為自行車專用的標誌

⬆代表自行車優先的警告標誌

旅遊資訊的大本營！

收集城市資訊最方便的地方就是觀光服務處。能買到慕尼黑的地圖，索取觀光巴士的資料、甚至還能直接報名。瑪麗恩廣場的新市政廳1樓和慕尼黑中央車站（→P113．119）都設有觀光服務處，請多加利用。

交通速見表

便捷的交通方式一目瞭然！

	到瑪麗恩廣場
從瑪麗恩廣場（→P38）	瑪麗恩廣場的最近車站 Ⓢ1～4．6～8、Ⓤ3．6號線 Marienpl.站
從慕尼黑中央車站（→P113·119）	Hauptbahnhof站到Marienpl.站搭Ⓢ1～4·6～8號線約5分。若步行前往約20分
從舊皮納可提克美術館（→P40）	ⒷPinakotheken到Hauptbahnhof站搭Ⓑ100號約5分，轉搭Ⓢ1～4·6～8號線到Marienpl.站約5分
從施瓦賓地區（→P51）	Münchner Freiheit站到Marienpl.站搭Ⓤ3·6號線約6分
從寧芬堡宮（→P46）	ⓉSchloß Nymphenburg到Hauptbahnhof站搭Ⓣ17號30分，轉搭Ⓢ1～4·6～8號線到Marienpl.站約5分
從奧林匹克公園（MAP P128-B1）	Olympiazentrum站到Marienpl.站搭Ⓤ3號線約12分

主要交通工具

請依目的地選擇交通工具

交通工具	車資	運行時間	最好避開的時段	市內1日票·3日票(→P56)
S-Bahn U-Bahn	1個區間的單程票€2.70、1日票€6.20、3日票€15.50等。S-Bahn、U-Bahn、路面電車、巴士的車資皆相同	3～23時（部分為24小時）	最好避開平日6～9時左右的通勤尖峰時段	○
路面電車 巴士	同上	5時～翌日1時※有夜間班次（部分為24小時→P59）	班次不多的清晨和深夜必須在外久候，因此最好避開該時段	○
計程車	起跳價€3.50，5km以內每1km加收€1.80；5～10km每1km加收€1.60	24小時	平日7～10時左右的通勤時段通常會塞車	×

※運行時間只是大概的基準，會依路線和星期幾而異。

到慕尼黑中央車站	到舊皮納可提克美術館	到施瓦賓地區	到寧芬堡宮	到奧林匹克公園
Marienpl.站到Hauptbahnhof站搭Ⓢ1～4·6～8號線約5分。若步行前往約20分	Marienpl.站到Hauptbahnhof站搭Ⓢ1～4·6～8號線約5分，轉搭Ⓑ100號到ⒷPinakotheken約5分	Marienpl.站到Münchner Freiheit站搭Ⓤ3·6號線約5分	Marienpl.站到Hauptbahnhof站搭Ⓢ1～4·6～8號線約5分，轉搭Ⓣ17號到ⓉSchloß Nymphenburg約25分	Marienpl.站到Olympiazentrum站搭Ⓤ3號線約12分
慕尼黑中央車站 Ⓢ1～4·6～8、Ⓤ1·2·4·5號線 Hauptbahnhof站	Hauptbahnhof站到ⒷPinakotheken搭Ⓑ100號約5分	Hauptbahnhof站到Marienpl.站搭Ⓢ1～4·6～8號線約5分，轉搭Ⓤ3·6號線到Münchner Freiheit站約5分	Hauptbahnhof站到ⓉSchloß Nymphenburg搭Ⓣ17號約25分	Hauptbahnhof站到Marienpl.站搭Ⓢ1～4·6～8號線約5分，轉搭Ⓤ3號線到Olympiazentrum站約12分
ⒷPinakotheken到Hauptbahnhof站搭Ⓑ100號約6分	**舊皮納可提克美術館的最近車站** Ⓤ2號線Theresienstr.站、Ⓣ27、Ⓑ100號 Pinakotheken	搭計程車約10分	ⒷPinakotheken到Hauptbahnhof站搭Ⓑ100號約6分，轉搭Ⓣ17號到ⓉSchloß Nymphenburg約25分	ⓉPinakothekenen搭到Petuelring站Ⓣ27號約12分，轉搭Ⓤ3號線到Olympiazentrum站約2分
Münchner Freiheit站到Marienpl.站搭Ⓤ3·6號線約5分，轉搭Ⓢ1～4·6～8號線到Hauptbahnhof站約5分	搭計程車約10分	**施瓦賓地區的最近車站** Ⓤ3·6號線 Münchner Freiheit站	Münchner Freiheit站到Marienpl.站搭Ⓤ3·6號線約5分，轉搭Ⓢ1～4·6～8號線到Hauptbahnhof站約5分，再搭Ⓣ17號到ⓉSchloß Nymphenburg約25分	Münchner Freiheit站到Olympiazentrum站搭Ⓤ3號線約7分
ⓉSchloß Nymphenburg到Hauptbahnhof站搭Ⓣ17號約25分	ⓉSchloß Nymphenburg到Hauptbahnhof站搭Ⓣ17號約25分，轉搭Ⓑ100號到ⒷPinakotheken約10分	ⓉSchloß Nymphenburg到Hauptbahnhof站搭Ⓣ17號約30分，轉搭Ⓢ1～4·6～8號線到Marienpl.站約5分，再搭Ⓤ3·6號線到Münchner Freiheit站約10分	**寧芬堡宮的最近車站** Ⓣ17、Ⓑ51號 Scholoβ Nymphenburg	搭計程車約10分
Olympiazentrum站到Marienpl.站搭Ⓤ3號線約12分，轉搭Ⓢ1～4·6～8號線到Hauptbahnhof站約5分	Olympiazentrum站到Petuelring站搭Ⓤ3號線約1分，轉搭Ⓣ27號到ⓉPinakotheken約12分	Olympiazentrum站到Münchner Freiheit站搭Ⓤ3號線約6分	搭計程車約10分	**奧林匹克公園的最近車站** Ⓤ3號線 Olympiazentrum站

※交通速見表，基本上以S-Bahn、U-Bahn、路面電車、巴士等交通工具為主。
上述時間並不包括轉乘和候車的時間。Ⓢ代表S-Bahn、Ⓤ代表U-Bahn、Ⓣ代表路面電車、Ⓑ代表巴士。

S-Bahn・U-Bahn

連結慕尼黑市內和周邊的鐵道。S-Bahn有9條路線，主要聯絡市中心和附近郊區；U-Bahn有7條路線，行駛範圍是以慕尼黑中央車站等為起點的市區，兩者皆以號碼區分各路線。運行班次多、是最方便實用的交通工具，轉乘時只要仔細確認指示牌就很簡單。

⬇「DB」即德國鐵路的標誌

⬆有些車廂還貼有慕尼黑的市徽

主要路線的種類 ※路線圖請參照P136

S-Bahn

有連結市內各主要車站的東西向路線，以及連結市中心與郊區的南北向路線。前往慕尼黑國際機場和寧芬堡宮時也能利用。

S4 連結Geltendorf站到Ebersberg站之間廣大範圍的路線。前往慕尼黑中央車站、瑪麗恩廣場等主要地區都很方便。

S8 從Herrsching站行經市中心往慕尼黑國際機場方向的便捷路線。S1也一樣，是行經市中心往機場方向的路線。

S1 **S2** **S3** **S6**

S7 **S20**

※S5目前為停駛狀態。2009年12月時Mammendrf-Holzkirchen間已改為S3路線

U-Bahn

行駛市內各區域的路線。前往安聯球場、德意志博物館、奧林匹克公園等離市中心較遠的觀光景點也很方便。

U3 從Marienpl.站行經施瓦賓地區、奧林匹克公園

U1 **U2**

U6 以Marienpl.站為中心往北行駛，會行經施瓦賓地區、安聯球場。

U4 **U5**

※尖峰時段的增班路線U7行駛Westfriedhof站到Neuperlach Zentrum站之間

自動售票機的操作方式

S-Bahn、U-Bahn、路面電車、巴士的車票皆可通用。有的機器不接受大面額紙鈔，請自備零錢。

①選擇車票種類、張數

可在觸控式螢幕中選擇英文介面。點選單程票＆回數票可購買短程、區間車票，點選1日票可購買1日票、3日票等。

②投錢付費

畫面上會顯示金額，請依指示投錢。上面還會列出可以使用的紙鈔和硬幣種類。

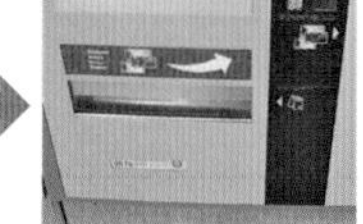

③領取車票

從售票機下方的窗口領取車票和找回的零錢，請別忘了確認金額。

主要車票的種類

單程票

短程（路面電車、巴士4站以內，電車2站以內）€1.40

1區€2.70，每區加收€2.70

其他

市內1日票€6.20、市內3日票€15.50

10張回數票€13

善用路線圖！

各車站的服務台都備有A4大小的路線圖，Marienpl.站等大型車站的MVV服務台還會提供各路線時刻表之類的詳細資料。善加利用就能讓旅程更加順暢。

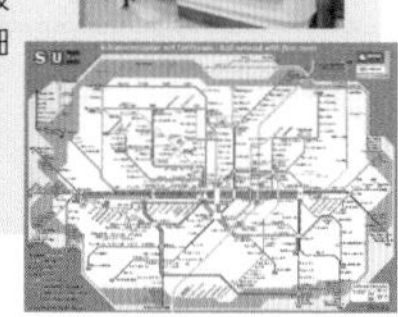

搭乘S-Bahn・U-Bahn

1 尋找車站

⬇標示出站名和路線號碼的入口階梯

以S-Bahn的「S」和U-Bahn的「U」記號為尋找目標。市區的車站幾乎都設在地面下，郊外則在地面上。

2 購票

車票可於進入月台前的自動售票機購買。一般自動售票機只接受金額€20以下的紙鈔，因此請自備小額紙鈔或零錢。

Wo ist der Fahrkartenschalter?（請問售票處在哪裡？）

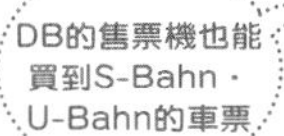

DB的售票機也能買到S-Bahn・U-Bahn的車票

3 打印後前往月台

⬅將車票稍微插入即可打印

將車票依箭頭方向放入刻印機，就會印上乘車時間。持1日票、3日票者只需在第一次搭車時打印即可，若忘記打印會被視為逃票、請注意。接著往搭車路線的月台前進

4 上車

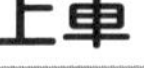

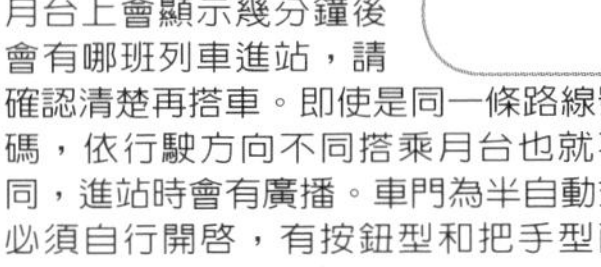

月台上會顯示幾分鐘後會有哪班列車進站，請確認清楚再搭車。即使是同一條路線號碼，依行駛方向不同搭乘月台也就不同，進站時會有廣播。車門為半自動式必須自行開啟，有按鈕型和把手型兩種；之後車門會自動關閉。

⬅利用路線導覽圖確認目的地

輕輕往下壓就能打開車門

等亮燈後再壓下按鈕

5 下車

⬅Ausgang代表出口之意，也有英文標示

⬇幾乎所有車站都設有手扶梯

快到站前車內會有德語、英語的廣播。下車時的車門也是半自動式，請自行開啟。遵循出口的指示，走出月台後車票不需放入刻印機即可出站。

6 走出地面

走出月台後會看到出口前方街道名稱的標示可選擇從最靠近目的地的出口上來。

Check電子看板！

慕尼黑中央車站、Marienpl.站等大型車站由於同一月台內會有好幾種電車停靠，因此很容易混淆。只要事先掌握電子看板的瀏覽方式，就不至於搭錯車。電子看板會設在車站入口內和月台上。

轉乘的方法

S-Bahn和U-Bahn間不需出站就能直接轉乘。先確認好路線號碼，S-Bahn的話就遵循「S」、U-Bahn就遵循「U」的指示前進即可輕鬆轉乘。若要轉乘路面電車或巴士，則必須出站。

路面電車 Straßenbahn

與S-Bahn・U-Bahn的路線網相比密集度更高的市內交通工具。雖然路線多、不容易搞懂，但觀光景點附近就有停靠站是最大的優點。此外，隔著大車窗就能欣賞到外面的景色也極具魅力。

●搭乘路面電車

1 尋找停靠站

⬅Ⓗ記號下方若有「Tram」的紅色標誌即路面電車的停靠站

⬅先確認自己要前往的方向

Wo ist die Straßenbahnhaltestelle?
（請問路面電車的停靠站在哪裡？）

巴士和路面電車停靠站的記號相同，都是以字母Ⓗ來標示。頂上有小遮棚的停靠站，置有時刻表和自動售票機。也備有路線地圖，記得確認一下是否有經過自己要前往的目的地。

路線號碼　目的地　候車時間（分）

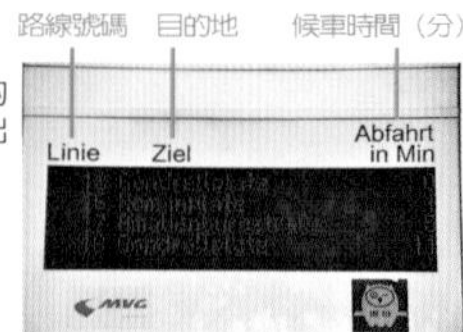

➡複數路線行經的停靠站，會顯示出目的地和候車時間

2 上車購票

車票與S-Bahn・U-Bahn一樣，點選要購買車票的按鈕後再投錢付費。路面電車的車票可上車買或是在停靠站買，持單程票者請記得打印。

⬆購票方法同S-Bahn・U-Bahn （→P60）

⬅一上車就會看到刻印機

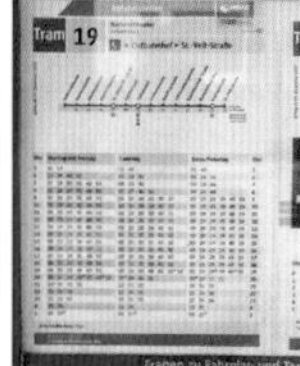

➡幾乎都會按照時刻表準時進站，小心別遲到了

3 下車

接近下一個停靠站前車內會有德語和英語的廣播，電子看板上也會顯示停靠站名稱。所有車站都會停車，但車門為半自動式，必須壓下按鈕才會開啓。回程的路面電車停靠站大多都設在對向車道，建議下車後先繞過去查詢回程的時刻表。

⬇請確認車內的電子看板

按鈕等亮燈後再壓下

便於觀光的路線

Ⓣ16…卡爾斯廣場～德意志博物館
Ⓣ17…慕尼黑中央車站～寧芬堡宮
Ⓣ27…卡爾斯廣場～皮納可提克

上下車時請留意左右來車！

路面電車與其他車輛一樣都行駛在車道上，有些路面電車的停靠站還設在車道中央，因此要小心左右來車。

從S-Bahn・U-Bahn轉乘時

S-Bahn・U-Bahn車站有許多出口，為避免轉乘路面電車時迷路，請務必仔細確認指示牌。路面電車停靠站號碼的下方會列出路線號碼和目的地，找到自己要搭乘的路面電車和目的地後再走出地面。

巴士 Bus

市內的巴士網交織得密密麻麻，從各主要車站都有好幾條路線巴士開往四面八方。即使同樣名稱的巴士站，只要行駛方向不同停靠站的位置也就完全不同，有的路線可能班次較少，有點不方便。不過要前往離車站較遠的觀光地時，巴士可是相當便捷的交通工具。

搭乘巴士

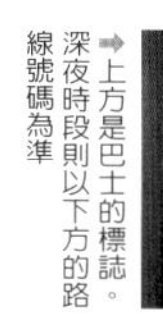

➡上方是巴士的標誌，深夜時段則以下方的路線號碼為準。

➡會顯示路線號碼和目的地

1 尋找巴士站

與路面電車一樣以字母Ⓗ為記號，若有藍底圓形的「BUS」標誌即巴士站。也有沒設置遮棚、只矗立一根看板的巴士站，要留意別走過頭了。站內會提供時刻表，最好確認一下。

⬇請確認目的地和時刻表

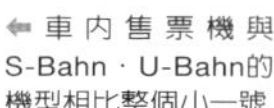

2 上車購票

⬅車內售票機與S-Bahn · U-Bahn的機型相比整個小一號

若無人候車巴士就會過站不停，請務必站在巴士站前等車。巴士到站後從前方車門上車，並透過自動售票機購票。自動售票機的操作方式與S-Bahn · U-Bahn（→P60）相同。

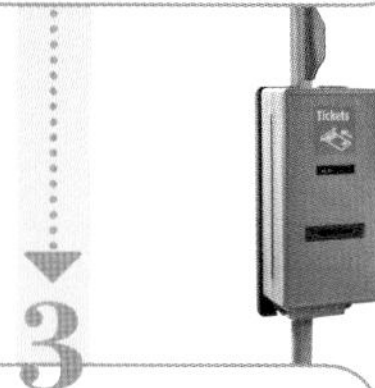

⬅請勿忘記打印

3 下車

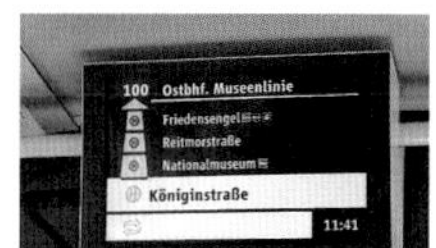

幾乎所有車內的電子看板，都會列出之後要停靠的3個巴士站。廣播則依巴士站而異不一定每站都有，要下車時請壓下黃色按鈕通知司機。

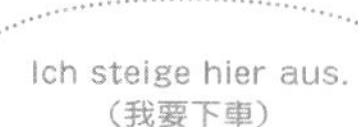

Ich steige hier aus.
（我要下車）

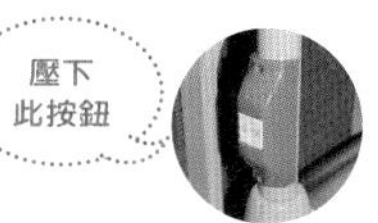

壓下此按鈕

觀光巴士

觀光巴士除了以慕尼黑為起點的市內觀光外，還有前往羅曼蒂克大道、郊外等景點，總共有17條旅遊路線。從慕尼黑中央車站出發，巡覽瑪麗恩廣場、皮納可提克、奧林匹克公園等地的熱門路線最受歡迎。報名請洽觀光服務處（→P119）。

深夜時段運行的夜間班次

「MVG Nachtlinien」

深夜時段路面電車和巴士都會有臨時班次。與白天的路線號碼和行經地點都不太一樣，請事先向服務台索取路線圖。若貼有右方的貓頭鷹標誌，就代表是夜間班次會停靠的巴士站。

計程車 Taxi

慕尼黑的大眾運輸工具十分發達，不過行李太多時搭計程車還是比較方便。慕尼黑的計程車，以白色車體和車頂上的「TAXI」為辨識記號。在路上雖然能看到空車，但當地計程車並無隨招隨停的習慣，所以還是從飯店或計程車招呼站搭車吧。

搭乘計程車

←「禁止計程車以外之車輛停車」的標誌

1 尋找計程車招呼站

原則上必須請飯店或餐廳叫車，或是從計程車招呼站上車。計程車招呼站大多會設在主要車站或觀光地、百貨公司等規模較大的建築物周邊。有時在早晚的通勤尖峰時段或下雨天，還得等候許久才搭得到車。

Können Sie mir bitte ein Taxi rufen?
（請幫我叫計程車）

2 上車

↑以黃色的計程車標誌為辨識目標

在計程車招呼站須排隊候車。車門為手動式請自行開關，只需告知街道名稱和門牌號碼就能載送至目的地。單獨一人搭車時當地人會習慣坐在副駕駛座，但想選擇坐在後座也沒關係。

←若有大件行李請告知司機

Bringen Sie mich bitte zu dieser Adresse.
（（出示便條紙）請到這個地址）

3 下車

抵達後請支付跳表顯示的金額和小費，並領取收據。司機不見得每次都能找零，因此請避免使用大面額紙鈔。請自行開關車門。

←跳表機一般會安裝在前方座位的中央位置

24小時營業、也沒有夜間加成，最適合已無電車可搭的時段或是一大早就要出發時利用

車資系統

車資採跳表制，起跳價€3.50。5km以內每1km加收€1.80，5～10km每1km加收€1.60。小費一般會給跳表顯示金額的10%左右。若有大件行李，每件加收€0.60。

自行車 Fahrrad

德國的自行車人口很多，甚至還規劃了自行車專用道。慕尼黑的街區相對來說較小，所以很多觀光客會選擇騎自行車環繞一周。可輕易在飯店或自行車出租店租到車，租金1小時€3、1天€15左右。還能參加以自行車巡訪各主要景點的旅遊團。基本上沒有自行車停車場、停哪兒都行，還車場所則依店家而異。

➡由德國鐵路營運的自行車租用系統「CALL A BIKE」，只需打電話取得密碼後即可解鎖使用

美食

慕尼黑著名的白香腸和巴伐利亞料理都是必吃的美食，啤酒屋也很受歡迎。

特集也要check ♪

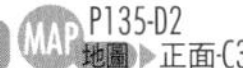

瑪麗恩廣場周邊 MAP P135-D2 地圖▶正面-C3

Weisses Bräuhaus

品味傳統的巴伐利亞料理與白釀啤酒

小麥啤酒專門釀造廠Schneider Weisse的直營餐廳。為1872年創業的老店，有德式烤豬肉€9.90等以巴伐利亞料理為中心的菜色。原創啤酒Schneider Weisse 300ml€3.10～，也相當推薦。服務生都身穿德國的民族服飾，店內有時還能欣賞銅管樂隊的演奏、氣氛熱絡。

⬆向內延伸的用餐空間
➡德國豬腳等豬肉料理非常受歡迎

DATA……
交S1～4・6～8、U3・6號線 Marienpl.站步行5分 住Tal 7 ☎(089)2901380 時8時～24時30分 休無休 金午€12～晚€16～

瑪麗恩廣場周邊 MAP P135-C2 地圖▶正面-B3

Zum Spöckmeier

白香腸的創始店

1450年創業的老店，據說是白香腸的發源店。白香腸配白啤酒（小麥啤酒）€5.10（500ml）、椒鹽捲餅€1.30（1個）的早餐都是必吃選項。

DATA……
交S1～4・6～8、U3・6號線Marienpl.站步行1分 住Rosenstr.9 ☎(089)268088 時9時～翌1時（週四～六～翌3時） 休無休 金午€11～晚€20～

特蕾莎草坪廣場周邊 MAP P128-B4

Gaststätte Grosmarkthalle

白香腸專賣店

從1968年開賣至今的白香腸原創食譜為該店的得意之作。風味有口皆碑，甚至還批發給其他餐廳。建於1912年的傳統建築物也相當有味道。

DATA……
交U3・6號線Implerstr.站步行5分 住Kochelseestr. 13 ☎(089)764531 時7～17時（週六～13時） 休週日 金午晚€10～

瑪麗恩廣場周邊 MAP P135-C1 地圖▶正面-B3

Nürnberger Bratwurst Glöckl am Dom

可口的名產烤香腸

位於聖母教堂的後方。如店名Nürnberger Bratwurst所示招牌菜即紐倫堡香腸，6根€8.50。

DATA……
交S1～4・6～8、U3・6號線Marienpl.站步行5分 住Frauenpl. 9 ☎(089)2919450 時10時～翌1時（週日、假日～23時） 休無休 金午€14～晚€17～

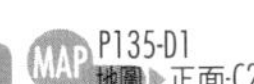

歐迪翁廣場周邊 MAP P135-D1 地圖▶正面-C2

Spatenhaus

看完歌劇後可順道前往

1896年創業的歷史老店，室內擺飾營造出美好年代的氛圍。白香腸1根€3.50～。地處巴伐利亞州立歌劇院附近，因此有不少欣賞完歌劇後順道上門光顧的客人。

DATA……
交S1～4・6～8、U3・6號線 Marienpl.站步行5分 住Residenzstr. 12 ☎(089)2907060 時9時30分～翌0時30分 休無休 金午€16～晚€20～

瑪麗恩廣場周邊 MAP P135-D1 地圖▶正面-C3

Restaurant Haxnbauer

招牌菜為豪邁的豬肉料理

巴伐利亞地方的名菜──德國豬腳€17.50廣受好評的餐廳。以炭火慢慢燒烤製成，香氣撲鼻又鮮嫩多汁。

© Haxnbauer München

DATA……
交S1～4・6～8、U3・6號線Marienpl.站步行5分 住Sparkassenstr. 6 ☎(089)2166540 時11～24時 休無休 金午€18～晚€22～

Imbiß即德國版的速食店，有土耳其料理的烤肉店、香腸攤等種類。散步途中肚子有點嘴饞，或是想簡單解決一餐的時候很方便。

瑪麗恩廣場周邊 MAP P135-D1 地圖▶正面-D3

Hofbräuhaus

已成為人氣觀光景點的啤酒屋

在可容納3500人的大廳享用巴伐利亞料理和啤酒，此處也以希特勒曾召開集會的場所而廣為人知。幾乎都是高朋滿座的盛況，每晚還有樂團的現場演奏。

DATA

交S1～4・6～8、U3・6號線Marienpl.站步行5分 住Platz 9 ☎(089)290136100 時9時～23時30分 休無休 金午€12～晚€16～

瑪麗恩廣場周邊 MAP P135-C1 地圖▶正面-B3

Augustiner am Dom

暢飲傳統風味的啤酒

露天座很受歡迎的巴伐利亞料理店。巴伐利亞在地鴨製成的烤鴨€20.90（半隻）以及從橡木桶倒出的淡啤酒€3.80，都很值得一嘗。

DATA

交S1～4・6～8、U3・6號線Marienpl.站步行5分 住Frauenplatz 8 ☎(089)23238480 時10～24時 休無休 金午晚€16～

慕尼黑大學周邊  MAP P131-C1

寿司屋 三叉路
Sushiya Sansaro

和風摩登風格的空間

受到當地人愛戴的人氣名店，連美食雜誌都曾採訪報導。有以嚴選食材製作的壽司€2.80～6.50、綜合壽司拼盤€12.50～22.50等。

DATA

交U3・6號線Universität站步行5分 住Amalienpassage 89 ☎(089)28808442 時12時～14時30分、17時30分～23時(週日僅17～22時) 休週一 金午€14～晚€18～

歐迪翁廣場周邊 MAP P133-C4 地圖▶正面-B1

Café Luitpold

備有300種以上的甜點

慕尼黑當地最古老的Konditorei（糕點店）之一。優雅氛圍的店內，吃得到自製蛋糕、餡餅、巧克力等眾多甜點。還附設展示該店歷史的博物館（時10～19時休無休金免費※導覽解說€3.50～）。

➡以年輪蛋糕為基底的Luitpold-torte€4.20、卡布奇諾咖啡€3.70

⬆在露天座度過愜意的時光

DATA

交U3～6號線 Odeonspl.站步行3分 住Briennerstr. 11 ☎(089)2428750 時8～23時（週一～19時、週日9～19時） 休無休

瑪麗恩廣場周邊 MAP P135-D1 地圖▶正面-C3

庄屋
Shoya

在德國也很受歡迎的日本料理

以燈籠為標誌的日本料理店。捲壽司€3.80～、拉麵€8.50、鮪魚蓋飯€14、烏龍麵€8等眾所皆知的日本佳餚，連德國人也很愛吃。

DATA

交S1～4・6～8、U3・6號線Marienpl.站步行5分 住Orlando Str. 3 ☎(089)292772 時12～22時 休週日 金晚午€10～

瑪麗恩廣場周邊 MAP P135-D2 地圖▶正面-D3

Der Katzlmacher

充滿休閒風的義大利餐廳

令當地饕客流連忘返的義大利料理店。菜色每天都會更換，可讓客人品嘗到新鮮美味的時令食材。內部裝潢也極富特色。

DATA

交S1～4・6～8、U3・6號線Marienpl.站步行5分 住Bräuhausstr. 6 ☎(089)333360 時12～15時、18時30分～翌1時(週六僅18時30分～翌1時) 休週日 金午€30～晚€70～

王宮周邊 MAP P133-D4 地圖▶正面-C1

Café Arzmiller

沉穩的氛圍很吸引人

以古典風格裝潢自豪的咖啡廳。自製蛋糕、餅乾都廣受好評，其中又以蘋果捲€7.10最為暢銷。夏天還會增設露天座。

DATA

交U3～6號線Odeonspl.站步行3分 住Theatinerhof, Salvatorstr. 2 ☎(089)294273 時8時30分～18時（週日、假日10時30分～） 休無休

瑪麗恩廣場周邊  MAP P135-D2 地圖▶正面-C3

Rischart

市場附近人潮熱絡的咖啡廳

1樓是陳列著麵包€2.50～、蛋糕€1.95～、可頌€1.20等產品的烘焙店，2樓為咖啡廳空間。也設有戶外座位，是晴朗好天氣時的最佳選擇。

DATA

交S1～4・6～8、U3・6號線Marienpl.站步行5分 住Viktualienmarkt 2 ☎(089)231700330 時8～19時（夏天期間的週日10～18時） 休週日

E 有諳英語的員工 有英文版菜單 DRESS CODE 有著裝規定 需預約

購物

以瑪麗恩廣場為中心有多條購物大街。從簡單輕便的德國伴手禮到在地品牌，各式各樣的商品琳瑯滿目。

特集也要check♪

Aigner ……… P55
WMF ……… P54
FC Bayern München Megastore ……… P49
Kaut Bullinger ……… P43
Galeria Kaufhof ……… P43、54
Kunstring ……… P55
Dallmayr ……… P39
Der Wachszieher am Dom ……… P43
dm ……… P57
Bauer & Hieber ……… P50
Biebl ……… P43
Puma Concept Store ……… P54
Basic ……… P57
Max Krug ……… P53
Leysieffer ……… P43
Rossmann ……… P57

歐迪翁廣場周邊 MAP P133-D4 地圖▶正面-C1

Porzellan Manufaktur Nymphenburg

精湛技藝結晶的精美瓷器大集合

創業於18世紀，在寧芬堡宮（→P46）內還設有工房的老字號瓷器製造商Nymphenburg的直營店。如今從取得國家認證資格的Meister手中，仍然不斷地有精緻美麗的作品問世。本店的規模在慕尼黑市內也算數一數二，商品種類從傳統款式到新潮樣式應有盡有。店內還陳列著如茶壺€660之類價格和價值皆屬上乘的瓷器，宛如一間瓷器美術館般。

⬆充滿歷史韻味的外觀很引人注目
➡陳列在店內最後方的是作工極其精巧細緻的高級品

DATA
交U3～6號線 Odeonspl.站即到 住Odeonspl. 1 ☎(089)282428 時10時～18時30分（週六～18時） 休週日

歐迪翁廣場周邊 MAP P133-C4 地圖▶正面-C1

Bree

高品質的皮革製品

設計性與機能性俱佳，國內外皆耳熟能詳的品牌。其中又以植鞣皮革製品最受好評，有皮革包€99.95～、皮夾€39.95～等多樣商品。

DATA
交U3～6號線 Odeonspl.站步行3分 住Salvatorstr. 2 ☎(089)298745 時10～19時 休週日

瑪麗恩廣場周邊 MAP P135-C1 地圖▶正面-C2

Rosenthal

巴伐利亞在地的瓷器品牌

1888年創立於巴伐利亞塞爾柏的德國瓷器製造商，以注重實用功能同時結合流行元素的設計為主軸。杯子約€20～。

DATA
交S1～4・6～8、U3・6號線 Marienpl.站步行5分 住Theatinerstr. 1 ☎(089)222617 時10～19時（週六～18時） 休週日

卡爾斯廣場周邊 MAP P134-B1 地圖▶正面-A2

Oberpollinger

大型高級百貨公司

隸屬於Karstadt集團旗下。名店商品齊聚的高級百貨公司內，賣場面積高達40000㎡，Steiff、WMF等眾多德國品牌也一應俱全。

DATA
交S1～4・6～8、U4・5號線Karlspl.站步行3分 住Neuhauserstr.18 ☎(089)290230 時10～20時 休週日

瑪麗恩廣場周邊 MAP P135-C1 地圖▶正面-C2

Zwilling J.A. Henckels

堅固耐用的刀具

品質有口皆碑的餐廚用具品牌「德國雙人牌」的店面。有廣受消費者青睞的不鏽鋼菜刀等刀具、鍋具，羅列著形形色色的廚房用品。

DATA
交S1～4・6～8、U3・6號線Marienpl.站步行5分 住Weinstr. 12 ☎(089)222135 時10～20時 休週日

瑪麗恩廣場周邊 MAP P135-C1 地圖▶正面-B2

Herrmann Geschenke

經典德國伴手禮羅列

描繪德國主題圖案的帶蓋啤酒杯€9～等，若想尋找德國特有的伴手禮來這就對了。慕尼黑國際機場內（第二航廈）也有分店。

DATA
交S1～4・6～8、U3・6號線Marienpl.站步行5分 住Neuhauser Str. 2 ☎(089)229308 時9～20時（1～3月10時～） 休週日

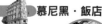

高~中級飯店

身為德國第三大城市，當然吸引不少國際連鎖飯店和高級飯店進駐。慕尼黑中央車站、瑪麗恩廣場周邊等市中心以外地區和郊外的選擇也很多，最好先行確認一下前往飯店的交通方式。

瑪麗恩廣場周邊 MAP P135-D2 地圖▶正面-D3

慕尼黑文華東方酒店 Mandarin Oriental

在位置優越的豪華飯店度過優雅時光

位於離瑪麗恩廣場步行5分的舊市區心臟地帶，以卓越的地理位置自豪。豪華的室內擺飾、歐系飯店風格的周到服務都頗受好評，還設有視野開闊的游泳池。連最小的客房都有35㎡的寬敞面積，著實令人欣喜。已在美國和世界各地展店的日本名廚松久信幸的餐廳也即將進駐。

⬆客房為照明偏暗的沉穩空間

➡飯店周邊的街道錯綜複雜

DATA

交Ⓢ1～4・6～8、Ⓤ3・6號線Marienpl.站步行5分 住Neuturm Str. 1 ☎(089)290980 金ⓈⓉ€575～ 無線網路€18（24小時） 73間

瑪麗恩廣場周邊 MAP P135-D1 地圖▶正面-C3

Platzl Hotel

以三角屋頂為明顯目標 不論觀光購物都很方便的飯店

離瑪麗恩廣場、巴伐利亞州立歌劇院都很近，徒步到觀光景點只需幾分鐘。屬於歐式簡約風格的飯店，工作人員還會穿上巴伐利亞的民族服飾迎賓。整體以沉穩色調為主的傳統巴伐利亞客房，空間雖然不大卻極具功能性，飯店內還設有健身房等設施。飯店周邊雖然有許多餐廳和商店，也可在飯店附設的兩家餐廳「Pfistermuhle」「Ayingers」，品嘗傳統的巴伐利亞料理。

➡裝潢簡約讓人感覺放鬆的客房

⬆風格典雅的早餐餐廳

⬆餐廳「Pfistermuhle」

DATA

交Ⓢ1～4・6～8、Ⓤ3・6號線Marienpl.站步行5分 住Sparkassenstr. 10 ☎(089)237030 金Ⓢ€145～Ⓣ€215～ 無線網路免費 167間

瑪麗恩廣場周邊 MAP P133-C4 地圖▶正面-B2

Bayerischer Hof

1841年創業的老字號飯店

慕尼黑當地擁有崇高地位與傲人傳統的高級飯店，以圓頂天花板的入口大廳及華麗的建築樣式為特色。

DATA

交Ⓢ1～4・6～8、Ⓤ3・6號線 Marienpl.站步行5分 住Promenadepl.2 ☎(089)21200 金Ⓢ€268～Ⓣ€370～ 無線網路免費（Economy） 340間

慕尼黑中央車站周邊 MAP P134-A1

慕尼黑艾美酒店 Le Meridien München

以舒適為原則的簡約設計極具魅力

坐落於慕尼黑中央車站旁的現代風格飯店。離地下鐵也近，很適合做為旅遊的據點。飯店內餐廳、游泳池、健身中心等設備齊全，也能享受SPA和按摩服務。客房為以舒適度為優先考量的極簡風格。另外，還附設備有80多款葡萄酒的巴黎風餐廳「Le Potager」，以及提供輕食的酒吧。

⬆具時尚氛圍的大廳，散發出寧靜沉穩的氣息

➡充滿歷史味道的飯店入口

DATA

交Ⓢ1～4・6～8、Ⓤ1・2・4・5號線Hauptbahnhof站即到 住Bayer str. 41 ☎(089)24220 金ⓈⓉ€221～ 無線網路€12～34（24小時） 381間

E 有諳英語的員工 餐廳

廣告回信
臺灣北區郵政管理局登記證
北台字第12567號
免貼郵資

姓名：________________________

職業：____________ 性別：男／女　生日：____年____月

學歷：□國中 □高中 □大專（大學）□研究所（含以上）

電話：（宅）____________________（手機）____________________

地址：□□□________________________________

____

e-mail：________________________________

人人出版
www.jjp.com.tw

人人出版股份有限公司

23145 新北市新店區寶橋路 235 巷 6 弄 6 號 7 樓

郵撥：16402311　人人出版股份有限公司

人人出版 • 讀者回函卡

回函可直接投郵寄回或傳真本公司。傳真專線：(02)2914-0000

首先感謝您對人人出版的支持，由於您的回應我們才能更了解您的需要，繼續提供給您更好的出版品。麻煩請您回答下列問卷。謝謝您的支持！

購買書名：＿＿＿＿＿＿ 系列名稱：□人人遊日本；□叩叩日本；□叩叩世界；□co-Trip 日本小伴旅；□哈日情報誌；□人人遊世界；□休日慢旅；其他＿＿＿＿

購買年月：＿＿＿ 購書自：□門市＿＿＿書店；□網路書店；□親友贈送；□其他＿＿＿

整體滿意度：□非常喜歡：□喜歡；□普通；□不喜歡；□非常不喜歡

您為什麼會購買本書？（可複選） □旅遊地點；□封面設計；□觀光景點；□店家內容資訊；□推薦路線；□地圖好用；□開本好攜帶；□書籍價錢；□其他＿＿＿＿

請問您這次旅行的方式？□旅行團；□自由行；□其他＿＿＿＿

請問您這次的旅行天數？＿＿＿天＿＿＿夜

前往本書中介紹的景點後，實際上的感覺如何？＿＿＿＿

您希望接下來出版的旅遊地點是？＿＿＿＿

您對本書或本公司的建議：

歐迪翁廣場周邊 MAP P131-D3 地圖▶正面-D2

慕尼黑凱賓斯基四季酒店
Hotel Vier Jahreszeiten Kempinski

於1858年開業的名門飯店享受幸福時光

前身為王室用來招待國賓的住宿設施，是慕尼黑最具代表性的頂級飯店。從奢豪氣派的大廳，就足以感受其不凡的崇高地位。坐落於高級名牌店林立的馬克西米利安大街上，離巴伐利亞州立歌劇院也很近，因此每到夜晚時分大廳和酒吧總坐滿著盛裝打扮的男女賓客。飯店內葡萄酒吧、餐廳、小酒館一應俱全，廣受好評。

↑➡全世界賓客雲集的頂級飯店

DATA
交Ⓢ1～4・6～8、Ⓤ3・6號線Marienpl.站步行10分 住Maximilian Str. 17
☎(089)21250 金Ⓢ€300～Ⓣ€390～
無線網路免費 297間

英國花園周邊 MAP P129-D2

慕尼黑威斯汀大酒店
The Westin Grand München Arabellapark

以眺望景色為豪的大型飯店

雖然離市中心稍遠，但英國花園就在徒步可達的範圍。地鐵車站也近在咫尺，環境宜人。飯店內的設計兼具現代化設備與溫暖的空間氛圍，住起來很舒適。

DATA
交Ⓤ4號線Arabellapark站步行5分
住Arabellastr. 6 ☎(089)92640
金ⓈⓉ€219～ 無線網路€6（1小時）、€16（24小時） 627間

德意志博物館周邊 MAP P131-D4

慕尼黑市希爾頓酒店
Hilton München City

能針對各式各樣的需求提供服務

從機場搭車過來約35分，位於伊薩爾河南側，距離市中心稍遠，但與地下鐵車站直通、相當便利。細膩周到的服務，受到旅客的肯定與好評。

©Hilton worldwide

DATA
交Ⓢ1～4・6～8號線Rosenheimer pl.站即到 住Rosenheimer Str. 15
☎(089)48040 金ⓈⓉ€190～
無線網路€10（24小時） 480間

慕尼黑中央車站周邊 MAP P130-B3

Sofitel Bayerpost München

與慕尼黑中央車站僅相隔百尺的熱門高級飯店

充滿歷史厚重感的外觀，卻擁有機能性十足的現代風格內裝。發揮原本建築結構的優點，客房面積既寬敞又舒適。飯店內的Spa Lagune備有美容室、健身中心、室內游泳池等設施，設計風格洗鍊簡約。此外還能在Sofitel飯店集團特有的法國餐廳用餐，著實令人期待。也設有小酒館和酒吧。

↑離慕尼黑中央車站不過100m的絕佳位置

➡奢華時尚風的客房

©Vangelis Peterakis

DATA
交Ⓢ1～4・6～8、Ⓤ1・2・4・5號線Hauptbahnhof站步行1分 住Bayerstr. 12
☎(089)599480 金ⓈⓉ€225～ 無線網路免費 396間

施瓦本地區 MAP P129-D1

慕尼黑萬豪酒店
Marriott Hotel München

7層樓建築的摩登飯店

周圍綠意環抱，共7層樓高的中級飯店。設有室內游泳池、三溫暖，網路設備等商務機能也很完善。

DATA
交Ⓢ1～4・6～8、Ⓤ1・2・4・5號線Hauptbahnhof站步行5分
住Berliner Str. 93 ☎(089)360020
金ⓈⓉ€229～ 無線網路€6.95（1小時） 348間

慕尼黑中央車站周邊 MAP P134-A1

慕尼黑市中心美居酒店
Mercure Hotel München City Center

傳統與摩登的結合

宛如設計飯店般的內部裝潢極具魅力。靈感來自於德國的劇場，融合古典和現代元素的客房也很有特色。

©Christoph Weiss

DATA
交Ⓢ1～4・6～8、Ⓤ1・2・4・5號線Hauptbahnhof站步行5分
住Senefelder Str. 9 ☎(089)551320
金ⓈⓉ€169～ 無線網路免費 167間

慕尼黑中央車站周邊 MAP P134-A1

慕尼黑怡東酒店
Excelsior

中央車站就近在眼前的方便地點

中央車站、郵局、百貨公司都在視線範圍內，相當便捷。設有供應義大利和巴伐利亞佳餚的餐廳，好味道有口皆碑。

DATA
交Ⓢ1～4・6～8、Ⓤ1・2・4・5號線Hauptbahnhof站步行3分
住Schützen Str. 11 ☎(089)551370
金Ⓢ€135～Ⓣ€195～ 無線網路免費 118間

觀光景點

慕尼黑有宮殿建築、美術館、博物館等豐富多樣的旅遊景點。即使地處郊外也能搭地下鐵或路面電車輕鬆前往。宮殿和公園的腹地遼闊，請留意時間的掌控與分配。

特集也要check♪

英國花園周邊 MAP P131-D1

英國花園
Englischer Garten

設有啤酒屋的城市休憩綠洲

1789年卡爾・西奧多選帝侯時代所打造的公園。為當地居民的休憩場所，約3.7k㎡的面積在歐洲也是數一數二。範圍大到光散步就得花上一天，但同時也規劃了廣闊的綠地草坪及啤酒屋、博物館等設施讓大衆能享受多樣的樂趣。坐落園區內的中國塔，每到週末還會舉辦銅管樂團演奏會之類的活動。

⬆園內有4座啤酒屋
➡穿越鳥居後，前方還有一間日本茶室

DATA 30~120分
交Ⓤ3・6號線Giselastr.站或Münchner Freiheit站步行5分 時休自由入園 金免費 ☎(089)38666390（公園管理事務所）

瑪麗恩廣場周邊 MAP P135-D1 地圖▶正面-C3

新市政廳
Neues Rathaus

宏偉官廳建築的機關鐘相當吸睛

1867～1909年興建的新哥德樣式市政廳。正面裝飾著巴伐利亞國王、聖人等的雕像，還可從高85m的塔樓一望慕尼黑的街景。塔上的機關鐘，每天固定時間一到就會響起音樂並搭配32個人偶演出歷史劇（參照→P38）。

⬆從側邊仰望更能感受其莊嚴神聖的氛圍
➡裝飾著雕像的建築物正面

DATA 30~120分
交Ⓢ1～4・6～8、Ⓤ3・6號線Marienpl.站即到 住Marienpl. 8
☎(089)23300 時內部不開放參觀。塔樓10～19時（10～4月～17時）
休11～4月的週六日 金塔樓€2.50

皮納可提克周邊 MAP P133-C2

現代藝術陳列館
Pinakothek der Moderne

必見

集繪畫到裝飾品的所有現代藝術於一堂

繼舊皮納可提克美術館、新皮納可提克美術館後於2000年開幕的第3座美術館，為展示20世紀多元領域美術作品的現代藝術殿堂。摩登風格的三層樓建築內，主要的展示有保時捷、BMW等工業設計（地下1F）與特別展（1F）、繪畫裝飾品、繪畫藝術（2F），還能欣賞到畢卡索、達利等現代藝術巨匠們的作品。

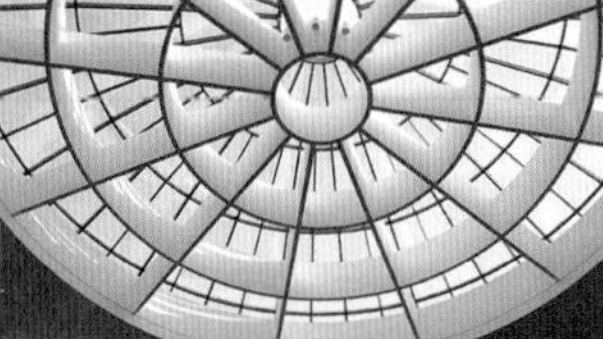

⬆可讓陽光灑落的入口大廳天花板
➡綠意環繞的摩登造型建築物很引人目光

DATA 30~120分
交Ⓣ27號、Ⓑ100號Pinakotheken站下車步行3分 住Barer Str. 40
☎(089)23805360 時10～18時（週四～20時） 休週一 金€10（週日€1）※週日的語音導覽€4.50（週日以外免費）

歐迪翁廣場周邊 MAP P133-D4 地圖▶正面-C1

鐵阿提納教堂
Theatiner Kirche

擁有美麗黃色外牆的教堂

為了慶祝馬克西米利安二世的誕生，於1663年所建造的巴洛克中期長方型廊柱大廳樣式建築。祭壇上設有守護選帝侯的雕像。

DATA ~30分
交Ⓢ1～4・6～8、Ⓤ3・6號線Marienpl.站步行10分 住Theatinerstr. 22
☎(089)2106960 時6時30分～20時（週日7時～） 休無休 金免費
※至2018年為止外觀整修中

世界遺產　必見景點　視野絕佳
~30分 所需時間約30分　30~120分 所需時間30～120分　120分以上 所需時間120分以上

瑪麗恩廣場周邊 MAP P135-C1 地圖▶正面-B2

聖米歇爾教堂
St. Michaels Kirche 必見

莊嚴肅穆的天主教堂

為了反抗1517年開始的宗教改革而建的天主教堂，於1597年建造完成。聖者凱旋的雕像即象徵著反宗教改革的勝利。大理石正門的中間還置有1588年製作的銅雕，描繪大天使聖米歇爾擊敗惡魔的模樣。內殿的下方是地下墓園，包含路德維希二世在內共有30位維特爾斯巴赫王朝的君主長眠於此。

➡文藝復興樣式的建築物

⬆因龐大的建築經費而導致國立銀行陷入財政危機

DATA 30~120分

交S1~4・6~8、U4・5號線Karlspl.站步行5分 住Neuhauser Str. 52 ☎(089)2317060 時8~19時（週一～五10時～、週日7時～22時15分） 休無休（地下墓園週日不開放） 金免費（地下墓園€2）

皮納可提克周邊 MAP P132-B2

古代雕刻美術館
Glyptothek 必見

古希臘時期的美術品

展示古代希臘和羅馬時代約160件雕刻作品的美術館，能欣賞雅典的阿波羅神殿（西元前6世紀）、愛琴海的神殿（西元前490年左右）等名作。

DATA 30~120分

交U2號線Königspl.站步行3分 住Königspl. 3 ☎(089)286100 時10~17時（週四～20時） 休週一 金€6（週日€1）

英國花園周邊 MAP P131-D2

巴伐利亞國立博物館
Bayerisches Nationalmuseum 必見

美術史與民俗學的展示

由馬克西米利安二世下令於1855年成立的博物館。館內的收藏品分為美術史和民俗學兩大領域，美術史區陳列有後期哥德風格的作品。

DATA 30~120分

交B100號National Museum／Haus der Kunst下車步行3分 住Prinzregenten Str. 3 ☎(089)2112401 時10~17時（週四～20時） 休週一 金€7（週日€1）

皮納可提克周邊 MAP P132-B3

古代美術博物館
Antikensammlungen

收藏古代的美術工藝品

1樓有古代希臘赫利孔山的油壺，2樓為青銅製品的展示區。還有伊特魯利亞的珠寶首飾也相當值得一看，坐落於國王廣場上的博物館建物本身也很出色。

DATA 30~120分

交U2號線Königspl.站步行3分 住Königspl. 1 ☎(089)59988830 時10~17時（週三～20時） 休週一 金€6（週日€1）

慕尼黑郊外  MAP P128-A4

施萊斯海姆宮
Schloß Schleißheim  必見

美麗迷人的法式庭園

1701～27年建造，從正面的樓梯往上依序是白色宴會廳、勝利廳等。繪畫展示室裡陳列著16～17世紀的荷蘭畫家作品。法式庭園的景致也相當優美。

DATA 30~120分

交S1號線Oberschleißheim站步行15分 住Max-Emanuelpl.1 ☎(089)3158720 時9~18時（10～3月10～16時） 休週一 金€4.50

景點	介紹	時間
皮納可提克周邊 MAP P132-A2 **連巴赫之家美術館** Städtische Galerie in Lenbachhaus	展示後期哥德風格到20世紀的慕尼黑畫家作品。交U2號線Königspl.站步行5分 住Luisen Str. 33 ☎(089)23332000 時10~18時（週二～21時） 休週一 金€10	30~120分
歐迪翁廣場 MAP P133-D3 **西門子博物館** Siemens Forum Museum	由德國西門子電機企業所設立的博物館，館內有電子產業的相關展示。交U3~6號線Odeonspl.站步行3分 住Osker-von Miller-Ring 20 ☎(089)63632660 時9~17時（週日11:00有館內導覽） 休週六及假日 金免費	
慕尼黑郊外 MAP P129-D3 **Franz von Stuck宅邸博物館** Museum Villa Stuck	由原本畫家Franz von Stuck的宅邸規劃而成的博物館。交B100號Friendensengel下車即到 住Prinzregenten Str. 60 ☎(089)4555510 時11~18時 休週一 金€4~9	30~120分
瑪麗恩廣場周邊 MAP P135-C1 地圖▶正面-B2 **德國狩獵博物館** Deutsches Jagd-und Fischereimuseum	展示動物標本、狩獵工具等物。交S1~4・6~8、U3・6號線Marienpl.站步行5分 住Neuhauser Str. 2 ☎(089)220522 時9時30分~17時（週四～21時） 休無休 金€3.50	必見 30~120分
皮納可提克周邊 MAP P133-C2 **水晶世界博物館** Museum Reich der Kristalle	能在常設展和特別展中欣賞到礦物標本。交T27、B100號Pinakotheken下車步行3分 住Theresienstr. 41 ☎(089)21804312 時13~17時（週日、假日10時～） 休週一 金€2~4	 必見  ~30分
瑪麗恩廣場周邊 MAP P135-C2 地圖▶正面-B4 **慕尼黑市立博物館** Münchner Stadtmuseum	有照片、木偶劇、音樂等，每個樓層皆規劃不同的展示。交S1~4・6~8、U3・6號線Marienpl.站步行7分 住St.Jakobs Pl. 1 ☎(089)23322370 時10~18時 休週一 金€4	30~120分

英國花園在天氣良好時會有載客馬車的服務，十分受到觀光客的歡迎。搭乘處在中國塔附近，30分鐘收費€40～（可容納4～5人）。由於園區佔地廣大，不妨將馬車也當成一種移動方式善加利用吧。

造訪與作家米歇爾・恩德有淵源的景點

Never ending 恩德

米歇爾・恩德是以『默默』『說不完的故事』等奇幻小說聞名，在國際間頗有名氣的德國小說家，在慕尼黑居住了很長一段時間。造訪慕尼黑與恩德有關的場所吧！

米歇爾・恩德

Michael Ende

1929-95年

德國具代表性的兒童文學作家。曾經當過演員和編劇，32歲時發表的『吉姆波坦的火車頭大冒險』榮獲德國兒童文學獎，之後又出版了風行世界的『默默』和『說不完的故事』等名作。

默默（岩波書店）

MAP P128-A4

米歇爾・恩德博物館

Das Michael Ende Museum

展示作品各國譯本和生前愛用品

1998年成立，設在雪堡的國際兒童圖書館內。展示著代表作『默默』的草稿和親筆書信、恩德本人約3000本的藏書、生前使用的家具和拐杖等愛用品，其中還有恩德熱中的電腦遊戲、占星塔羅牌等讓人玩味的物品。也收藏了世界各國的初版譯本，甚至盜版譯本也在其列。

⬅恩德曾使用過的桌椅

⬅雖稱為城堡卻有如要塞般的樸實外觀，下公車後越過馬路即可進入中庭

DATA

交Ⓢ2號線Obermenzing站搭Ⓑ56號10分、Schloß Blutenburg下車步行5分 住Schloß Blutenburg ☎(089)8912110（國際兒童圖書館）時14～17時 休週一二 金€1

212 Waldfriedhof

如童話故事般的墓園

MAP P128-A4

恩德長眠於佔地遼闊的森林墓地Waldfriedhof內，墓園的造型獨特十分醒目。中間有座仿書本翻開狀的青銅墓碑，周圍則擺飾著曾在恩德作品中出現的烏龜、貓頭鷹等動物。從正面入口徒步約需10分鐘，請於入口附近的看板先確認路徑。

⬅從正面入口進入後，往左側前進。傍晚以後不開放參觀

DATA

交Ⓤ5號線Laimer Pl.站搭Ⓑ51號10分，Waldfriedhof Haupteingang下車即到 住Waldfriedhof Müchen ☎無 時8～17時（3月～18時、9・10月～19時、4～8月～20時）休無休 金免費

⬆位於212區的恩德之墓

巴伐利亞影城

Bavaria Filmstadt

跟著神獸一起飛上天吧！

MAP P128-A4

坐落於慕尼黑郊外的電影製片廠。可參加約90分鐘的導覽行程環繞影城一周（只提供德語和英語），有電影、電視劇的布景道具和科幻電影的拍攝體驗等。還有以恩德的原著改編而成的超賣座電影『大魔域』的拍攝場景，以及劇中神獸的特效展示區。

⬆還可以體驗騎在神獸背上，從畫面中即可看到飛上天空的特效攝影

DATA

交Ⓢ1～4・6～8號線Rosenheimerpl.站搭Ⓣ25號約20分、Bavariafilmpl.下車步行10分 住Bavariafilmpl. ☎(089)64992000 時9～18時（11月9日～3月18日10～17時，最後入場時間全年皆為關門前一個半小時）休無休 金導覽行程€13，導覽行程與舞台秀、4D動畫的套票€27.50

也有『Das Boot』、『Billy Wilder』等往年的名作展示和4D動畫

Romatische Straße

羅曼蒂克大道

INDEX

羅騰堡的舊城區，馬克斯塔和羅德城門也聳立其中

掌握城市概要

Romantische Straße 區域Navi

1 Würzburg MAP P126-B1

伍茲堡

地處羅曼蒂克大道最北端的城市。市中心有緬因河流經，東側仍保留中世紀的街景。以瓶身造型獨特的法蘭根葡萄酒產地聞名，有許多老字號的葡萄酒釀造廠，連市區都能看到綿延的葡萄園。

●主教宮（→P79）
●瑪麗恩堡要塞（→P79）

2 Bad Mergentheim MAP P126-B2

巴德梅根特海姆

位於陶伯河沿岸的小城市。最大景點的德意志騎士團城堡周邊是一大片公園綠地，充滿著靜謐悠閒的自然氛圍。

CHECK!
●德意志騎士團城堡（→P80）
●水療公園（→P80）

3 Rothenburg ob der Tauber MAP P126-B2

羅騰堡

羅曼蒂克大道上最有人氣的城市。四周有堅固城牆的舊城區還維持著中世紀古城的風貌，市政廳、教堂、博物館等景點集中。

●市政廳/市政廳鐘塔（→P26）
●小普勒恩（→P27）●城牆（→P27）

4 Dinkelsbühl MAP P126-C2

丁克思比爾

被威尼茲河環繞的城市，景點聚集的舊城區徒步約2～3小時即可逛完。城牆內還有觀光馬車（4～10月，€8）行駛於中世紀街道間，很值得體驗看看。

CHECK!
●聖喬治教堂（→P85）
●德國之屋（→P85）

從伍茲堡延伸到富森、南北走向的羅曼蒂克大道，沿途盡是田園風光。可以欣賞到彷彿時光倒流般的中世紀街景，每個城市的規模都不大徒步就足以逛遍。

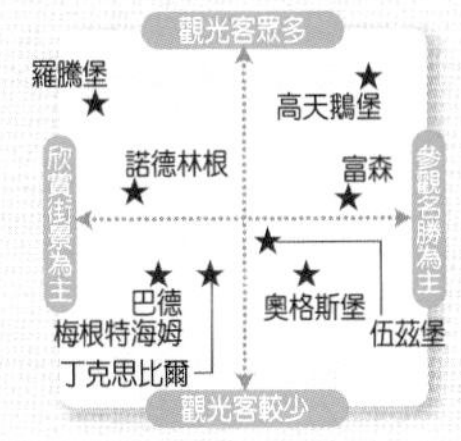

5 Nördlingen MAP P127-C3
諾德林根

坐落於羅曼蒂克大道中間位置的城市。被城牆環繞、直徑約1km的圓形舊城區內，景點集中。聖喬治教堂就矗立於舊城區的心臟地帶，登上塔樓即可將美麗街景盡收眼底。

CHECK! ●聖喬治教堂（→P86）●鄉土博物館（→P86）

6 Augsburg MAP P127-C3
奧格斯堡

巴伐利亞地方最具代表的商業城市。觀光重點都集中在離火車站不遠的舊城區內。擁有四通八達的高速公路網，往來周邊城市的交通相當便捷。

●富格爾博物館（→P88）
●大教堂（→P88）

7 Füssen MAP P127-C4
富森

羅曼蒂克大道最南端的城市，海拔800～1000m，是巴伐利亞地方的最高點。為前往新天鵝堡的據點，火車站前就有很多飯店、觀光商店和餐廳。

CHECK! ●高地城堡（→P91）
●聖曼修道院（→P91）

8 Hohenschwangau MAP P127-C4
高天鵝堡

湖泊、森林圍繞的小村莊。雖然景點只有新天鵝堡和高天鵝堡但一年到頭都有絡繹不絕的觀光客湧入。

CHECK!
●新天鵝堡（→P20）
●高天鵝堡（→P92）

羅曼蒂克大道的交通方式建議

腳程快的話也可將行程濃縮成1天，若想慢慢觀光則需3～4天。最理想的安排方式是第一晚住在起點站的伍茲堡，第二晚下榻羅騰堡，第三晚住富森或高天鵝堡，隔天再前往新天鵝堡。也可參加從慕尼黑出發的新天鵝堡一日遊行程（→P108）。

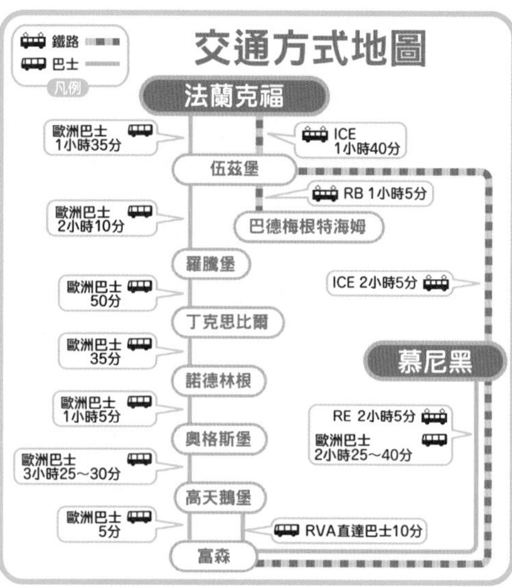

周遊建議

夏天有歐洲巴士行駛於法蘭克福和富森之間、相當方便，一天各有一班南下與北上的班次。會在羅騰堡、丁克思比爾等沿線主要城市停留30分鐘左右觀光休憩，一天就能走訪整條羅曼蒂克大道。車內會提供觀光小冊子並以德語、英語、日語輪流播放景點介紹，還附洗手間。若已經習慣在國外開車的人，也很推薦租車自駕遊逛。冬天期間就必須仰賴地方線和路線巴士的轉乘才到得了，因此相當耗費時間。

伍茲堡的主教宮

紅色屋頂綿延的羅騰堡

歐洲巴士

Europabus

只於4月中旬～10月的夏天期間運行的巴士路線。當天預約也能搭車，但在有節慶活動或7～8月的旺季則事先預約比較保險。預約可洽法蘭克福Deutsche Touring公司的售票中心或主要城市的觀光服務處、網站（URL www.romanticroadcoach.de/。只提供德語和英語介面）。從法蘭克福到羅騰堡的單程車資€45，到富森的單程車資€108。

←也可只搭乘部分路段，請於預約或上車時告知司機要下車的地點

←法蘭克福Deutsche Touring公司售票中心（☎(069)719126261、MAP P138-B3）

●時刻表（部分）：法蘭克福～富森

南下路線	停車地	北上路線
8：00出發	法蘭克福	20：30抵達
9：35出發	伍茲堡	18：50出發
12：05抵達	羅騰堡	17：05出發
13：00出發		16：20抵達
13：50抵達	丁克思比爾	15：10出發
14：35出發		14：25抵達
15：10抵達	諾德林根	13：50出發
15：25出發		13：35抵達
16：30抵達	奧格斯堡（市政廳）	12：30出發
17：00出發		11：45抵達
18：05出發	慕尼黑	10：40出發
19：35抵達	威斯教堂	8：55出發
19：50出發		8：35抵達
20：25出發	高天鵝堡	8：05出發
20：30抵達	富森	8：00出發

※2015年的行駛期間：法蘭克福出發4月10日～10月17日，富森出發4月11日～10月18日

租車 Leihwagen

羅曼蒂克大道的沿路上，能欣賞到田園風光、丘陵起伏等變化多端的景色。租車自駕的話，就不需受限於時間可隨心所欲地遊逛。當地路況良好、駕駛皆具備開車禮儀，因此很適合第一次挑戰海外自駕的人。若在無紅綠燈號誌的路口看到有人要過馬路，請遵循當地的規矩優先禮讓行人通過。

租車

在台灣預約

可直接打電話向台灣的租車公司預約。告知日期、希望車型等完成手續後，就可以拿到預約確認書。到當地取車時必須出示這張預約確認書，所以請小心保管好。

到當地租借

也可抵達當地再去租車，不過或許會碰到租不到自己想要的車型或是時間搭不上的問題。雖然講英文也能溝通，但考量到若要討論更細節的內容時還是在台灣先預約比較方便。租車時，請備妥國際駕照、台灣駕照、信用卡和護照（若已於台灣預約者請攜帶預約確認書）。

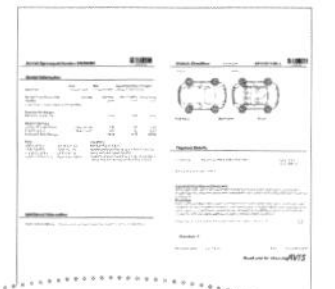

取車時會拿到契約書和車鑰匙；還車時也需要出示契約書，請收好放在副駕駛座的置物箱內。

加油

基本上都是自助式加油。汽油的種類有Nomal（92無鉛汽油）、Super（95無鉛汽油）、Super Plus（98無鉛汽油）等。租車時請記得確認要加哪一種油。自助式加油的方法與國內大同小異，付費可直接在使用機台上插入信用卡、投入現金，或是到附設的商店櫃台告知油槍號碼付款。

加油站大多都會附設便利商店和洗手間。飲料和零食類也很齊全，可當成兜風途中的休息站使用。

駕駛時的注意事項

德國與台灣一樣是採左駕右行的行車規則。市區速限50km，市區以外的一般道路速限100km。羅曼蒂克大道在白天視線良好，奧格斯堡周邊以外的交通流量都不大、開起來很順暢。但沿路上幾乎都沒有設置路燈，因此最好避免天色昏暗後上路開車，也要特別小心車道狹窄、彎道較多的路段。

德國南部兜風的實用地圖€7.95，可於慕尼黑的觀光服務處購買。

其他交通工具

鐵路

要前往羅曼蒂克大道北端的起點伍茲堡，可由法蘭克福或慕尼黑搭ICE（城際特快列車）；要前往南端的起點富森，可從慕尼黑搭RE（區際列車）。其他種類的列車都必須轉乘好幾次，實在稱不上方便。

自行車

羅曼蒂克大道沿路也設有自行車道。若攜帶自行車搭乘歐洲巴士，會依移動距離的巴士停靠站數量計算費用，1～5個停靠站€5，之後每5個停靠站加收€2～3。須於3天前預約，預約請洽 URL www.romantischestrasse.de（僅提供德語、英語介面）。街道沿路也有許多餐廳和住宿設施。

能與優美宮殿和優質白葡萄酒相遇的城市

伍茲堡

MAP P126-B1

Würzburg ★交通方式請參照P76

羅曼蒂克大道的北端起點。約西元前1000年凱爾特人在緬因河沿岸的山丘上築起城塞，成為城市歷史的起源。並以法蘭根地方的中心城市興盛一時，17世紀所打造的中世紀風格街道如今仍然保留原貌。已列為世界遺產的主教宮是最大的觀光焦點。

觀光服務處

伍茲堡觀光服務處
MAP P78-B1
住Falkenhaus am Markt
(0931)372398
時10～18時（5～10月的週六～15時、週日～14時）。1～3月10～17時（週六～14時）
休11～4月的週日

遊逛方式建議

從伍茲堡中央車站到市中心的市集廣場徒步約15分，舊城區和主教宮也都在能悠閒漫步觀光的距離內。持WelcomeCard可享各主要觀光景點的優惠，相當划算。售價€3、自購買後7日內有效，請於觀光服務處購買。

遊逛計畫

伍茲堡中央車站
↓ 步行15分
主教宮
↓ 步行35～40分
瑪麗恩堡要塞
↓ 步行20分
到Bürgerspital享用午餐
↓ 步行15分
伍茲堡中央車站

Best of Best

欣賞
已登錄為世界遺產的**主教宮**，18世紀由濕壁畫家提波羅繪製的全世界最大濕壁畫更是不容錯過。

品嘗
為德國具代表性的白葡萄酒「**法蘭根葡萄酒**」的產地，可以到老字號的釀造廠享用美味的葡萄酒和餐點。

世界遺產　必見景點　視野絕佳　所需時間約30分　所需時間30～120分
所需時間120分以上　有諳英語的員工　有英文版菜單　餐廳

觀光景點 MAP P78-A2

瑪麗恩堡要塞
Festung Marienberg

歷史悠久的山丘城堡

約莫於西元前1000年由凱爾特人築起的要塞，成為歷任主教的住所。附設有博物館（€4.50）。

DATA 30～120分

交T1・3・5號Alte Mainbrücke下車步行15分。4～10月從主教宮前可搭乘每隔20～50分發車的9號巴士前往 住Marienberg ☎(0931)3551750 時9～18時 休週一、11月～3月15日 金導覽團€6

觀光景點 MAP P78-B2

聖基利安大教堂
Dom St. Kilian

以雙尖塔為標誌的大教堂

羅馬樣式的教堂。建於11世紀，後於1945年重建將毀於戰爭中的教堂復原成11～13世紀的模樣。教堂內的祭壇旁置有3尊里門施奈德的雕刻作品，相當吸睛。

DATA ～30分

交市集廣場步行3分 住Domstr. ☎(0931)38662900 時10～17時（週日、假日13～18時） 休無休 金免費

觀光景點 MAP P78-B2

新明斯特教堂
Neumünster

精巧細緻的雕刻非看不可

11世紀中葉建造的羅馬樣式教堂，於1716年增建巴洛克樣式的西側正門。聖母子像與兩手環抱胸前的耶穌像都是觀賞焦點。

DATA ～30分

交市集廣場步行3分 住Hofstr. ☎(0931)38662800 時6時～18時30分（週日8時～） 休無休 金免費

觀光景點 MAP P78-B2

主教宮
Residenz

美麗壯觀的天花板畫

18世紀興建作為主教住所的宮殿。建築物、庭園、前方的廣場都已被指定為世界遺產，目前340個房間中有40間對外開放參觀。

DATA 30～120分

交市集廣場步行10分 住Residenzpl. 2 ☎(0931)355170 時9～18時（11～3月10時～16時30分，最後入場時間為關閉前30分） 休無休 金€7.50

※州立ギャラリーの広間は2016年初めまで見学不可

美食 MAP P78-B2

Backöfele

法蘭根地方的鄉土佳餚

能在寧靜沉穩的氛圍中，享用法蘭根風味的烤香腸€8.80等鄉土料理。還備有法蘭根葡萄酒等多種酒款，250mℓ €2.90～。

DATA

交市集廣場步行3分 住Ursulinergasse 2 ☎(0931)59059 時12～24時（週五六～翌1時、週日～23時） 休無休 金午€13～晚€16～

美食 MAP P78-B1

Juliusspital

享用店家引以為傲的白葡萄酒與料理

美味的法蘭根葡萄酒廣受好評的餐廳，能品嘗到從酒窖橡木桶直接取出的白葡萄酒。單杯葡萄酒的價格大約是250mℓ€3．80～。

DATA

交市集廣場步行10分 住Juliuspromenade 19 ☎(0931)54080 時10～24時 休無休 金午€15～晚€20～

飯店 MAP P78-A1

Maritim

矗立於岸邊的景觀飯店

建築規模和房間數量在伍茲堡當地都是數一數二的高級飯店。由於地處緬因河沿岸，高樓層的瞭望視野極佳。預約時不妨提出入住較高樓層的要求。

DATA

交市集廣場步行15分 住Pleichertorstr. 5 ☎(0931)30530 金S€106～T€121～ 無線網路免費 287間

飯店 MAP P78-B2

Rebstock

1737年興建、擁有洛可可風格立面的高級飯店，內部裝潢也以洛可可樣式營造出整體性。坐落於舊城區，觀光、購物皆十分方便。交市集廣場步行10分 住Neubaustr. 7 ☎(0931)30930 金S€109～T€205～ 無線網路免費 72間

飯店 MAP P78-B1

Würzburger Hof

可從置於大廳的相片中挑選客房的飯店。位於舊城區的心臟地帶，交通便捷。客房的維護保養也相當完善。交市集廣場步行7分 住Barbarossapl. 2 ☎(0931)53814 金S€125～T€145～ 無線網路免費 34間

干型口味的法蘭根白葡萄酒連歌德也愛

四周葡萄園環繞的伍茲堡是法蘭根葡萄酒的原產地。以干型口味、風味濃郁的白葡萄酒為大宗，甚至還流傳偉大的德國詩人歌德曾於10星期內就買了192公升葡萄酒的逸聞。法蘭根葡萄酒的最大特色即名為Bocksbeutel的獨特造型酒瓶，而最早於18世紀採用這種酒瓶裝盛的就是葡萄酒窖**Bürgerspital**，如今還附設有餐廳和商店。（詳細請參照下述內容）

Bürgerspital 交市集廣場步行15分 住Theaterstr.19 MAP P78-B1
餐廳：☎（0931）352880 時10～24時 休無休
葡萄酒專賣店（商店）：☎（0931）3503403 時9～24時（週一～18時、週日11時～） 休無休

與德意志騎士團共存共榮的城市

巴德梅根特海姆

MAP P126-B2

Bad Mergentheim ★交通方式請參照P76

源起於9世紀的這座城市，於1229年成為德意志騎士團的根據地，1525～1809年間還置有騎士團長的宮殿，以騎士團之城盛極一時。自從1826年一位牧羊人無意間發現了溫泉，經過不斷地開發後如今已是國際間知名的溫泉療養地。

觀光景點 MAP P80-A1

德意志騎士團城堡 Deutschordensschloß

必見

認識德意志騎士團的歷史

為起源於十字軍的修道騎士團的據點城堡。目前將本來騎士團使用的城館規劃成博物館，展示介紹城市歷史的繪畫與祭壇收藏品。

DATA 30~120分

交市集廣場步行3分
住Schloß 16 ☎(07931)52212
時10時30分～17時（冬天的週二～六14時～） 休週一 金€6

觀光景點 MAP P80-B1

水療公園 Kurpark

必見

設備充實的大型溫泉設施

寬敞的公園內設有飲泉場、水療設施和健身、瑜珈場地及咖啡廳等，還有大型溫泉中心Solymar。

DATA 120分以上

交巴德梅根特海姆車站步行10分
住Im Kurpark
☎(07931)965224 時24小時 休無休 金4～9月14時30分～17時入場時需付門票€2.50

飯店 MAP P80-A1

Hotel Victoria

矗立於巴德梅根特海姆車站旁，現代化設備完善的飯店。餐廳以慢食主張廣為人知，積極使用在地的新鮮食材。交巴德梅根特海姆車站步行2分 住Poststr. 2-4 ☎(07931)5930 金Ⓢ€79～Ⓣ€114～ 無線網路免費 40間

飯店 MAP P80-B1

Best Western Premier Parkhotel

位於水療公園一隅的高級飯店，還提供長期住宿優惠、可利用水療公園內各種設施的套裝方案。交巴德梅根特海姆車站步行10分 住Lothar-Daiker-Str. 6 ☎(07931)5390 金Ⓢ€105～Ⓣ€105～ 無線網路免費 116間

觀光服務處

巴德梅根特海姆觀光服務處 MAP P80-A1 住Marktpl.1 ☎(07931)574815 時9～18時（週六9時30分～12時30分、13時～17時30分，週日10～15時）。11～3月9～13時、14～17時（週六日10～14時） 休無休

Best of Best

享受

德意志騎士團城堡周邊是一座英式庭園，漫步其間相當愜意。也設有通往水療公園的步道，不妨多走一段路去享受溫泉設施吧。

遊逛方式建議

景點多集中在舊城區，從巴德梅根特海姆車站步行約5分鐘的範圍內。前往德意志騎士團城堡及其他主要景點，以徒步方式就能逛遍。

世界遺產　必見景點　視野絕佳　~30分 所需時間約30分　30~120分 所需時間30～120分　120分以上 所需時間120分以上　有諳英語的員工　有英文版菜單　餐廳

仍保有中世紀街道風情的人氣城市

羅騰堡

P126-B2

Rothenburg ob der Tauber ★交通方式請參照P76

坐落於陶伯河沿岸的高原，為羅曼蒂克大道上的人氣觀光勝地。1618年爆發三十年戰爭之際，羅騰堡因為不在貿易路線上而免於遭受波及，衆多歷史建築物才得以保存至今。邊欣賞掛在木造住家和店頭上的鍛鐵鏤空招牌，邊漫步其間也別有一番樂趣。

羅騰堡
聖沃夫岡教堂 St. Wolfgangkirche
克林根城門 Klingen Tor
Bezoldweg
Kurze Steig
Klingenschütt
Klingengasse
歐洲巴士停靠站
Schranne
雪瑞內廣場 Schrannen Pl.
Hirrengasse
絞刑城門 Galgentor
Galgengasse
Lotus P82
P83 Reichs Küchenmeister
Judengasse
P82 鄉土博物館 Reichsstadtmuseum
市政廳／市政廳鐘塔 Rathaus/Rathausturm
Tilman Riemenschneider P83
白塔 Weißerturm
Tauber
Tauberweg
P27 聖雅各教堂 St. Jakobs Kirche
P26
馬克斯塔和羅得拱門 Markusturm und Röderbogen
Röderschütt
Klostergasse
Friedel P25
陶伯河
Arthur-Wasse-Weg
市集廣場 Marktpl.
Romantik-Hotel Markusturm P83
P83 Teddyland
Hafengasse
Rödergasse
Herrngasse
城門 Burg Tor
方濟各教堂 Franziskanerkirche
城堡花園
Ernst Geissendörfer P83
羅得城門 P26 Rödertor
P83 Eisenhut
Ob. Schmiedgasse
P82 Zur Höll
Baumeisterhaus P82
往巴士總站、羅騰堡車站
城堡花園 P27 Burggarten
Roter Hahn P83
Topplerweg
P82 德國聖誕節博物館 Deutsches Weihnachtsmuseum
聖約翰教堂 St. Johannis Kirche
P25 Käthe Wohlfahrt
P82 中世紀犯罪博物館 Mittelalterliches Kriminalmuseum
賽博斯鐘塔 P25
Glocke
P83 Zuckerbäckerei Fischer
Sibersturm
P82 Leyk Lichthäuser
Café Uhl P82
Leuzenbronner Str.
Sterngasse
P27 小普勒恩 Plönlein
Spitalgasse
Friedr.-Hörner-Weg
Doppelbrücke
Tauber
陶伯河
城牆 P27 Stadtmauer
Bensenstr.
Spitalbastei
0 200m
25

Best of Best

望

從**市政廳的塔樓、羅得城門**的高塔可將街景盡收眼底，拿出相機捕捉橘色屋頂相連的景致吧！(→P24～25)

賞

市政廳對面、市議會飲酒廳牆上的**機關鐘**。能看到以「勝負一飲」(請參照P83的專欄)的傳說為題材，舉起大酒杯豪邁一飲而盡的人偶表演。(→P26)

嘗

城市的名物「**雪球**」，是將扁平的餅乾麵團揉成圓球狀的傳統糕點。(→P25)

遊逛方式建議

景點都在以市集廣場為中心的城牆內，基本上以徒步方式巡覽即可。若由羅騰堡車站前往城牆內，請從羅得城門進入。若搭歐洲巴士則在城牆內的雪瑞內廣場下車，徒步到市集廣場約5分鐘。

觀光服務處

羅騰堡觀光服務處 MAP P81-A1 住Marktpl. ☎(09861)404800 時9～18時（週六日10～17時）。11～4月9～17時（週六10～13時、11月29日～12月23日的週六日10時～）休1～4、11月的週日

羅騰堡的特集請參照P24

羅騰堡

卷頭特集介紹♪

觀光景點 MAP P81-A1

鄉土博物館 Reichsstadtmuseum

了解中世紀的生活樣貌

展示德國最古老的廚房、農具、家具等，一窺中世紀人民的生活樣貌。描繪耶穌受難的12張版畫及勝負一飲傳說中的大葡萄酒杯，都很值得一看。

DATA 30~120分

交市集廣場步行3分
住Klosterhof 5 ☎(09861)939043
時9時30分～17時30分（11～3月13～16時） 休無休 金€4.50

觀光景點 MAP P81-A2

德國聖誕節博物館 Deutsches Weihnachtsmuseum 必見

認識有關聖誕節的一切

Käthe Wohlfahrt聖誕村內附設的博物館，陳列聖誕節發源地德國於各個年代的聖誕飾品。

DATA 30~120分

交市集廣場步行即到
住Herrngasse 1 ☎(09861)409365
時10～17時（1～3月的週六日～16時） 休無休 金€4

觀光景點 MAP P81-B2

中世犯罪博物館 Mittelalterliches Kriminalmuseum 必見

介紹中世紀犯罪的歷史資料

蒐集中世紀歐洲刑罰、法律史相關資料的博物館，有嚇阻犯罪之用的「懲罰面具」等共3000件以上的展示品。

DATA 30~120分

交市集廣場步行5分
住Burggasse 3 ☎(09861)5359
時10～18時（1～2・11月14～16時、3・12月13～16時、4月11～17時） 休無休 金€5

美食 MAP P81-A2

Zur Höll

在歷史老屋享用鄉土菜

由市內最古老的房屋改造而成的店面。將牛肉、豬肉、蔬菜串在一起燒烤的惡魔串燒€18.50是招牌名菜，還有店家精選的法蘭根葡萄酒。

DATA E 英文菜單

交市集廣場步行6分
住Burggasse 8 ☎(09861)4229
時17～24時 休週日
金晚€15～

美食 MAP P81-B2

Baumeisterhaus

品嘗德國的經典好味道

利用16世紀建築物變身成的德國料理人氣店。推薦菜色有奶油香煎鱸魚€15.20、德國豬腳€13.50等。

DATA E 英文菜單

交市集廣場步行1分
住Obere Schmiedgasse 3
☎(09861)94700 時10時30分～20時30分 休1月中旬～2月上旬
金午€14～晚€16～

美食 MAP P81-B1

Lotus

口味道地的中國菜

入口處懸掛著燈籠的中國菜餐廳。外觀為德國風，但內部擺設卻有濃濃的中國味。供應雞肉炒飯€7.90、春捲€2.50等正統風味的基本菜色。

DATA E

交市集廣場步行3分
住Eckele 2 ☎(09861)86886 時11時30分～14時、17時30分～23時
休無休 金午€10～晚€14～

美食 MAP P81-B2

Café Uhl

大啖店家自製的招牌甜點

瀰漫著家庭般氛圍的咖啡廳，店內的甜點全都是自製品。有7款口味的小雪球€1.50與9款口味的大雪球€2.20～3，種類豐富。飲品有卡布奇諾€2.70等。

DATA E 英文菜單

交市集廣場步行6分
住Plönlein 8 ☎(09861)4895
時8～21時 休無休
金午€7～晚€10～

購物 MAP P81-B2

Leyk Lichthäuser

琳瑯滿目的陶製袖珍小物

販售手作木造房屋、塔樓等袖珍小物的店。郊區設有工房，提出申請即可參觀。售有富格爾故居€58.90等商品。

DATA E

交市集廣場步行3分
住Untere Schmiedgasse 6
☎(09861)86763
時10～18時
休10～4月的週日

世界遺產　必見 必見景點　視野絕佳　~30分 所需時間約30分　30~120分 所需時間30～120分
120分以上 所需時間120分以上　E 有諳英語的員工　有英文版菜單　餐廳

購物 MAP P81-A2

Teddyland

德國最大的泰迪熊專賣店

店頭的特大號泰迪熊很引人目光。品項多達5000種，規模為全德國首屈一指。除了適合當伴手禮的鑰匙圈€3.50～外，還售有Steiff公司的骨董商品。

DATA
交市集廣場步行5分
住Herrngasse 10 ☎(09861)8904
時9～18時（週日10時～、5～8月9～19時） 休1～3月的週日

購物 MAP P81-B2

Ernst Geissendörfer

充滿傳統氣息的銅版畫

販售原創銅版畫的店家。製作版畫的壓印機從19世紀一直使用至今，以手工印刷的版畫別有一番獨特的味道。風景明信片1張€7～。

DATA
交市集廣場步行1分
住Obere Schmiedgasse 1
☎(09861)2005 時10～18時
休1～2月

購物 MAP P81-B2

Zuckerbäckerei Fischer

名產甜點雪球的人氣商店

製作羅騰堡著名點心「雪球」的人氣店家，上門的顧客總是絡繹不絕。雪球€1.55～3、迷你雪球€1.10，也有賣蛋糕和麵包。

DATA
交市集廣場步行1分
住Obere Schmiedegasse 10
☎(09861)934112 時9～18時（5～8月8～19時） 休無休

飯店 MAP P81-A2

Eisenhut

廣受世界名流喜愛的飯店

由15～16世紀貴族宅邸改建而成的飯店。擁有崇高的地位，為各國皇室成員、重要貴賓經常利用的飯店。早餐自助餐€12。

DATA
交市集廣場步行2分
住Herrngasse 3/7 ☎(09861)7050
金Ⓢ€80～Ⓣ€100～
無線網路免費 78間

飯店 MAP P81-B2

Romantik-Hotel Markusturm

展望視野絕佳的飯店

坐落於城市東側、馬克斯塔旁的高級飯店，從飯店眺望出去的美景號稱全市之最。內部以骨董家具鋪陳出獨特的風格品味，提供舒適愜意的住宿空間。

DATA
交市集廣場步行3分
住Rödergasse 1 ☎(09861)94280
金Ⓢ€90～Ⓣ€130～
無線網路免費 25間

飯店 MAP P81-B1

Reichs Küchenmeister

感受古老建物的優雅氛圍

建築物前身是11世紀的貴族宅邸，為羅騰堡當地歷史悠久的飯店。飯店名稱有「帝國主廚」之意，每到夏天還會推出啤酒花園。

DATA
交市集廣場步行2分
住Kirch Pl. 8 ☎(09861)9700
金Ⓢ€76～Ⓣ€106～
無線網路免費 45間

飯店 MAP P81-B1

Tilman Riemenschneider

擁有家庭般氣氛的飯店

飯店坐落於市集廣場附近，很適合作為觀光的據點使用。客房內的家具佈置以阿爾卑斯山麓的田園風光為構想藍圖，營造出居家的感覺。

DATA
交市集廣場步行3分
住Georgengasse 11/13
☎(09861)9790 金Ⓢ€90～Ⓣ€120～ 無線網路免費 57間

飯店 MAP P81-B2

Roter Hahn

留有逸聞軼事的古老飯店

飯店位於餐廳、店家比鄰而立的鐵匠巷Schmiedgasse，據說是「勝負一飲」傳說中的努胥市長曾經住過的府邸。

DATA
交市集廣場步行4分
住Obere Schmiedgasse 21
☎(09861)9740 金Ⓢ€69～Ⓣ€89～ 無線網路免費（僅部分客房和大廳） 27間

將酒一飲而盡拯救整座城市的老市長

「勝負一飲」是羅曼蒂克大道最廣為人知的節慶活動。三十年戰爭之際佔領這座城市的將軍，原本打算將頑強抵抗的議員們斬首，但喝下法蘭根葡萄酒後心情愉悅的將軍，手上拿起一個大酒杯說「誰能把這杯葡萄酒一口氣喝完我就放過這些人」，當時年邁的老市長挺身而出將3公升多的葡萄酒一飲而盡，成功解救了議員們免於遭受酷刑。為了紀念老市長的英雄事蹟，所以每年都會舉辦盛大的慶典，2015年舉辦歷史劇的日期為5月22～25日、9月5日、10月3日。

3月～12月下旬的每天會舉辦兩場守夜人市區導覽，分別為20時～（英語）和21時30分（德語）。英語€7、德語€6，從市政廳正面入口出發，一路巡訪各主要景點。詳細情形請洽i

壕溝環繞的綠意小城

丁克思比爾

MAP P126-C2

Dinkelsbühl ★交通方式請參照P76

小城的四周都築有城牆，人口約1萬多人。在17世紀的三十年戰爭和第二次世界大戰中都沒有受到戰火摧殘，因此能夠將15世紀建造的美麗木造房屋完整地保存下來。依偎著威尼茲河岸，留存中世紀街景的美麗舊城區也絕不可錯過。

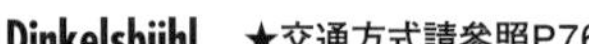

Best of Best

眺望
從當地最高的建築物——聖喬治教堂的塔樓可將街景盡收眼底。

購物
將薰香放入木頭人偶內，點燃後就會從菸斗飄出縷縷輕煙的薰香娃娃。周邊地區的工藝品，都是相當推薦的伴手禮。

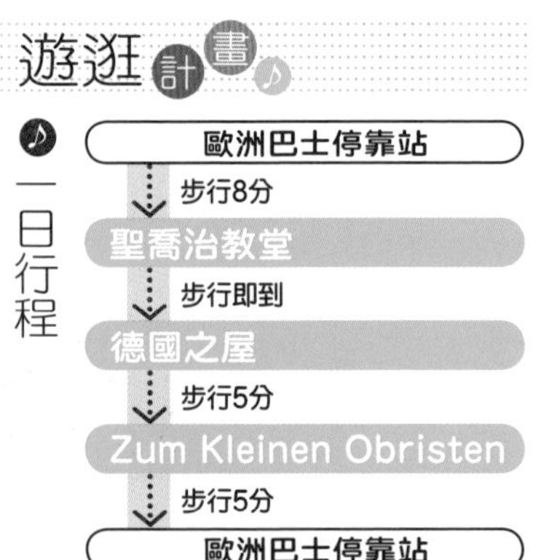

觀光服務處

丁克思比爾觀光服務處
MAP P84-B1
住 Altrathauspl.14
☎ (09851)902440
時 9～18時（週六日10～17時）。11～4月10～17時
休 無休

➡歐洲巴士停靠站

遊逛方式建議

以市政廳後方的歐洲巴士停靠站（僅夏天）或城牆外的公營巴士停靠站Gymnasium（整年）為起點，從主要街道西格林格街的這端走到另外一端也不過15分鐘左右。沒有鐵道經過，冬天只能從諾德林根搭公營巴士過來，班次很少，請留意。

➡西格林格街上五顏六色的可愛住家林立

世界遺產　必見景點　視野絕佳　所需時間約30分　所需時間30～120分　所需時間120分以上　有諳英語的員工　有英文版菜單　餐廳

觀光景點 MAP P84-B1

聖喬治教堂
Münster St. Georg

必見

莊嚴肅穆的教堂

1448～99年興建的後期哥德樣式教堂。內部擁有巨大空間的大廳，彷彿被列柱撐起的天花板高達62m。

DATA 30～120分

交市集廣場對面 住Marktpl. ☎(09851)2245 時9～19時（冬天～17時）。塔樓僅開放5～10月的週五～日、假日14～17時 休無休 金免費（塔€2）

觀光景點 MAP P84-A1

德國之屋
Deutsches Haus

必見

以三角屋頂為特徵的中世紀住家

建於15世紀、總共7層樓的木造房屋，被譽為是所有中世紀木屋中最美的一棟。原本是德雷塞爾伯爵的宅邸，目前做為飯店使用。

DATA ～30分

交市集廣場旁 住Weinmarkt 3 ☎(09851)6058（飯店） 金S€89～T€129～（飯店住宿費） 無線網路免費 10間

觀光景點 MAP P84-B2

丁克思比爾歷史館
Haus der Geschichte Dinkelsbühl

城市歷史一目瞭然

介紹帝國自由城市丁克思比爾的歷史。展示品有600多件，常設展中還能看到三十年戰爭等珍貴資料。

DATA ～30分

交市集廣場步行3分 住Altrathauspl.14（舊市政廳內） ☎(09851)902180 時9～18時（週六日10～17時）。11～4月10～17時 休無休 金€4

美食 MAP P84-A1

Zum Kleinen Obristen

味道有口皆碑的德國菜餐廳

位於市集廣場往羅騰堡門途中的德國餐廳。為曾經得過米其林肯定的名店，但價格卻很親民。夏天還會有露天座。

DATA

交市集廣場步行5分 住Dr-Martin-Luther-Str. 1 ☎(09851)57700 時11～14時、17～21時 休無休 金午€15～晚€20～

美食 MAP P84-A1

Gasthof zum Goldenen Anker

廣受當地人喜愛的餐廳

以法蘭根、施瓦本地方的鄉土料理為主，有紅燒牛肉€9.80等菜色。

DATA

交市集廣場步行8分 住Untere Schmiedgasse 22 ☎(09851)57800 時11時30分～14時、17時30分～22時 休冬天的週四 金午€13～晚€20～

美食 MAP P84-B1

Brauerei Wilder Mann

大啖啤酒和鄉土菜

供應自製啤酒和法蘭根地方的鄉土料理。夏天會推出啤酒屋，秋天還能吃到野味。招牌菜有烤香腸€7.50等。

DATA

交市集廣場步行6分 住Wörnitzstr. 1 ☎(09851)552525 時10～14時、17～24時（週五六10時～24時30分、週日10～22時）休週三 金午€10～晚€15～

購物 MAP P84-A2

Weinmarkt Beitzer

買當地產葡萄酒當伴手禮

不只販售法蘭根地方的葡萄酒，其他種類的酒款也很豐富。以當地生產的蘋果和梨子製成的氣泡酒€5.40，及自製水果白蘭地€11.90都很推薦。

DATA

交市集廣場步行5分 住Schreinersgasse 11 ☎(09851)2918 時15～18時（週三五9～12時、15～18時，週六9～13時） 休週日

購物 MAP P84-A1

Dinkelsbühler Kunst-Stuben

選購薰香娃娃送人

為飯店附設的商店，展示販售繪畫、陶藝品和木工藝品等。著名的薰香娃娃€25～，還有以丁克思比爾為題材的版畫€20～也可當作旅遊紀念。

DATA

交市集廣場步行5分 住Segringer Str. 52 ☎(09851)6750 時9～18時 休無休

飯店 MAP P84-A1

Hotel Blauer Hecht

根據資料記載，飯店自1648年以來曾經作為啤酒釀造廠、餐廳兼旅館使用。客房的整體設計以裝飾藝術風格為主軸。交市集廣場步行6分 住Schweinemarkt 1 ☎(09851)589980 金S€60～T€90～ 無線網路免費 46間

飯店 MAP P84-B2

Goldene Rose

擁有傳統與崇高地位的飯店，各國政商名流都是座上賓。不僅木造建築物完整保留了中世紀的氛圍，還坐落於市中心得天獨厚的地理位置。交市集廣場對面 住Marktpl. 4 ☎(09851)57750 金S€65～T€80～ 無線網路免費 34間

5～10月（11月～4月僅周五六）的每天21時，都會有一位身穿中世紀守夜人服裝的嚮導現身在教堂前，並且會帶領大家環繞一周參觀市區（免費）。另外，4～10月也有搭乘馬車巡覽市區的導覽行程（€8）。

©Stadt Nördlingen

讓人流連忘返的中世紀景觀

諾德林根

P127-C3

Nördlingen ★交通方式請參照P76

位於里斯盆地中央的城市，據說盆地是1500萬年前巨大隕石撞擊而形成的坑洞。歷史起源於9世紀，中世紀曾以貿易路線上的驛站而繁榮一時。城牆將圓形的街區整個包圍，徒步回廊就能環繞一周。

觀光景點 
P86-A2

聖喬治教堂
St.Georgskirche

登上90m高塔俯瞰美麗街景

15～16世紀建造的後期哥德樣式教堂。有「丹尼爾」暱稱的教堂尖塔高達90m，走350層的螺旋木梯到頂可一覽優美風光。

DATA ～30分

交市集廣場步行1分
住Marktpl. ☎(09081)271813 時塔9～19時（依季節17時或18時） 休無休 金塔€3

觀光服務處

諾德林根觀光服務處
MAP P86-B1 住Marktpl.2
☎(09081)84116
時9～18時（週五～16時30分、週六日10～14時）。11月～4月上旬9～17時（週五～15時30分） 休11月～4月上旬的週六、9～6月的週日

飯店 
P86-A2

Kaiserhof Hotel Sonne

正如代表皇帝之意的飯店名Kaiserhof，是一家國王也曾下榻過的知名飯店。地下樓設有葡萄酒窖餐廳，也吸引不少非住宿客上門光顧。
交市集廣場旁
住Marktpl.3 ☎(09081)5067 金S€55～T€80～ 無線網路免費 31間

中世紀懷舊老街歷史漫步

城市的北端還殘留著壞掉的磨粉水車、皮革工匠的老屋等，很適合散步遊逛。此外附近還有介紹歷史文物的鄉土博物館。

★鄉土博物館
Stadtmuseum
交市集廣場步行3分
住Vordere Gerbergasse1
☎(09081)84810
時13時30分～16時30分
休週一、11月～3月中旬
金€4.50
MAP P86-B1

©Stadt Nördlingen

Best of Best

眺望

從**聖喬治教堂的尖塔**可一望里斯盆地，以及圓形舊城區的樣貌。

遊逛方式建議

四周城牆環繞、直徑不到1km的街區，景點集中。以歐洲巴士停靠站對面的市政廳為起點，可依序參觀聖喬治教堂、鄉土博物館等場所。若要前往諾德林根的鐵路車站，從Deininger門走出後步行約5分。

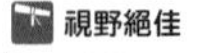
世界遺產 必見景點 視野絕佳 ～30分 所需時間約30分 30～120分 所需時間30～120分
120分以上 所需時間120分以上 有諳英語的員工 有英文版菜單 餐廳

源於古羅馬時代的歷史城市

奧格斯堡

MAP P127-C3

Augsburg ★交通方式請參照P76

西元前15年由羅馬人興建的德國古都之一。此處以連結德國與義大利的貿易路線要衝聞名，15世紀在富商富格爾家族的資助下帶動文藝復興文化大放異彩。如今還殘留許多文藝復興時期的知名建築物，如為了低收入戶而建的社會福利住宅——富格爾之家等。

觀光服務處

奧格斯堡觀光服務處 MAP P87-B2 住Rathauspl. 1 ☎(0821)502070
時9～18時(週六10～17時、週日10～15時)。10月中旬～3月9～17時(週六10時～、週日10～15時) 休無休

Best of Best

眺望

從**佩拉哈塔**的最上層可遠眺阿爾卑斯山脈。若當天能見到阿爾卑斯山的身影，塔上就會高掛黃色的旗子。時4月～11月上旬10～18時、聖誕節期間的週五～日13～19時 金€2 MAP P87-B2

遊逛計畫

奧格斯堡中央車站
↓ 步行15分
聖烏爾里希與阿夫拉大教堂
↓ 步行10分
富格爾博物館
↓ 步行10分
大教堂
↓ 步行5分
於市政廳廣場周邊用餐
↓ 步行10分
奧格斯堡中央車站

遊逛方式建議

以舊城區的市政廳廣場為起點。主要觀光景點都集中在舊城區內，只要以馬克西米利安大街為中心即可輕鬆辨識方位。

奧格斯堡的鄉土佳餚是呈扭曲狀的小麵疙瘩Spätzle，巷弄間有多家名店都嘗得到這道代表性的施瓦賓料理。

觀光景點 MAP P87-B2

市政廳 Rathaus

絕美裝飾的黃金廳是最大焦點

1615年由建築師艾理斯·霍爾所打造的哥德樣式建築。1944年於戰火中燒毀後又重建復原，擁有四方形天花板的豪華黃金廳是絕不可錯過的參觀重點。

DATA ~30分

交奧格斯堡中央車站步行15分
住Rathauspl. ☎(0821)3249180
時黃金廳10～18時 休無休
金黃金廳€2.50

觀光景點 MAP P87-B1

大教堂 Dom

欣賞珍貴的藝術作品

融合羅馬樣式與哥德樣式兩種建築風格的教堂。入口大門上方有描繪瑪利亞生平的美麗浮雕，堂內還全世界最古老的彩繪玻璃。

DATA 30~120分

交市政廳廣場步行7分 住Hoher Weg 30 ☎(0821)31660 時7～18時（彌撒期間不開放參觀）
休無休 金免費

觀光景點 MAP P87-B1

莫札特故居 Mozarthaus

莫札特愛用的物品

為偉大音樂家莫札特的父親、曾身為大主教宮廷音樂家的利奧波得誕生之地。現在是莫札特家族的紀念館，有肖像畫、親筆樂譜和樂器等展示品。

DATA 30~120分

交市政廳廣場步行15分
住Frauentorstr. 30
☎(0821)5020735 時10～17時
休週一 金€3.50（第一個週日€1）

觀光景點 MAP P87-C3

聖烏爾里希與阿夫拉教堂 St.Ulrich und Afra Kirche

同在一起的兩座對立教堂

在同一地點分別矗立著天主教的聖烏爾里希教堂，以及為了紀念路德教派獲得承認的奧格斯堡宗教和議而建的新教阿夫拉教堂。

DATA 30~120分

交市政廳廣場步行10分
住Ulrichspl. ☎(0821)345560 時8時～17時30分 ※9時15分～10時（週日8～12時）的彌撒期間不開放參觀 休無休 金免費

觀光景點 MAP P87-C2

富格爾博物館 Fuggerei Museum

天主教徒居住的住宅

富格爾之家是16世紀提供給貧窮市民居住的福利住宅。目前腹地內有67間房、共140戶入住，其中一間房規劃為博物館對外開放，展示日用品等文物。

DATA ~30分

交市政廳廣場步行7分
住Mittelere Gasse 13
☎(0821)3198810 時8～20時（10～3月9～18時） 休無休 金€4

美食 MAP P87-B2

Zum Weissen Hasen

份量飽滿的德國佳餚

位於市政廳旁的餐廳，外觀是傳統的巴伐利亞建築，內部為質樸木造的巴伐利亞農村風。招牌菜水煮牛肉€1.90～。

DATA

交市政廳廣場步行2分 住Unter dem Bogen 4 ☎(0821)518508
時10～23時
休無休 金午€10～晚€15～

美食 MAP P87-C2

Bauerntanz

施瓦賓料理的老店

創業於1572年，連莫札特、歌德都曾上門光顧過，推薦菜為牛肉、豬肉、雞肉的菲力肉排佐烤番茄等配菜的莫札特盤餐€18.90。

DATA

交市政廳廣場步行3分
住Bauerntanzgässchen 1
☎(0821)153644 時11時～23時30分 休無休 金午€10～晚€15～

觀光景點 MAP P87-B3

榭茲拉宮 Schäzlerpalais

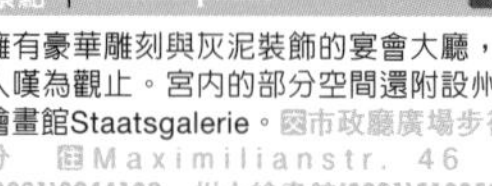

擁有豪華雕刻與灰泥裝飾的宴會大廳，令人嘆為觀止。宮內的部分空間還附設州立繪畫館Staatsgalerie。交市政廳廣場步行5分 住Maximilianstr. 46 ☎(0821)3244102、州立繪畫館(0821)510350
時10～17時 休週一 金€7（包含州立繪畫館。第一個週日€1） ~30分

飯店 MAP P87-B2

Ost am Kö

客房內的織品設計皆統一為可愛圖案。針對週五～日的住宿和連續入住10天以上的旅客，還提供優惠方案。
交奧格斯堡中央車站步行5分
住Fugger Str. 4-6 ☎(0821)502040
金Ⓢ€85～Ⓣ€105～ 無線網路免費 49間

飯店 MAP P87-B1

Augsburger Hof

築於1594年的古老飯店。白色外牆上以花卉點綴營造出質樸的氛圍，客房則導入了卡片系統門鎖等完善的現代化設備。交奧格斯堡中央車站步行15分 住Auf dem Kreuz 2 ☎(0821)343050
金Ⓢ€95～Ⓣ€99～ 無線網路免費 30間

飯店 MAP P87-A2

Riegele

沿著小入口的樓梯往上走就會看到櫃台。客房的空間雖然不大但十分整潔，也有推出週末優惠（約14%折扣）的服務。交奧格斯堡中央車站即到 住Viktoria Str. 4 ☎(0821)509000 金Ⓢ€92～Ⓣ€112～
無線網路€2（24小時） 28間

世界遺產　必見景點　視野絕佳　~30分 所需時間約30分　30~120分 所需時間30～120分
120分以上 所需時間120分以上　有諳英語的員工　有英文版菜單　餐廳

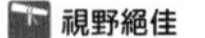

聳立於巴伐利亞草原上的奇蹟教堂

Wieskirche

威斯教堂

孤獨坐落在羅曼蒂克大道沿線史坦加登鎮草原上的威斯教堂，教堂內部的華麗裝飾被譽為是洛可可樣式的顛峰傑作，已登錄為世界文化遺產。

～威斯教堂的神蹟傳說～

＊ 被遺忘在教堂閣樓的哀戚耶穌像 ＊

目前安置在主祭壇的「受鞭笞的耶穌像」原本是1730年為了耶穌受難日的聖體遊行所製作的雕像。木製雕像的關節部分用麻布包起還塗上鮮紅的色彩，由於帶著傷口淌著血過於悲慘的耶穌樣貌造成信眾不安，最終被廢棄在修道院的閣樓中。

＊ 一位農婦發現奇蹟的瞬間 ＊

1738年8月一位名為瑪利亞．羅莉的農婦因擔任受洗儀式的見證人來到教堂，看到這尊被遺棄的雕像覺得於心不忍便央求教堂讓她將雕像帶回家。經過數個月的誠心供奉祈禱，竟然在1738年6月14日的傍晚和隔天清晨都看到耶穌流淚的痕跡。神蹟瞬間傳了開來，並吸引無數的信眾前來敬拜。

＊ 由知名建築師打造而成的洛可可樣式傑作 ＊

由於湧入大批朝聖信徒原有的禮拜堂已不敷使用，因此於1745～54年興建新的教堂。擔任設計的是建築師齊默爾曼兄弟，與簡樸外觀相對照，內部擁有華麗細緻的裝飾，被稱為是洛可可樣式的最高傑作。弟弟多米尼庫斯甚至於教堂落成後還在附近蓋了間小屋，終其一生都住在這裡。

威斯教堂

Wieskirche

MAP P127-C4

DATA 世界遺產 必見 ～30分

交富森搭巴士73、9606號約45分 住Wies 12 ☎(08862)932930 時8～20時(冬季～17時) 休無休 金免費 ※彌撒(週二、三、六10時～，週日8時30分～、11時～，週五19時～(夏季)、17時～(冬季))以及教會有儀式活動時不開放參觀

教堂內的注目焦點

主祭壇與受鞭笞的耶穌像

教堂深處中央安置著耶穌像的主祭壇為弟弟多米尼庫斯的作品。

巨幅天花板畫

中央的天花板畫是哥哥約翰．巴普蒂斯特之作，描繪耶穌復活、最後的審判等場景。濕壁畫周圍的裝飾也相當吸睛。

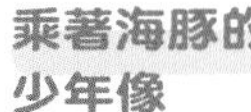

乘著海豚的少年像

講壇下方生動的天使像，描繪騎乘在海豚背上的少年與海豚間的友情。

被高舉起的羔羊

主祭壇最上方的羔羊雕像，羔羊即耶穌基督的象徵。

●近幾年觀光客在參觀時違反禮儀的問題日趨嚴重，請務必遵守合乎祈禱場所的禮儀。推薦參加由教堂主辦的導覽解說。

羅曼蒂克大道南端的終點城市

富森

Füssen ★交通方式請參照P76

地處縱斷德國南部的羅曼蒂克大道終點，也與東西橫亙的阿爾卑斯街道相連。綠意流水環繞的這座小城，同時也以通往新天鵝堡的起點而聞名遐邇。地形高低起伏的街道，與粉彩色外牆的建築物交織成一幅心曠神怡的畫面。

遊逛計畫

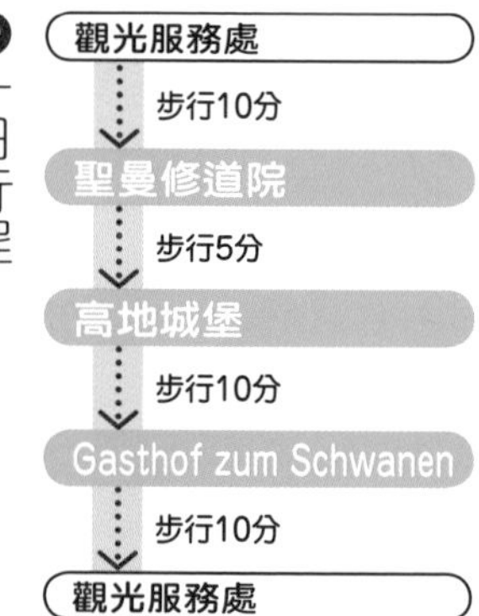

觀光服務處

富森觀光服務處
MAP P90-B1
住Kaiser Maximilian Pl.1
☎(08362)93850
時9時～18時30分（週六10～14時、週日10～12時），11～5月9～17時（週六10～14時）
休11～5月的週日
※9月以後可能會有變動

Best of Best

欣賞

鄰近的**新天鵝堡**（P20）、世界遺產**威斯教堂**（P89）都是必訪景點。

品嘗

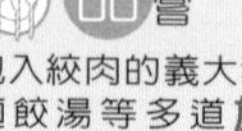

包入絞肉的義大利麵餃湯等多道**施瓦本料理**都很值得一嘗。

遊逛方式建議

舊城區的範圍約直徑400m左右。所有景點徒步皆可抵達，但多為上下坡道因此請多預留些移動時間。賴興街為主要大街，名牌店、伴手禮店、咖啡廳等間間相連十分熱鬧。

若要前往新天鵝堡

從富森到設有新天鵝堡售票處的高天鵝堡，搭直達巴士約10分。從富森車站旁的巴士站2號月台發車，每小時有2～3班車，請查看巴士站的時刻表確認發車時間和行經路線。要留意的是行經高天鵝堡的車班會繞比較遠，約需20分鐘。巴士站並無售票窗口和自動售票機，上車後再買票即可，單程€2.50。搭計程車的話路程約3km，車資€10左右。從高天鵝堡到新天鵝堡的交通方式可搭小巴或馬車，詳細情形請參照P21。

世界遺產 必見景點 視野絕佳 所需時間約30分 所需時間30～120分 所需時間120分以上 有諳英語的員工

有英文版菜單 餐廳

觀光景點  P90-A2

高地城堡 Hohes Schloss

矗立於小山丘上的城堡

原本是13世紀建造做為主教夏天避暑之用，目前內部為展示宗教美術品、後期哥德樣式繪畫等文物的州立繪畫美術館。

DATA 30～120分
交富森站步行10分
住Magnuspl. 10 ☎(08362)903146
時11～17時（11～3月13～16時）
休週一、11～3月的週一～四 金€6（與聖曼修道院的套票€7）

觀光景點 MAP P90-A2

聖曼修道院 Kloster St-Mang

必見

源於8世紀的修道院

內部為市立博物館。描繪在聖安娜禮拜堂的牆面上，各式各樣的人與骷髏共舞的壁畫『死亡之舞（Danse Macabre）』相當有名。

DATA ～30分
交富森站步行8分
住Lechhalde 3 ☎(08362)903146
時11～17時（11～3月13～16時）
休週一、11～3月的週一～四
金€6（與高地城堡的套票€7）

美食 MAP P90-B2

Gasthof zum Schwanen

擁有高人氣的施瓦本料理店

由曾受過法國料理訓練的老闆所推出的創新鄉土佳餚。招牌菜為麵疙瘩Spätzle €8.90，搭配德國酸菜一起享用。

DATA
交i步行10分
住Brotmarkt 4 ☎(08362)6174
時11時30分～14時、17時30分～21時30分（週三四僅夜間營業） 休週一、11～4月的週日 金午晚€10～

美食 MAP P90-A1

Eis Cafe Hohes Schloß

品嘗道地的義式冰淇淋

提供正統的義大利冰淇淋€1.20，風味有口皆碑。好天氣時可在露天座享用，吃起來更加美味。還有卡布奇諾€2.60等飲品。

DATA
交富森站步行5分
住Reichenstr. 14 ☎(08362)38472
時9時30分～21時30分 休11～2月
金午晚€3～

美食 MAP P90-B1

Gasthof Krone

廣受本地人青睞的鄉土餐廳

富森當地的代表性餐廳之一。巴伐利亞料理若連前菜都點的話份量會太多，點餐前請自行衡量一下。啤酒€2.40～、水煮豬腳€14.20。

DATA
交富森站步行5分
住Schrannengasse 17 ☎(08362)7824 時12～21時 休週日
金午€12～晚€17～

購物 MAP P90-A1

Trachten Werner

巴伐利亞的民族服飾店

寬敞的店內陳列著首飾以及各式各樣鄉土色彩濃厚的商品，有女用皮革背心€149～、Dirndl（婦女民族服飾）€89.95～等。

DATA
交富森站步行7分
住Reichenstr. 26
☎(08362)505354 時9～18時（週六～16時） 休週日

購物 MAP P90-A1

Galeria Bavaria

來這兒選購德國伴手禮

150㎡的廣大賣場內，除了咕咕鐘€89～3500、啤酒杯€30～、Steiff的泰迪熊€16～外，薰香娃娃、胡桃鉗木偶等伴手禮也應有盡有。

DATA
交富森站步行5分
住Reichenstr.37 ☎(08362)6630
時7時30分～21時（週日10～18時）
休無休

飯店 MAP P90-A1

Hotel Luitpoldpark

市內最高級的飯店

坐落於市中心、擁有粉紅色外牆的大型飯店。不僅地點佳、設備完善，地下樓還有超市進駐相當方便。建物本身也是明顯地標。

DATA
交富森站步行2分 住Bahnhofstr. 1-3 ☎(08362)9040 金S€102～T€138～ 無線網路€5（24小時） 131間

飯店 MAP P90-B1

Hirsch

家庭式氛圍的小型飯店

老式民宅般的飯店，由喜愛日本文化的老闆經營。雖然設備稍舊但品質優良、住起來相當舒適，1樓的餐廳也廣受歡迎。離觀光服務處很近。

DATA
交富森站步行5分
住Kaiser-Maximilian-Pl. 7
☎(08362)93980 金S€85～T€130～ 無線網路免費 53間

前往新天鵝堡（→P20）和威斯教堂（→P89）時大多會以富森為起點。

擁有美麗森林與湖泊的雙城堡據點

高天鵝堡

MAP P127-C4

Hohenschwangau ★交通方式請參照P76

小村莊裡有天鵝悠游的湖泊和綠意盎然的森林，周邊還有一望無際的牧草地，瀰漫著悠閒自在的氛圍。為羅曼蒂克大道的最大焦點——新天鵝堡的起點，吸引來自全世界的觀光客駐留。

Best of Best

欣賞

被稱為'新天鵝堡'的Schloß Neuschwanstein (→P20)是一定要造訪的景點。

觀光景點 MAP P92-A1

高天鵝堡城

Schloß Hohenschwangau 必見

被譽為是重現古老美好的中世紀藝術傑作

原本是建於12世紀的修瓦高侯爵居城。在築城數百年後的1829年，當時還是王儲的馬克西米利安二世與兄弟和家庭老師在散步途中，看到已經荒廢的城堡後下定決心要重建。3年後，採用劇場畫家Domenico Quaglio的設計圖動工改建成為浪漫的中世紀風格城堡。目前城堡內有14個房間開放參觀，每個房間都裝飾著慕尼黑寧芬堡瓷器等奢華的家具。

⬆沈穩厚實的外觀
➡可一望新天鵝堡城

DATA 30~120分

交售票中心步行20分 住Alpsee Str. 24 ☎(08362)81127 時9～18時(10～3月10～16時)※僅限指定進場時間的導覽行程，請至售票中心(→P21)購票。導覽行程提供英語、德語、日語的錄音解說 休無休 金€12(馬車上行€4.50、下行€2)

觀光服務處

高天鵝堡城觀光服務處

MAP P92-A1 住Alpsee Str.2
☎(08362)819765
時10時～17時30分(11～3月～16時) 休無休

遊逛方式建議

建議先到歐洲巴士停靠站旁的觀光服務處索取路線地圖。兩座城堡的售票中心和前往城堡的馬車搭乘處、巴士站都在主街Alpsee Str.上。整個區域的範圍不大，應不至於會迷路。

觀光景點 MAP P92-A2

巴伐利亞國王博物館

Museum der Bayerischen Könige 必見

展示巴伐利亞維特爾斯巴赫王朝代代相傳的飾品、美術品等寶物，備有語音導覽。

交售票中心步行3分
住Alpsee Str.27 ☎(08362)9264640
時10～18時 休無休
金€9.50 30~120分

飯店 MAP P92-A1

Hotel Müller

可一望新天鵝堡的高級飯店，客房樣式為巴洛克風格。附設商店和餐廳。

交售票中心旁
住Alpsee Str. 16 ☎(08362)81990
金S€115～T€140～
無線網路免費 44間

世界遺產 必見景點 視野絕佳 所需時間約30分 所需時間30～120分 所需時間120分以上 有諳英語的員工 有英文版菜單 餐廳

Frankfurt Am Main

法蘭克福

歌德廣場上的古騰堡像

INDEX

掌握城市概要

Frankfurt am Main 區域Navi

1 Römer MAP P141-C3
羅馬廳周邊

法蘭克福的觀光據點，人字形屋頂的舊市政廳（羅馬廳）就矗立於此。面對廣場有整排的餐廳，每天都有街頭藝人表演、絡繹不絕的觀光客熱鬧非凡。雖然沿著螺旋梯往上走有點辛苦，但能欣賞到大教堂的眺望美景絕對值得。

CHECK!
●羅馬廳→P96
●大教堂→P107
●聖保羅教堂→P107

最近車站>>>Ⓤ4·5號線Dom/Römer站

2 Hauptwache MAP P141-C2
衛戍大本營

1729年興建的哥德建築「Hauptwache」所在的廣場，原本作為警備總部的建物於1905年後改成了咖啡廳。周邊的廣場每到周末就會舉辦各種活動，為法蘭克福首屈一指的繁華商圈。

最近車站>>>Ⓢ1～6·8·9、Ⓤ1～3·6～8號線Hauptwache站

3 Zeil MAP P141-C2～D1
采爾購物區周邊

衛戍大本營東邊綿延約1km的行人徒步區。以新穎設計的購物中心「MyZeil」為中心，除了形形色色的商店外還有多家小吃攤、露天咖啡廳等餐飲設施。

最近車站>>> Ⓢ1～6·8·9、Ⓤ1～3·6～8號線Hauptwache站或Ⓢ1～6·8·9、Ⓤ4～7號線Konstablerwache站

4 Sachsenhausen MAP P139-C4
薩克森豪森

地處緬因河南岸的住宅區。挑高屋簷、設置煙囪的傳統建築物林立，營造出恬靜悠然的空間氛圍。Schweizer Pl.站周邊有多家供應蘋果酒的小酒館。

最近車站>>>Ⓤ1～3·8號線Schweizer Pl.站

主要景點都集中在羅馬廳周邊和緬因河沿岸的博物館大道。若想享受購物樂趣，及品嘗美食，可以衛戍大本營東西延伸的兩個行人徒步區為目標。

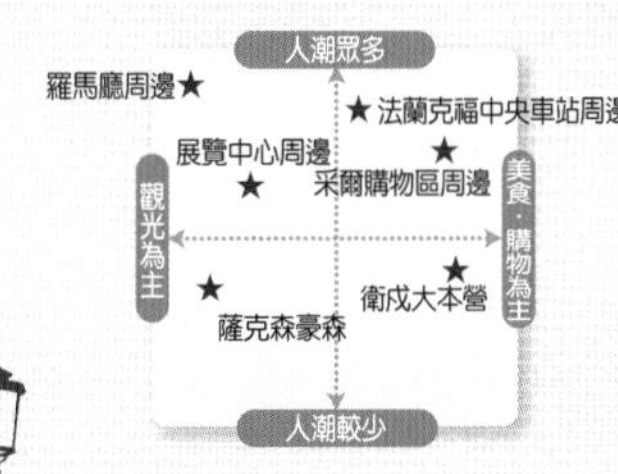

衛戍大本營 ② HAUPTWACHE
③ 采爾購物區周邊
歌德故居
羅馬廳周邊 ① DOM/RÖMER
法蘭克福鐵橋
⑦ 博物館大道
薩克森豪森 ④ SACHSENHAUSEN
泰德美術館
SCHWEIZER PL.
SÜDBAHNHOF
KONSTABLERWACHE
ZOO
OSTENDSTR.
ESCHENHEIMER TOR

到法蘭克福鐵橋宣誓愛情？

橫跨緬因河上的愛塞爾納鐵橋是行人和自行車的專用橋，最引人注目的是欄杆上掛有無數的鎖頭。從羅馬廳前往薩克森豪森時，不妨順道去看看情侶們宣誓永恆之愛的愛情鎖吧。

⑤ Hauptbahnhof MAP P138-B3 法蘭克福中央車站周邊

國際列車也都由此進出的法蘭克福鐵路交通樞紐。車站內設有小吃攤和餐廳，想簡單解決一餐時就很方便。

最近車站>>>Ⓢ1～9、Ⓤ4・5號線Frankfurt Hauptbahnhof站

注意！ 從中央車站延伸出去的凱撒大道是法蘭克福的紅燈區，天黑後最好避免單獨行走。

⑥ Messe MAP P138-A2 展覽中心周邊

全年大大小小的展覽不斷，聚集眾多來自全世界的商務旅客。高樓飯店、辦公大樓櫛比鱗次，構成一幅現代化的城市景觀。

最近車站>>>Ⓢ3～6、Ⓤ4號線Messe站

漫步個性派街道！

法蘭克福當地高級名牌、博物館、美食街之類的特色街道很多，以下精選出3條熱門街道做介紹。

⑦ 博物館大道 MAP P138-B4
Schaumainkai(Museumsufer)

有施泰德博物館等9間博物館、美術館林立的知名大道，每年8月的最後一週會舉辦博物館節。

最近車站>>>Ⓤ1～3・8號線Schweizer Pl.站

CHECK!
- 施泰德博物館→P107
- 古代雕塑品博物館→P107
- 猶太人博物館→P107

⑧ 美食街 MAP P140-A1～B2
Kalbächer Gasse(Freßgass)

從老歌劇院延伸到衛戍大本營的行人徒步區，為Schlemmer-meyer及各式小吃攤、餐廳、咖啡廳間間相連的美食區。夏天還可在露天座位區享受舒適愜意的晚餐。

最近車站>>>Ⓤ6・7號線Alte Oper站

⑨ 歌德大道 MAP P140-B2
Goethestraße

與北側的美食街僅相隔一條街，國際名牌精品店比鄰林立。除了Bvlgari、Chanel外還有德國品牌Montblanc的路面店。

最近車站>>>Ⓤ6・7號線Alte Oper站

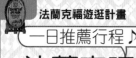

一日推薦行程♪

法蘭克福最佳經典景點

Frankfurt am Main

法蘭克福是商務差旅和德國旅遊的進出門戶。身為德國經濟、商業的中心地不僅有現代化的市街，舊城區還散佈著歌德故居、人字形屋頂的羅馬廳等歷史觀光景點。再加上行人徒步區的采爾購物區、歌德大道等個性十足的商圈，若時間允許的話不妨四處逛逛。

行程比較表

遊逛度	♪♪♪ 比起鐵路步行移動較為方便
美食度	♪♪ 美食街上著名小吃聚集
取景度	♪♪ 有知名景點和展望台
文化度	♪♪♪ 法蘭克福與歌德有深厚淵源
推薦時段	最好早上10時就出發
所需時間	7～8小時
預算參考	門票、入場費€14＋用餐費＋購物費

交Ⓤ4・5號線Dom/Römer站步行1分

1 羅馬廳

↓ 步行10分

2 歌德故居

↓ 步行15分

3 Schlemmermeyer

↓ 步行15分

4 緬因塔

交Ⓢ1～6・8・9號線Taunusanlage站步行10分

1 羅馬廳

MAP P141-C3 地圖▶背面-C3

Römer

城市的象徵

面對羅馬廣場有3座人字形屋頂的建築物。中央是稱為羅馬廳的舊市政廳，建於15世紀。2樓的「帝王廳」曾舉辦過神聖羅馬皇帝加冕儀式後的慶祝晚宴，廳內還懸掛著52位德國出身的神聖羅馬皇帝肖像畫。

從8世紀的卡爾大帝到19世紀的弗蘭茨二世為止一字排開的肖像畫

DATA 必見 ～30分

交Ⓤ4・5號線Dom/Römer站步行1分 住Römerberg 23 ☎(069)21234814 時10～13時、14～17時 休無休 金€2

「帝王廳」要從羅馬廳側面的入口進入

2 歌德故居

MAP P140-B3 地圖▶背面-B3

Goethe-Haus

德國文學巨匠歌德的誕生地

歌德自1749年出生直到搬至威瑪前的26年間都住在這裡。可以參觀歌德誕生的房間、家人的臥房、廚房和歌德進行創作的「詩人房間」等。另外在附設的博物館內，還展示著歌德與友人、活躍於同時代之名人們的肖像畫等。

歌德故居從這個入口進入

用來當做紙偶劇舞台的道具，舞台左右和天花板的部分敞開，是歌德和妹妹的玩具。

曾寫下『少年維特的煩惱』『浮士德』等原稿的「詩人房間」

DATA 必見 30～120分

交Ⓤ4・5號線Dom/Römer站步行8分 住Großer Hirschgraben 23-25 ☎(069)138800 時10～18時(週日、假日～17時30分) 休無休 金€7

MAP P141-C2 地圖▶背面-B1

Bären-Treff

色彩繽紛的小熊軟糖大集合

店內擺滿五顏六色的軟糖。店名取自「小熊的集合場」之意，有各式各樣可愛的小熊造型。季節限定的軟糖也不可錯過。

蘋果口味軟糖€3.50與原創包€1

DATA

交Ⓢ1～6・8・9、Ⓤ1～3・6～8號線Hauptwache站步行1分
住An der Hauptwache 11
☎(069)21998884 時10～19時
休週日

由於店內狹小，有時也會出現排隊人潮

Alte Oper
美食街 Kalbächer Gasse (Freßgass)
Bären-Treff
Galeria Kaufhof
采爾購物區 Zeil
Hauptwache
往Taunusanlage站
歌德大道 Goethestr.
Schlemmermeyer
衛戍大本營
歌德廣場
Neue Mainzer Str.
❹緬因塔
歌德像
歌德故居
Friedensstr.
1～3・8號線
Berliner Str.
柏林大道
聖保羅教堂
Braubachstr.
Dom/Römer
4・5號線
Münzgasse
❶羅馬廳
歐洲大廈
Willy-Brandt-Pl.
0 100m
緬因河

從最前方依序是肝起司、洋蔥派和馬鈴薯濃湯，費用採秤重計價

3 Schlemmermeyer

MAP P140-B2 地圖▶背面-A1

肉舖直營的美味小吃店

到美食街Fressgasse上的小吃攤享用午餐。每天都大排長龍的人氣店，招牌為自製的肝起司100g€1.95～，可在店前的座位區品嘗或是外帶。陶器餐具需付押金，吃完歸還後再退費。

DATA

交Ⓤ6・7號線Alte Oper站步行3分
住GroßeBockenheimer Str.23
☎(069)288837
時9時30分～19時（週六9～18時） 休週日

點餐時從展示窗外用手指比也OK

➡行人徒步區的采爾購物區兩側百貨公司和專賣店比鄰而立

⬅名牌店林立的歌德大道

4 緬因塔

MAP P140-A2 地圖▶背面-A2

Main Tower

市內最美的觀景點

展望台設在200m高的摩天大樓頂層，視野絕佳。於摩天大樓林立的法蘭克福中高度排名第5，在開放觀光客參觀的大樓中則名列第一。缺點是因為高度的關係，只要天候不佳就會立刻關閉。展望台下的樓層設有餐廳。

入口設有隨身行李和人身安檢

DATA ～30分

交Ⓢ1～6・8・9號線Taunusanlage站步行10分 住Neue Mainzer Str.52-58 ☎(069)36504878 時10～21時（週五六～23時）。入場至關閉前30分鐘，冬天會提早2小時關閉 休無休
金€6.50

別忘了瀏覽頂樓展望台的全景解說板

沒有時間的話…

地鐵站的附近，以麵包等食物為主的小吃攤（輕食攤位）很多，不想花太多時間的話就邊啃麵包邊逛吧。

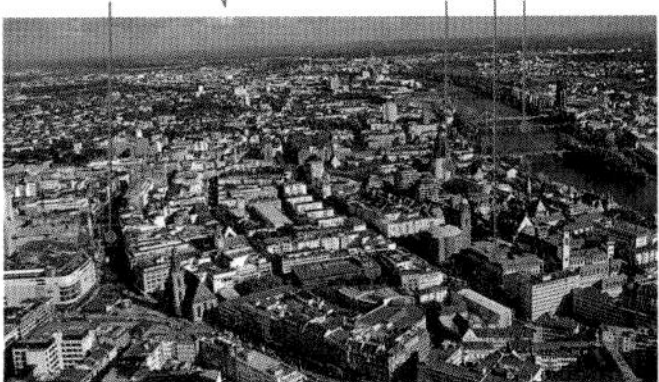

法蘭克福市中心 衛戍大本營周邊購物趣！

1.有街頭藝人表演、充滿熱鬧氣氛的采爾購物區　2.采爾購物區的地標——MyZeil

若要在法蘭克福逛街購物，推薦到羅馬廳北側的衛戍大本營周邊。可由下面列出的5大重點自行搭配組合，享受多樣化的購物樂趣。

⬅1樓的商品區

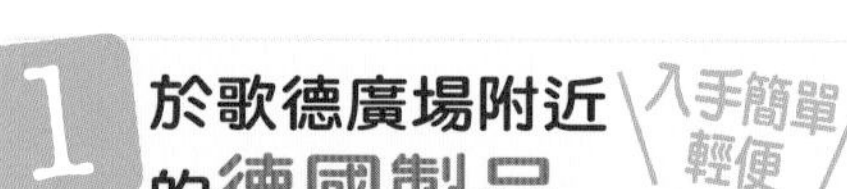

1 於歌德廣場附近的德國製品 入手簡單輕便

1971年成立於漢諾威的皮革品牌。出自德國設計師之手的包款，皆具備絕佳皮革觸感、方便耐用的特性。顏色繽紛的設計、使用棉質等自然素材的製品都蔚為風潮。

⬆以白色為基調整潔明亮的店面

Bree MAP P140-B3 地圖 背面-B3

交Ⓢ1～6·8·9、Ⓤ1～3·6～8號線Hauptwache站步行5分
住Rossmarkt 23　☎(069)292620
時10～19時(週六～18時) 休週日

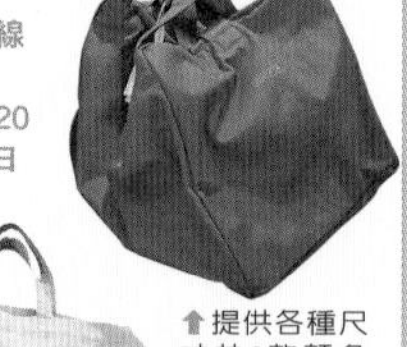
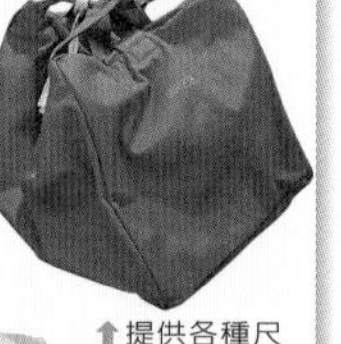
⬆提供各種尺寸共3款顏色的Kiel系列€69.95～

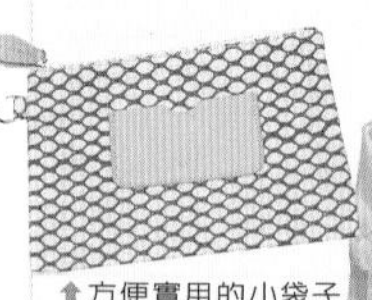
⬆方便實用的小袋子 Boston No.8、€19.95

⬅旅行托特包€19.95

2 在德國書店購買雜貨＆繪本

造訪1893年創業於慕尼黑的德國代表性大型書店選購伴手禮。1樓入口旁有印上德文字樣的馬克杯、玩具布偶，地下1樓則陳列著可愛的德國繪本和兒童商品。

⬆寫著「和牛奶一起」德文字樣的馬克杯€8.95

Hugendubel MAP P140-B2 地圖 背面-B2

交Ⓢ1～6·8·9、Ⓤ1～3·6～8號線Hauptwache站步行1分
住Steinweg 12
☎(069)80881188 時9時30分～20時(週六～21時) 休週日

➡繪本的售價約€15～

⬅木製字母各€1.95

3 到美術館商店尋找與藝術家合作開發的產品

前往現代藝術美術館入口大廳的商店挑選讓人眼睛一亮的製品。除了T恤、包包外，美術館自己生產的蜂蜜也是熱門選項！

詳細資訊→P107(現代藝術美術館)

⬆托特包€4

⬅商店就在售票櫃台的前方

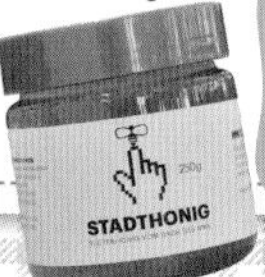
➡2～6歲T恤€18

+α 頂樓養蜂！

於2007年啟動的藝術計畫之一，約60～70萬隻蜜蜂會從方圓3～5km內的花卉收集花蜜。由於花粉來自範圍廣大、種類繁多的花卉，因此生產出來的蜂蜜具有複雜豐富的多元風味。

⬇蜂蜜也有在美術館商店販賣，雖然價格會因產量而有所變動，大概是250g€7

➡也有推出能參觀養蜂實景的工作坊

每年8月會舉辦以新蜜當食材的早餐會，詳細說明請上網站（URL www.mmk-frankfurt.de）查詢（蜜蜂飼育負責人／Andreas Wolf）

4 於新銳造型的購物中心搜尋適合分送多人的伴手禮

一整面的玻璃帷幕中間彷彿被穿透似的嶄新設計購物中心，一走進行人徒步區的采爾購物區馬上就會被搶眼的外觀吸引住。地下1樓有便宜藥妝店dm（→P57）和超市REWE進駐，可選購零食餅乾和有機化妝品等。

MyZeil MAP P141-C2 地圖 背面C1

交S1～6·8·9、U1～3·6～8號線Hauptwache站步行3分
住Zeil 106 ☎(069)29723970
時10～20時（週四～六～21時）
休週日

➡從1樓直達頂樓6樓的手扶梯

⬅位於地下1樓的超市

⬆最頂樓設有玻璃帷幕的展望台，可俯瞰整個采爾購物區

+α **設計師是誰？**
出自義大利籍設計師Massimiliano Fuksas之手。號稱歐洲之最、長達46m的手扶梯，一定要來體驗看看。

休憩景點 逛街逛累了，不妨到MyZeil旁的圖爾恩和塔克西斯宮的中庭享用午餐。完全將采爾購物區的喧囂隔絕在外的幽靜空間，讓人一待就不想走了

Frohsinn MAP P141-C2 地圖 背面-B1
在宮殿中庭品嘗特別的午餐

於舒適宜人的宮殿中庭，能吃到食材講究的地中海料理和義大利菜。店內裝飾著以伊莉莎白女王為主題的前衛藝術，也很值得欣賞。

交S1～6·8·9、U1～3·6～8號線Hauptwache站步行3分 住thurn und taxis plate 1 ☎(069)13384778 時10～22時（週五六～23時） 休無休 金午€15～晚€20～

+α **圖爾恩和塔克西斯宮**
Palais Thurn und Taxis
建於1739年，第二次世界大戰前原本作為郵局和聯邦議會使用。可惜於戰爭中遭到毀損，2009年才又重建完成。

⬇山羊乳酪義大利寬扁麵€12.90

⬆以伊莉莎白女王為主題的作品

⬆夏天最推薦露天座位區

5 到法蘭克福的廚房挑選食品類＆黑森州的伴手禮♪

與采爾購物區僅隔一條街，為法蘭克福規模最大的市場。除了肉品店、葡萄酒專賣店外還有販售有機食品的店家，是最適合選購伴手禮的場所。2樓是能輕鬆品味法蘭克福佳餚的攤位區。

Kleinmarkthalle MAP P141-C2 地圖 背面-C2

交S1～6·8·9、U1～3·6～8號線Hauptwache站步行6分
住Hasengasse 5-7
☎(069)21233696 時8～18時（週六～16時）休週日

⬅當地居民人來人往的市場

⬇總是購物人潮不斷的店內

⬇蘋果酒壺Bembel造型的USB隨身碟€14.95

CHECK! 蘋果酒商品

Hessen Shop 蘋果酒的選項也很豐富

⬆繪有法蘭克福街景的手機殼€19.90

法蘭克福所在地黑森州的物產品專賣店。店內有超過200種以上的商品，蘋果酒相關產品、手機殼等應有盡有。

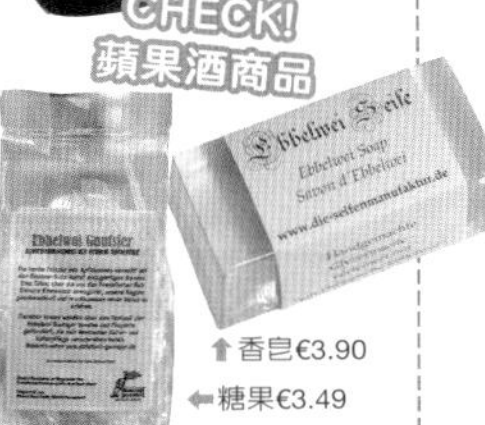
⬆香皂€3.90
⬅糖果€3.49

推薦商店

➡熊蔥抹醬€6.99，是一種口感類似羅勒的野生種香草

⬆以黑森州產蘋果製成的蘋果乾€3.99（120g裝），富含維生素具美容效果

⬅接骨木糖漿€4.75（300ml），接骨木是德國常炸成天麩羅來吃的可食用花

➡也有賣乳酪和麵包

Lebe Gesund 美味＆健康食品一應俱全

正如取自「活出健康！」之意的店名，以健康為宗旨的素食產品琳瑯滿目。有許多品項也很適合當伴手禮送人，例如德國常見的香草類製品或是蘋果乾等。

一日推薦行程♪

擁有山丘城堡守護的大學城
海德堡

Heidelberg

MAP P126-A2

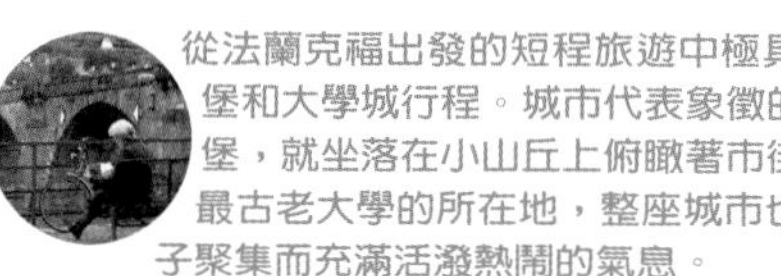

從法蘭克福出發的短程旅遊中極具人氣的古堡和大學城行程。城市代表象徵的海德堡古堡，就坐落在小山丘上俯瞰著市街。為德國最古老大學的所在地，整座城市也因年輕學子聚集而充滿活潑熱鬧的氣息。

柏林
法蘭克福
★海德堡
慕尼黑

ACCESS & INFO

交法蘭克福中央車站搭IC或EC約50分，約每小時1班車

i海德堡觀光服務處

住Pavilion am Hauptbahnhof, Willy-Brandt-Pl. 1 ☎(06221)5844444 時9～19時(週日10～18時)。11～3月9～18時 休11～3月的週日 MAP P101-A1

海德堡卡

卡片結合了主要觀光景點、博物館的入場費以及折扣優惠。1日券€12.50、2日券€14.50、4日券€16.50，可在i或主要飯店購買。

※從法蘭克福出發的當地導覽行程→P108

行程比較表

遊逛度	♪♪♪ 徒步前往城堡相當累人
美食度	♪♪ 大學周邊有平價餐廳
取景度	♪♪♪ 美麗的街道是絕佳拍攝對象
文化度	♪♪ 有德國最古老的大學
推薦時段	從法蘭克福過來的話建議中午～傍晚
所需時間	5～6小時
預算參考	門票、入場費€9＋用餐費＋購物費

交市集廣場步行20分或搭纜車10分

1 海德堡古堡

步行25分或搭纜車15分

2 午餐享用鄉土料理

步行1分

3 海德堡大學

步行5分

4 知名巧克力GET！

步行5分

5 卡爾・西奧多橋

交市集廣場步行5分

經歷無數戰爭和雷擊所造成的損壞尚未完全修復

1 海德堡古堡 MAP P101-B1

Heidelberger Schloß

矗立於可一望市街的小山丘上

從市集廣場附近的穀物市場有一條可通往城堡的石階。由於城堡於14世紀左右～16世紀不停地增建改建，因此混合了哥德、巴洛克、文藝復興等各時代的建築樣式。可以參觀貯存大酒桶的腓特烈館以及藥學博物館所在的奧托海恩里希館等。

腓特烈館的正面立有歷代帝王的雕像

DATA…必見 120分以上

交市集廣場步行20分，或纜車(所需5分)+步行共10分 住Schloss Heidelberg Schlosshof 1 ☎(06221)538431 時8～18時(入場～17時30分) 休無休 金€6(古堡門票＋纜車來回＋藥學博物館的套票)※古堡的導覽解說只提供德語和英語，費用除了門票外還要再付€4

2 午餐享用鄉土料理 MAP P101-B1

Zum Güldenen Schaf

創業約250年的傳統家鄉菜

以擁有200多年歷史自豪的鄉土料理店。上面鋪著炸洋蔥份量滿點的牛排€17.50(午)、€18.50(晚)。另設有與海德堡歷史相關的私人博物館(6人以上可預約，1人€5.90)。

光這一盤就很有飽足感

DATA………E

交市集広場步行10分 住Haupt Str. 115 ☎(06221)20879 時11～23時 休無休 金午€15～晚€20～

充滿歷史韻味的厚實建築

從海德堡城堡望出去的景致

3 海德堡大學

MAP P101-B1

Universität Heidelberg

創立於1386年的德國最古老大學

巴洛克樣式的舊校舍，以設計時尚的彩繪玻璃聞名

馬克斯·韋伯、卡爾·雅斯貝爾斯都曾在此執過教鞭，也出過多位諾貝爾獎得主。現在有25000名以上的學生就讀，人數約占海德堡總人口的5分之1。舊校舍為1712年建造的老建築，紀念大學創校500周年時重新裝修的大講堂在沒有使用時也能入內參觀。學生監獄、大學圖書館也都對外開放參觀。

DATA 30~120分

交市集廣場步行5分 住Grabengasse 1(舊校舍) ☎(06221)542152、(06221)543593(舊校舍) 時10～18時(僅舊校舍與學生監獄10～3月～16時) 休週一、11～3月的週日一，大學圖書館假日休館 金舊校舍和學生監獄的套票€3，大學圖書館免費

到1914年都還在使用的學生監獄，牆壁上滿是塗鴉

4 知名巧克力GET！

MAP P101-B1

Knösel

海德堡的名產

由1863年創業的老字號咖啡廳經營的巧克力店，紅色包裝的知名巧克力「學生之吻」就是這裡的商品。皆以盒裝販售，1個裝€2.85、2個裝€4.45等。

DATA

交市集広場旁
住Haspelgasse 16
☎(06221)22345
時11～19時
休無休

盒裝1個€2.85

這裡也很推薦

從哲學家之路眺望卡爾·西奧多橋

從內卡河北岸高台上的「哲學家之路 Philosophenweg」(MAP P101-B1)眺望舊城區，能將卡爾·西奧多橋和海德堡城堡等城市象徵地標都盡收眼底。推薦晴朗的午後時段來訪。

5 卡爾·西奧多橋

MAP P101-B1

Karl-Theodor-Brücke

橫跨在內卡河上的石橋

由卡爾·西奧多選帝侯下令於1786年到1788年所建造的堅固橋梁。位於舊城區側的橋門，曾是保衛城市抵擋法軍攻擊的城牆一部分。

DATA ~30分

交市集廣場步行5分

➡據說觸摸橋邊銅猴手上的鏡子就能帶來財富

⬅可從橋上欣賞點燈裝飾的海德堡城堡

法蘭克福

城市的遊覽方式和市內交通

掌握交通概況和移動方式重點有效率地遊逛♪

遊覽方式的重點

景點多集中在徒步圈內

遊逛的起點為羅馬廣場。以廣場為中心有多條街道呈放射狀延伸，緬因河以北的觀光名勝全散佈在其間。大多數的景點徒步即可抵達，若要前往Apfelwein（蘋果酒）酒館聚集的薩克森豪森則建議搭交通工具。在購物商圈常可見到鋪上石板的行人徒步區。

⬅流行時尚店家林立的采爾購物區為行人徒步區

➡街上的收費廁所入口，整潔又安全

市內交通比較表

最常使用的是S-Bahn、U-Bahn

交通工具	車資	運行時間	最好避開的時段	法蘭克福卡(→P103)	特徵
S-Bahn U-Bahn	單程票（短程票）€1.75～	5～24時	通勤、下班時段人潮壅擠，較少人使用的清晨和深夜也最好避免搭乘	○	新手利用度…★★路線繁複需仔細確認 便宜度…★★市內均一票價便宜又方便 便捷度…★★不會塞車 雨天舒適度…★★走進車站就不會淋濕 安全度…★★治安雖佳但還是要多留意
路面電車 巴士	單程票€1.75～	5～24時	盡量避開班次不多的清晨和深夜時段	○	新手利用度…★若熟悉路線機動性就很高 便宜度…★★市內均一票價便宜又方便 便捷度…★★會顯示候車時間供參考 雨天舒適度…★有的停靠站並無遮雨棚 安全度…★★治安雖佳但還是要多留意
計程車	起跳價€2.80，12km以內每1km加收€1.75；13km以後每1km加收€1.60，22時～翌6時的起跳價€3.30，每1km加收€1.85	24小時	平日7～10時的通勤時段會塞車	×	新手利用度…★★只要有地址就能搞定 便宜度…★所有交通工具中費用最貴 便捷度…★容易受到路況影響 雨天舒適度…★★★搭上車就沒問題了 安全度…★★★採跳表制可安心搭乘

主要地區交通速見表

搭乘U-Bahn時

	到羅馬廳	到法蘭克福展覽中心	到薩克森豪森
從羅馬廳（→ P96）	最靠近羅馬廳的車站 Ⓤ4・5號線Dom/Römer站	從Dom/Römer站到Festhall/Messe站搭Ⓤ4號線6分	從Dom/Römer站到Willy-Brandt-Pl.站搭Ⓤ4·5號線2分，轉搭Ⓤ1～3·8號線到Schweizer Pl.站2分
從法蘭克福展覽中心（→ P107）	Festhalle/Messe站到Dom/Römer站搭Ⓤ4號線6分	最靠近法蘭克福展覽中心的車站 Ⓤ4號線Festhalle/Messe站	Festhalle/Messe站到Willy-Brandt-Pl.站搭Ⓤ4號線4分，轉搭Ⓤ1～3·8號線到Schweizer Pl.站2分
從薩克森豪森（MAP P139-C·D3～4）	Schweizer Pl.站到Willy-Brandt-Pl.站搭Ⓤ1～3・8號線2分，轉搭Ⓤ4・5號線到Dom/Römer站2分	Schweizer Pl.站到Willy-Brandt-Pl.站搭Ⓤ1～3·8號線2分，轉搭Ⓤ4號線到Festhalle/Messe站4分	最靠近薩克森豪森的車站 Ⓤ1～3・8號線Schweizer Pl.站

S-Bahn・U-Bahn

旅客最常會利用到的是S-Bahn和U-Bahn。運行班次多又可互相直通，轉乘相當方便。共有連結法蘭克福市內和郊區的9條S-Bahn路線，以及行駛市中心的9條U-Bahn路線。搭乘方式與慕尼黑（參照→P60）幾乎相同，差別只在於不需要打印。路線圖請參照P142。

➡車廂乾淨、安全性高

⬅自動售票機。S-Bahn、U-Bahn、路面電車、巴士的車票可通用

搭乘S-Bahn・U-Bahn

1 尋找車站購票上車

以「S」「U」的招牌為目標尋找車站出入口。在自動售票機或窗口購票後即可上車。月台為各路線通用，因此必須仔細確認路線號碼和搭乘方向。沒有設置剪票口但車廂內不時會查票，請保管好車票。

➡Zoo站的月台上還設有大象外型的長椅

2 下車

車門為按鈕式或手把式

抵達目的地車站後，請自行打開半自動式的車門。遵循標示，從最靠近目的地的出口上來。

路面電車・巴士

Straßenbahn・Bus

與S-Bahn．U-Bahn相比路線數量較少，但是連結羅馬地區和法蘭克福中央車站的路面電車11號、南北方向貫穿薩克森豪森地區的巴士30和36號、沿著緬因河畔博物館大道行駛的巴士46號等路線都具有高度的利用價值。搭乘方式與慕尼黑（參照→P62）幾乎一樣，差別只在於車票不需打印。

主要車票的種類

S-Bahn、U-Bahn、路面電車、巴士的車票皆可通用

單程票（短程票）　€1.75
　　　（法蘭克福市內）　€2.75
1日票（法蘭克福市內）　€6.80

●法蘭克福卡

除了可不限次數搭乘S-Bahn、U-Bahn、路面電車、巴士外，還提供歌德故居、施泰德美術館等景點的門票優惠。市內的觀光服務處有售，1日票€9.90、日票€14.50，並附Coupon Book。

蘋果酒電車之旅♪

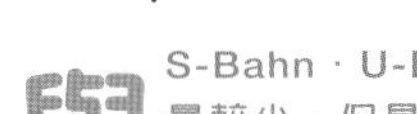

能邊暢飲法蘭克福著名的蘋果酒Apfelwein邊巡覽法蘭克福各主要景點的路面電車。可一路參觀羅馬廳、法蘭克福中央車站、法蘭克福展覽中心、動物園等主要觀光地，同時在熱鬧的車廂內享用350ml的瓶裝蘋果酒和小椒鹽捲餅。

●Ebbelwei-Expreß

☎(069)21322425　時週六日、假日的～17時35分期間共8個班次，繞行一周約1小時　金€8(可上車購票)

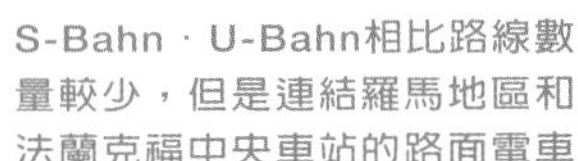

⬅以紅色車體為標誌

顯示板上若出現「Ebbelwei-Experβ」就表示快進站了！

計程車

Taxi

路上很少會看到空車，需請飯店、餐廳幫忙叫計程車或是到法蘭克福中央車站等處的計程車招呼站搭車。車資採跳表制，起跳價€2.80（夜間€3.80），12km以內每1km加收€1.75（夜間€1.85），13km以後每1km加收€1.60（夜間€1.75）。

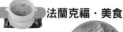

美食

大城市裡舉凡德國菜還是形形色色的各國料理應有盡有，晚上則不妨到薩克森豪森地區嘗嘗蘋果酒Apfelwein的滋味。

特集也要check ♪
Schlemmermeyer…P97
Frohsinn…………P99

羅馬廳周邊

Français

得到米其林肯定的美味法國菜

自2008年以來持續獲得米其林一星評鑑的法國餐廳。午間套餐的價位，2道€49、3道€59。

DATA
交Ⓤ1～5、8號線Willy-Brandt Pl.站步行1分 住施泰根貝格爾法蘭克福霍夫酒店（→P106）內 ☎(069)215118 時12時～13時45分、18時30分～21時30分 休週六～一 金午€50～晚€60～

羅馬廳周邊

Zum Storch am Dom

文豪歌德也愛的店

創業於1704年的名店，歌德也曾是座上賓。能品嘗到主廚的原創法蘭克福料理和萊茵河地方的鄉土佳餚。

DATA
交Ⓤ4・5號線Dom/Römer站步行1分 住Saalgasse 3-5 ☎(069)284988 時18～24時（週日、假日12～15時、18～24時） 休週六 金午晚€18～

薩克森豪森

Zum Grauen Bock

感受活力十足的老街氛圍

酒館林立的Große Rittergasse小巷內的人氣餐廳。備有百種以上豐富多樣又價格實惠的菜色，招牌菜豬排€9。

DATA
交Ⓤ1～3・8號線Schweizer Pl.站步行10分 住Große Rittergasse 30 ☎(069)618026 時17時～翌1時 休週日 金晚€16～

羅馬廳周邊

Zum Standesämtchen

在教堂鐘聲的背景音樂中用餐

面對羅馬廣場的露天啤酒餐廳。餐點以輕食為主，但也有供應午餐、法蘭克福家鄉菜等。人氣很高，晚餐時段最好事先預約。

DATA
交Ⓤ4・5號線Dom/Römer站即到 住Am Römerberg 16 ☎(069)282999 時11～24時 休無休 金午€15～晚€20～

羅馬廳周邊

Paulaner Am Dom

由釀酒廠直營的啤酒餐廳

坐落於大教堂後方，德國知名釀酒廠Paulaner的直營店。約有7款特製啤酒€2.80～，餐點價格親民大多落在€13上下。

DATA
交Ⓤ4・5號線Dom/Römer站步行3分 住Dompl. 6 ☎(069)20976890 時11～24時 休無休 金午€14～晚€17～

采爾購物區周邊

鮨元 Sushimoto

以嚴選食材著稱

約八成都是當地客的日本料理店，除了握壽司€38～外還有鐵板燒。

DATA
交Ⓢ1～6・8・9、Ⓤ4～7號線Konstablerwache站步行2分 住Ⓗ法蘭克福威斯汀大酒店（P106）內 ☎(069)1310057 時12時～14時30分、18時～21時30分（週日、假日僅營業18～22時） 休週一 金午€15～晚€40～

衛戍大本營

Weidenhof

鄉土料理廣受歡迎的咖啡餐廳

地處采爾購物區中心位置的餐廳。有法蘭克福青醬€9.90等家鄉菜，店家自製的布魯塞爾鬆餅€5.90～也很物超所值。

DATA
交Ⓢ1～6・8・9、Ⓤ1～3・6～8號線Hauptwache站步行3分 住Zeil 104 ☎(069)21658800 時10時～翌1時 休無休 金午€10～晚€15～

羅馬廳周邊

Café Liebfrauenberg

面朝廣場的隱密咖啡廳

自家手工製作的招牌蛋糕€3.40～，不只咖啡連午餐菜色也很受好評。店面朝廣場方向，採光明亮。

DATA
交Ⓢ1～6・8・9、Ⓤ1～3・6～8號線Hauptwache站步行7分 住Liebfrauenberg 24 ☎(069)287380 時8～22時（週日9～20時） 休無休 金午€8～晚€10～

有諳英語的員工　有英文版菜單　有著裝規定　需預約

購物

店家類型五花八門。

特集也要check♪

衛戍大本營

Lorey

餐廚用品專賣店

法蘭克福當地規模最大的餐廚用品專賣店，雙人牌等知名的德國品牌應有盡有。

DATA E

交S1～6・8・9、U1～3・6～8號線Hauptwache站步行2分 住Schillerstr. 16 ☎(069)299950 時10～19時 休週日

衛戍大本營

Faber-Castell Kreativ

擁有250年歷史的經典文具

為1716年創業的文具畫具頂尖品牌Faber-Castell的旗艦店。e-motion系列的鋼筆€100，書寫流暢與優美的設計相當受到歡迎。

DATA E

交S1～6・8・9號線、U1～3・6～8號線Hauptwache站步行3分 住Steinweg12 ☎(069)90025978 時10～19時 休週日

衛戍大本營

Galeria Kaufhof

品項豐富的百貨公司

百貨公司的賣場面積高達25000㎡、有超過80個以上的品牌進駐，也網羅不少價格實惠的商品款式。位於采爾購物區的入口處，目標明顯易找。

DATA E

交S1～6・8・9、U1～3・6～8號線Hauptwache站即到 住Zeil 116-126 ☎(069)21910 時9時30分～20時（週四～六～21時） 休週日

衛戍大本營

Schaulade

店內知名瓷器羅列

兩層樓的建築物內，擺滿了KPM和Rosenthal等著名大廠的瓷器、玻璃製品、餐具、喜姆瓷偶等製品。也提供寄送海外的服務。

DATA E

交U4・5號線Dom/Römer站步行2分 住Am Korm Markt Berliner Str.62 ☎(069)21999166 時10時～18時30分（週六～17時） 休週日

采爾購物區周邊

Karstadt

商品包羅萬象的百貨公司

一日來客數近30000人的德國連鎖百貨公司，從生活用品到食品全都一網打盡。退稅手續也十分簡便快速。

DATA E

交S1～6・8・9、U4～7號線Konstablerwache站步行2分 住Zeil 90 ☎(069)929050 時10～20時 休週日

衛戍大本營

Adidas Performance Store Frankfurt

最新款式齊全的直營店

除了基本款的服飾、鞋子外，手錶、包包之類的小東西也很豐富。繡上足球隊徽圖案的商品，有運動護腕€9.95、錢包€9.95等種類眾多。

DATA E

交S1～6・8・9、U1～3・6～8號線Hauptwache站步行3分 住Zeil 105 ☎(069)21029676 時10～20時（週五六～21時） 休週日

衛戍大本營

WMF

廣受消費者青睞的廚房用品

德國廚具品牌WMF的直營店。也有推出兒童餐具，熱銷商品的蛋杯Mc Egg€9.95。

DATA E

交S1～6・8・9、U1～3・6～8號線Hauptwache站步行4分 住Zeil 106/MY ZEIL內1F ☎(069)13886872 時10～20時（週四～六～21時） 休週日

羅馬廳周邊

Handwerkskunst am Römer

德國工藝品專賣店

聖誕裝飾品、胡桃鉗木偶、薰香娃娃、咕咕鐘等德國工藝品琳瑯滿目。聖誕裝飾品€1～樣式豐富，很適合買來當伴手禮送人。

DATA E

交U4・5號線Dom/Römer站步行3分 住Braubachstr. 39 ☎(069)21087344 時10～20時（週日11時～） 休無休

飯店

一整年間都有大量來自國內外的商務旅客，因此法蘭克福的飯店數量相對來說也多，但在展覽期間要確保訂得到房依舊相當困難。不僅常客滿還會大幅調漲費用，安排行程時盡量避開展覽期間才是上策。

羅馬廳周邊  P140-B3 地圖▶背面-A3

施泰根貝格爾法蘭克福霍夫酒店
Steigenberger Frankfurter Hof

法蘭克福最高級的飯店

建於1876年，曾接待過法國前總統密特朗、艾爾頓強等重要賓客的傳統飯店。附設餐廳的評價也很高。

DATA
交Ⓤ1～5・8號線Willy-Brandt-Pl.站步行1分 住Am Kaiserpl. ☎(069)21502 金ⓈⓉ€289～ 無線網路免費 303間

法蘭克福中央車站周邊  P138-B3

法蘭克福公園艾美酒店
Le Meridien Parkhotel Frankfurt

享受優雅舒適的下榻時光

擁有百年歷史的老字號飯店。風韻獨具的磚造建築物內，酒吧、健身房、商務中心等設施應有盡有。

DATA
交Ⓢ1～9、Ⓤ4・5號線Frankfurt Hauptbahnhof站步行5分 住Wiesenhüttenpl. 28-38 ☎(069)26970 金ⓈⓉ€179～Ⓣ€199～ 無線網路€7(2小時)、€14(24小時) 297間

衛戍大本營  P140-B1

法蘭克福希爾頓酒店
Hilton Frankfurt

以設備新穎充實引以為豪

矗立於四周綠意環繞的幽靜場所。全部客房均設有網路，擁有完善的最新設備。還附設佔地廣大的健身中心，分別有游泳池、三溫暖、日光室、健身房等。

DATA
交Ⓤ1～3・8號線Eschenheimer Tor站步行3分 住Hochstr. 4 ☎(069)133800 金ⓈⓉ€234～ 無線網路€25（24小時） 342間

展覽中心周邊  P138-A2

法蘭克福萬豪酒店
Marriott Hotel Frankfurt

全歐洲最高的飯店

就坐落在展覽中心旁，高達162m為歐洲所有飯店之最。從客房即可將緬因河和法蘭克福市區盡收眼底。

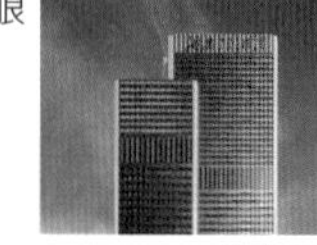

DATA
交Ⓤ4號線Festhalle/Messe站步行5分 住Hamburger Allee 2-10 ☎(069)79550 金Ⓢ€185～Ⓣ€220～ 無線網路€19.95（24小時） 588間

采爾購物區周邊  P141-D1 地圖▶背面-D1

法蘭克福威斯汀大酒店
The Westin Grand Frankfurt

地理位置絕佳

離行人徒步區的采爾購物區只有幾步的距離。飯店內部的陳設品味獨具，營造出優雅的空間氛圍。

DATA
交Ⓢ1～6・8・9、Ⓤ4～7號線Konstablerwache站步行2分 住Konrad Adenauer Str. 7 ☎(069)29810 金ⓈⓉ€183～ 無線網路€16～25(24小時) 371間

法蘭克福中央車站周邊 MAP P138-A2
Savigny Frankfurt City M Gallery Collection
家具擺設極具品味質感。交Ⓢ1～9、Ⓤ4・5號線Frankfurt Hauptbahnhof站步行5分 住Savignystr. 14-16 ☎(069)2753820 金Ⓢ€99～Ⓣ€119～ 無線網路免費 155間

法蘭克福中央車站周邊 MAP P138-B3
洲際酒店
InterContinental
提供完善的設施與服務。交Ⓢ1～9、Ⓤ4・5號線Frankfurt Hauptbahnhof站步行8分 住Wilhelm-Leuschner-Str. 43 ☎(069)26050 金ⓈⓉ€189～ 無線網路€20(24小時) 467間

法蘭克福中央車站周邊 MAP P138-B3
曼哈頓酒店
Manhattan Hotel
摩登都會風格的室內裝潢。交Ⓢ1～9、Ⓤ4・5號線Frankfurt Hauptbahnhof站步行2分 住Düsseldorfer Str. 10 ☎(069)2695970 金ⓈⓉ€115～ 無線網路免費 55間

法蘭克福中央車站周邊 MAP P138-B3
Hotel Continental
屬於經濟型的商務飯店。交Ⓢ1～9、Ⓤ4・5號線Frankfurt Hauptbahnhof站步行1分 住Baseler Str. 56 ☎(069)42729990 金Ⓢ€52～Ⓣ€62～ 無線網路免費 83間

法蘭克福中央車站周邊 MAP P138-A3
法蘭克福城際酒店
Intercity Hotel
客房佈置簡約洗鍊。交Ⓢ1～9、Ⓤ4・5號線Frankfurt Hauptbahnhof站即到 住Poststr. 8 ☎(069)273910 金Ⓢ€99～Ⓣ€111～ 無線網路免費 384間

展覽中心周邊 MAP P138-A2
瑪麗蒂姆酒店
Maritim
現代化、機能性設備一應俱全。交Ⓤ4號線Festhalle/Messe站步行1分 住Theodor Heuss Allee 3 ☎(069)75780 金Ⓢ€150～Ⓣ€180～ 無線網路免費 542間

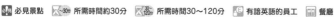

觀光景點

大多落在羅馬廳周邊歷史建築物雲集的區域內，薩克森豪森地區也很值得一訪。

特集也要check♪

Kleinmarkthalle……P99
歌德故居……P96
緬因塔……P97
羅馬廳……P96

羅馬廳周邊 MAP P141-D3 地圖▶背面-D3

大教堂 Kaiserdom

必見

與神聖羅馬帝國有淵源的場所

自1562年以後成為神聖羅馬帝國皇帝舉行加冕儀式的教堂，目前設有博物館。

DATA 30~120分

交U4・5號線Dom/Römer站步行1分 住Dompl.1 ☎(069)2970320／大教堂內的博物館(069)13376186 時9～20時(週五13時～)，博物館10～17時(週六日11時～) 休無休(博物館週一休館) 金免費(博物館€4、塔樓€3)

羅馬廳周邊 MAP P141-C3 地圖▶背面-C3

聖保羅教堂 Paulskirche

德國民主主義運動的會場

建於1833年的擬古典主義樣式教堂。1848年首屆法蘭克福國民議會成立，並在這裡制定出第一部德國憲法。牆上還刻有紀念浮雕。

DATA ~30分

交U4・5號線Dom/Römer站步行2分 住Paulspl. ☎(069)21234920 時10～17時 休無休 金免費

羅馬廳周邊 MAP P141-D3 地圖▶背面-D3

現代藝術美術館 Museum für Moderne Kunst

必見

領略現代藝術的魅力

以紐約派的現代美術作品為大宗。除了李奇登斯坦、安迪沃荷等藝術家的繪畫外，還設有相片、裝飾品、廣告作品等展示區。

DATA 30~120分

交U4・5號線Dom/Römer站步行3分 住Domstr.10 ☎(069)21230447 時10～18時(週三～20時) 休週一 金€12(每月最後一個週六免費)

羅馬廳周邊 MAP P140-B4

猶太人博物館 Jüdische Museum

深入探索猶太人的歷史

展示12～20世紀德國猶太人社會的發展變遷，並陳列許多猶太教儀式中使用的用具。

©Jüdische Museum

DATA 30~120分

交U1～5・8號線Willy-Brandt-Pl.站步行5分 住Untermainkai 14/15 ☎(069)21235000 時10～17時(週三～20時) 休週一 金€7(每月最後一個週六免費)

羅馬廳周邊 MAP P141-C4 地圖▶背面-C4

歷史博物館 Historisches Museum

認識法蘭克福的歷史

博物館內收集了從盔甲、硬幣、骨董家具到繪畫等美術品，所有與法蘭克福市的歷史有關的文物資料。部分建築物的前身為1120年建造的禮拜堂。

DATA 30~120分

交U4・5號線Dom/Römer站步行3分 住Solmsstrasse 18 ☎(069)21235599 時10～17時(週三～21時) 休週一 金€7

展覽中心周邊 MAP P138-A1

申根堡自然史博物館 Naturmuseum Senckenberg

必見

恐竜の骨格模型は必見!

歐洲規模最大的自然史博物館，有德國出土的始祖鳥化石等豐富的古生物展示。

©Senckenberg

DATA 30~120分

交U4・6・7號線Bockenheimer Warte站步行3分 住Senckenberganlage 25 ☎(069)75420 時9～17時(週三～20時，週六日、假日～18時) 休無休 金€8

薩克森豪森 MAP P138-B4

古代雕塑品博物館 Liebieghaus

必見

蒐集古代埃及～現代的雕刻

展示以古代羅馬風格複製的雅典娜女神像、希臘太陽神阿波羅的青銅像、祭壇浮雕等。建築物為19世紀建造的初期文藝復興樣式。

DATA 30~120分

交U1～3・8號線Schweizer Pl.站步行10分 住Schaumainkai 71 ☎(069)6500490 時10～18時(週三四～21時) 休週一 金€7

薩克森豪森 MAP P138-B4

施泰德美術館 Städel Museum

必見

網羅14世紀以後的藝術作品

展示銀行家施泰德所珍藏的藝術品，有蒂施拜因的『歌德在羅馬平原』等諸多名作。

DATA 30~120分

交U1～3・8號線Schweizer Pl.站步行5分 住Schaumainkai 63 ☎(069)6050980 時10～19時(週四五～21時) 休週一 金€14

法蘭克福一年到頭都有展覽活動，最著名的有13世紀至今的法蘭克福書展以及國際車展。會場就位於市區西側的法蘭克福展覽中心(MAP P138-A2)。

當地導覽♪行程

對時間不夠充裕的人來說，能有效率遊覽各景點的自選行程就是最佳幫手。即使是初來乍到的陌生土地也能盡情享受觀光之樂。以下將依出發場所分別介紹幾個人氣行程，可靈活運用規劃出完善的旅遊計畫。

報名・洽詢

●JTB法蘭克福分店
交S1～6、8・9U1～3、6～8號線Hauptwache站步行3分 住Rossmarkt 15
☎(069)92187710
時9～17時 休週六日
MAP P140-B2 地圖▶背面-B2

更有效率地周遊各觀光地

慕尼黑出發	出發日 費用	出發時間 所需時間	集合時間 集合場所	行程內容	附餐
舊城區漫遊=徒步認識城市街道	週一～五 €69	10時 約3小時	9時45分 瑪麗恩廣場中央的瑪利亞雕像 MAP P135-D1	由資深嚮導陪同徒步遊逛市中心的景點。主要觀光景點有新市政廳、王宮、馬克西米利安大街、維克圖阿連市場、聖彼得教堂等（※有的門票須自付）	無
羅騰堡＆哈堡一日觀光	週三・日 €197	8時30分 約10小時30分	8時 Karstadt前 MAP P132-A4	造訪還保留中世古城風貌的羅騰堡與建於11世紀末歷史悠久的哈堡。可於羅曼蒂克大道上的觀光勝地羅騰堡享有充裕的自由活動時間。	無
舊皮納可提克美術館＆新皮納可提克美術館觀光	週三～日 €83	10時 約3小時	9時45分 舊皮納可提克美術館正面入口 MAP P132-B2	徒步參觀慕尼黑最具代表的兩間美術館。蒐藏歐洲名畫的舊皮納可提克美術館、展示法國印象派名畫等作品的新皮納可提克美術館，都相當值得一訪。	無
新天鵝堡和林德霍夫宮一日觀光（不附隨團助理、不含門票）	每天 €51	8時30分 約10小時30分	8時 Karstadt前 MAP P132-A4	巡覽世界聞名的新天鵝堡及林德霍夫宮的巴士一日遊。中途會停靠林德霍夫宮、歐博阿瑪高、新天鵝堡、高天鵝堡，可自由參觀。※不包含前往新天鵝堡的小巴車資。	無
新天鵝堡和林德霍夫宮一日觀光（附隨團助理、含門票）	每天 €191	8時30分 約10小時30分	8時 Karstadt前 MAP P132-A4	停靠站同上。附隨團助理，提供兩座城堡的導覽解說、街區漫遊及安排午餐。	無

法蘭克福出發	出發日 費用	出發時間 所需時間	集合時間 集合場所	行程內容	用餐
法蘭克福半日舊城區漫遊=徒步認識法蘭克福	週一～六 €71	10時 約3小時	9時45分 羅馬廣場中央噴泉前 MAP P141-C3	由資深嚮導帶領徒步巡訪市中心的景點。主要觀光景點有歌德故居、羅馬廳、緬因塔、證券交易所（外觀）、老歌劇院（外觀）、歌德大道等。	無
海德堡一日觀光	每天 €79	9時30分 約6小時	9時15分 Green Line Tours Office前 MAP P138-B3	從法蘭克福出發的短程旅遊中極具人氣的海德堡巴士一日遊。會參觀海德堡古堡、市集廣場、聖靈教堂等景點。會提供英語的導覽解說。	有（午餐盒）
萊茵河一日觀光	每天 €89	11時15分 約8小時	11時 Green Line Tours Office前 MAP P138-B3	搭乘遊船飽覽世界遺產「萊茵河谷」的觀光行程。沿途能欣賞古堡、成為民歌創作題材的羅蕾萊等景點，還會前往「斑鳩小巷」也很出名的法蘭根葡萄酒產地呂德斯海姆。	有

※上述的當地導覽行程為2015年7月時的資訊。行程內容、費用可能會依季節、天候、交通狀況等因素而有所變動。另外，過年期間、聖誕節、國定假日會暫停出團，請於報名時仔細確認。

旅遊資訊

德國出入境的流程

當旅行日程決定時，可馬上Check一下最重要的出入境資訊！做好萬全準備前往機場。

入境德國

❶抵達 Ankunft

從入境口遵循出口「Ausgang」的指示牌，前往入境審查的櫃台。

❷入境審查 Passkontrolle

審查時會區分歐盟國家和非歐盟國家的國民。持台灣護照者須排列在All Passport的櫃檯，輪到自己時請向審查官出示護照，偶而會被詢問旅行的目的。從台灣入境時不需經過動植物檢疫。

❸行李領取區 Gepäckausgabe

前往標示搭乘航班編號的行李轉盤領取行李。萬一行李遺失或毀損，可到行李申訴櫃台請求協助。屆時必須備妥托運時的行李存根，通常會黏貼在機票的背面。

❹海關 Zoll

若所持物品在免稅範圍內，就走綠色指示的通道接受審查；若持有超過免稅範圍的行李，就走紅色指示的通道進行申報。若攜帶貨幣等值超過€10000以上者也必須申報。

❺入境大廳 Ankunftshalle

設有觀光服務處和兌幣所等。前往市區的交通方式請參照P111、112。

決定旅行後即著手準備

●確認德國的入境條件

護照的有效期限和簽證請參照下述說明。若從申根公約會員國入境，則不需經過入境審查。

●何謂申根公約

為歐洲部份國家間所簽署的廢止檢查協議。申根公約會員國間的出入境，基本上不需進行出入境和海關審查，只需簡單出示護照即可。若從台灣等非申根公約會員國入境，必須在第一站抵達的申根會員國機場進行入境和海關審查；返國時，則需在最後一站的申根會員國進行出境和海關審查。

2015年7月時的申根公約會員國，有義大利、希臘、德國、奧地利、比利時、西班牙、法國、盧森堡、荷蘭、葡萄牙、丹麥、冰島、挪威、瑞典、芬蘭、愛沙尼亞、拉脫維亞、立陶宛、波蘭、斯洛伐克、匈牙利、斯洛維尼亞、捷克、馬爾他、瑞士、列支敦斯登等26國。

入境德國時的限制

●主要免稅範圍

○現金…沒有限制金額，但攜帶貨幣等值超過€10000以上時必須申報。

○酒類…含酒精成分22%以上之酒類1公升或酒精成分80%以上之烈酒1公升，或是酒精成分不超過22%的酒類飲料2公升。或者選擇4公升葡萄酒（氣泡葡萄酒除外）和16公升啤酒的比例組合（17歲以上）。

○菸類…200支香菸或50支雪茄或100支細雪茄或250g菸絲（17歲以上），或者上述菸類製品按比例之組合。

○其他物品…總額不得超過€430，未滿15歲者不得超過€175。

出國時的注意事項

出發1個月～10天前做好確認

德國的入境條件

●護照的有效期限

包含德國在內，離境申根公約會員國時護照的有效期限要有3個月以上，請特別留意。

●簽證

以觀光為目的入境德國的旅客，在180天期間內停留不超過90天者不需簽證。

自家～機場前做好確認

●機場的出境航廈

目前台灣只有中華航空提供直飛法蘭克福的航班，也可選擇搭德國漢莎航空經香港轉機前往法蘭克福，或是搭長榮航空直飛維也納後再轉機前往慕尼黑。出發前請先確認自己班機的出境航廈是第一還是第二航廈。

●攜帶液體物品登機的限制

攜帶上機的手提行李內若有100毫升以上的液體物品，會在出境時的行李檢查中被沒收，務必多留意。100毫升以下的液體物品，必須放入透明的夾鏈塑膠袋中。詳細規定請參照交通部民航局網站 URL www.caa.gov.tw

小小資訊 返回台灣時，有關後送行李、超過免稅額度時的詳細說明請參照財政部關務署網站 URL web. customs. gov. tw/

出境德國

❶報到手續 Check-in

參考電子看板前往回程班機的報到櫃檯，出示機票（電子機票）和護照。需辦理退稅手續的物品切勿放入行李箱，請放在要攜帶上機的手提行李內。

免稅物品若要託運，請於報到手續時提出申請並給海關蓋章（→P120）

❷手提行李檢查 Sicherheitscheck

領取登機證和行李存根後，前往接受手提行李檢查。請將口袋裡的東西、手錶、金屬之類通過X光檢查門時會出現反應的物品，事先取出放在托盤內與隨身行李一起通過X光檢查機。

❸出境審查 Passkontrolle

向審查官出示護照，確認是本人後即完成手續。接著前往登機門。

❹海關 Zoll

包含外幣在內，攜帶貨幣等值超過€10000以上時必須申報。手提行李內有退稅物品時，請別忘了給海關蓋章。

免稅物品若要攜帶上機，請於海關辦理手續（→P120）

退稅櫃台的標誌（以環球藍聯為例）

其他方式的出入境

鐵路

連結歐洲各國的鐵路網相當發達，也可搭乘國際列車入境德國。不妨多多利用歐洲火車通行證Eurail Global Pass等方便實用的鐵路周遊券。

長途巴士

連結歐洲各國的國際長途巴士Eurolines，可從荷蘭、比利時、法國、捷克等地搭車直抵德國。有些車次並無每天運行。

租車自駕

也能從鄰接的法國、瑞士、奧地利等國開車入境德國。入境審查並不嚴格，只需出示護照即可，也不會被要求檢查行李。

Reconfirm（再確認）

起飛前72小時必須再確認航班機位。可打電話到搭乘航空公司的當地辦事處，或是直接前往確認航班時間、班機號碼、搭乘者姓名。近來大多已取消需確認機位的手續，預約機票時請向行航空公司詢問清楚。

入境台灣時的限制

主要免稅範圍

●酒類…1公升（不限瓶數）

●菸類…香菸200支或雪茄25支或菸絲1磅。

●其他…非屬管制進口並已使用過之行李物品，其單件或一組之完稅價格在新台幣1萬元以下者；免稅菸酒及上列以外之行李物品（管制品及菸酒除外），其完稅價格總值在新台幣2萬元以下者。

※以年滿二十歲之成年旅客為限

禁止攜帶入境的物品

○偽造之貨幣、證券及印製偽幣印模。
○槍械（包括獵槍、空氣槍、魚槍）藥、毒氣、刀械、子彈、炸藥以及其他兵器。
○毒品危害防治條例所列毒品及其製劑，罌粟種子、古柯種子及大麻種子。
○所有非醫師處方或非醫療性之管制物品及藥物（包括大麻煙）。
○槍型玩具及用品。
○侵害專利權、商標權及著作權之物品。
○其他法律規定不得進口或禁止輸入之物品。
○保育類野生動物及其製產品者，未經中央主管機關之許可不得進口。

小小資訊 歐洲火車通行證Eurail Pass可透過台灣旅行社或是上Eurail 官網購買🌐www.eurail.com/。

機場～市內的交通

從慕尼黑、法蘭克福國際機場前往市內的移動手段，皆可利用鐵路、巴士、計程車等方式。

全世界唯一設有啤酒釀造廠的機場

慕尼黑
慕尼黑國際機場
Flughafen Franz Josef Strauß MAP P128-A3

目前台灣並無直飛航班，必須由法蘭克福或歐洲其他城市轉機前往。

交通速見表

※所需時間僅供參考，會依道路壅塞狀況而異。

交通工具		特徵	運行間隔／所需時間	費用（單程）
	S-Bahn	有S1號線和S8號線兩條路線，從中央棟1樓到市中心約每隔20分發車。S1．8號線都會行經瑪麗亞廣場和慕尼黑中央車站。	4時～深夜1時左右。每隔20分發車／搭S1號線到中央車站約50分，搭S8號線約40分	到慕尼黑中央車站€10.80
	機場巴士	德國漢莎航空的機場巴士會從第一航廈的A、D與中央棟1樓的巴士搭乘處行駛到中央車站。車票請支付給巴士車掌。	6時～22時左右。每隔20分發車／到施瓦本地區約25分，到中央車站約40分	€10.50
	計程車	走出中央棟1樓就有計程車招呼站。若路況順暢，到市中心約30分。	約30分	約€59～65

機場導覽圖

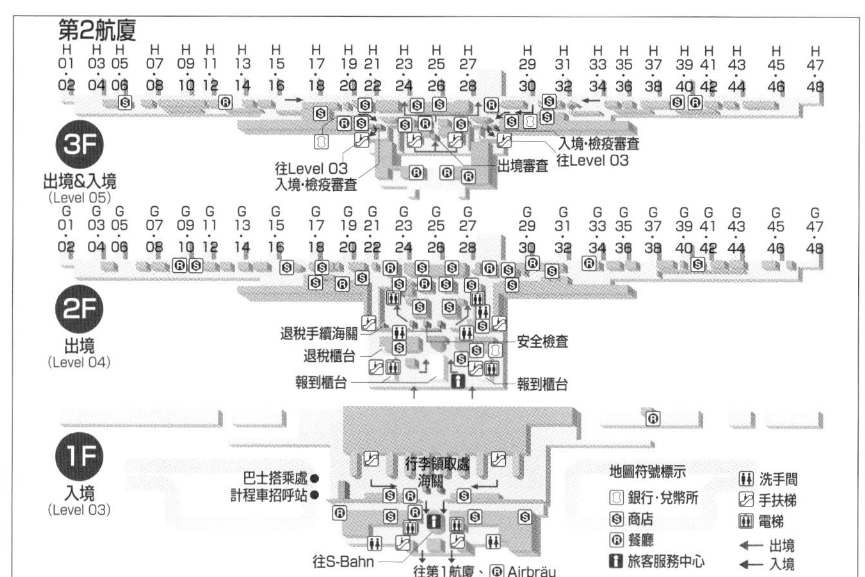

小小資訊 機場內的啤酒釀造廠Airbräu，位於連結第1航廈和第2航廈的公共空間。(089)97593111
時8時～翌1時 休無休　皮爾森啤酒€2.45（300ml）等。

機場面積幅員遼闊但規畫相當完善

法蘭克福

法蘭克福國際機場 Flughafen Frankfurt am Main

MAP P139-D2

不僅國內班機還有來自全世界航班起降的德國最大機場，每天都有大批的商務旅客、觀光客出入。目前台灣有中華航空直飛法蘭克福，或是搭乘德國漢莎航空經香港轉飛往法蘭克福。前往市內的交通方式十分簡單。

交通速見表

※所需時間僅供參考，會依道路壅塞狀況而異。

交通工具		特徵	運行間隔／所需時間	費用(單程)
	S-Bahn	有S8號線和S9號線兩條路線，從1樓下到地下樓的Flughafen Regioal-bahnhof站。S8．9號線都會行經法蘭克福中央車站Hauptbahnhof。	4時～翌1時左右。每隔10～15分發車／搭S 8．9號線到中央車站約12分	到法蘭克福中央車站€4.55
	接駁巴士	連結機場和主要飯店間的免費巴士。停靠飯店有Mercure Hotel、施泰根貝格爾法蘭克福霍夫酒店、Holiday Inn等，路線和發車時間依飯店而異，請自行查詢。建議最好事先預約。	6時～23時左右。每隔1小時2～3班／依飯店而異，約20～30分	免費
	計程車	從入境樓層出來後就有計程車招呼站。若車況順暢，到市中心約20分。	約20分	約€32

機場導覽圖

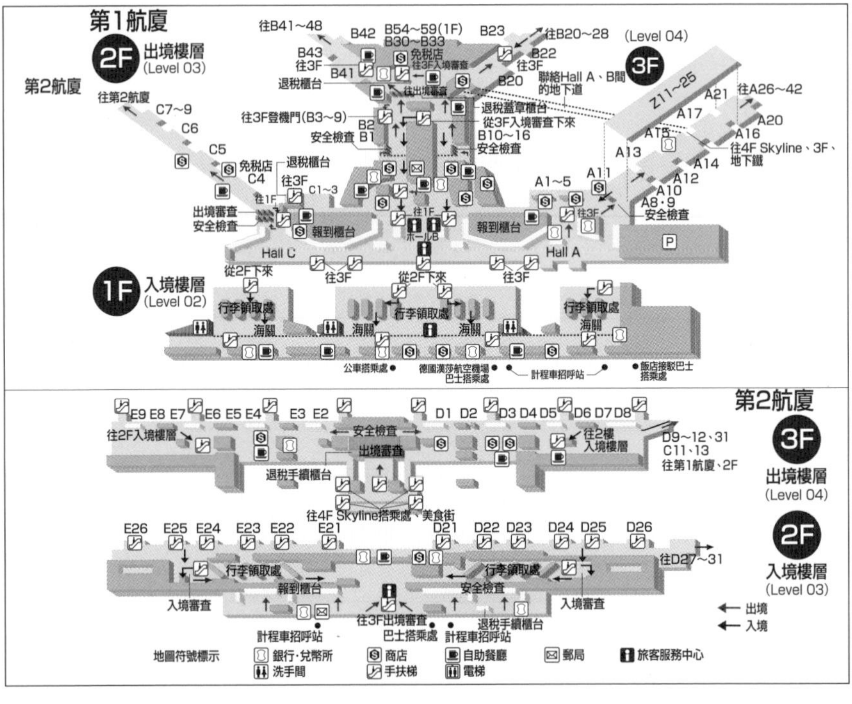

第1航廈
2F 出境樓層 (Level 03)
3F (Level 04)
1F 入境樓層 (Level 02)
第2航廈
3F 出境樓層 (Level 04)
2F 入境樓層 (Level 03)

地圖符號標示：銀行·兌幣所、商店、自助餐廳、郵局、旅客服務中心、洗手間、手扶梯、電梯
← 出境 ← 入境

小小資訊 航廈內提供24小時的免費無線網路。未攜帶智慧型手機或手提電腦的旅客也可到網路服務區上網，1小時€10

城市間的交通

德國境內的交通相當發達，擁有以ICE列車為首的鐵道網和以高速公路為中心的道路網。南來北往的移動十分順暢，沿途還能飽覽美麗的田園風光、古老的中世紀街道等景致。

連結各城市間的交通速見表

	到慕尼黑	到羅騰堡	到法蘭克福
從慕尼黑	**慕尼黑的交通起點** 飛機…慕尼黑國際機場 MAP P128-A3 鐵路…慕尼黑中央車站 MAP P130-B2 地下鐵…Marienpl.站 MAP P135-C2 地圖▶正面-C3 歐洲巴士…慕尼黑中央車站 巴士站 MAP P130-A2	歐洲巴士（僅夏天運行）金€38 時所需5小時40分，每天北上・南下各1班車 鐵路 沒有直達車。搭ICE的話需轉乘3次，最快約需2小時56分，2等車廂€59～65、1等車廂€99～105。轉乘有點複雜因此不太建議。	飛機 金€170～ 時所需時間1小時5分，1天約12班（依星期幾而異） 鐵道 ICE1天16班 金1等車廂€169、2等車廂€101 時所需時間3小時15分 歐洲巴士 金€82 時所需時間9小時5分，每天北上・南下各1班車
從羅騰堡	歐洲巴士（僅夏天運行）金€38 時所需5小時5分，每天北上・南下各1班車 鐵路 沒有直達車。搭ICE的話需轉乘3次，最快約需2小時55分，2等車廂€46～65。轉乘有點複雜因此不太建議。	**羅騰堡的交通起點** 歐洲巴士 …停靠站 MAP P81-B1 ※從市中心到羅騰堡的鐵路車站步行約15分	歐洲巴士（僅夏天運行）金€45 時所需3小時25分，每天北上・南下各1班車 鐵路 沒有直達車。搭ICE的話需轉乘3次，最快約需3小時，2等車廂€46、1等車廂€76。轉乘有點複雜因此不太建議。
從法蘭克福	飛機 金€170～ 時所需時間1小時5分、1天約12班（依星期幾而異） 鐵道 ICE1天16班 金1等車廂€169、2等車廂€101 時所需時間3小時15分 歐洲巴士 金€82 時所需時間10小時5分、每天北上・南下各1班車	歐洲巴士（僅夏天運行）金€45 時所需4小時5分，每天北上・南下各1班車 鐵路 沒有直達車。搭ICE的話需轉乘2次，最快約需3小時，2等車廂€46、1等車廂€76。轉乘有點複雜因此不太建議。	**法蘭克福的交通起點** 飛機…法蘭克福國際機場 MAP P139-D2 鐵路…法蘭克福中央車站 MAP P138-B3 地下鐵…Dom / Römer站 MAP P141-C3 地圖▶背面-C3 歐洲巴士 …停靠站 MAP P138-B3

移動方式建議

從慕尼黑到其他城市

前往各城市時最常利用的就是慕尼黑中央車站。不僅是從法蘭克福行駛過來的ICE起迄站，也可往來於伍茲堡、羅騰堡、奧格斯堡、富森等羅曼蒂克大道上的城市。歐洲巴士的停靠站位於中央巴士總站ZOB的17號月台。前往市中心的瑪麗恩廣場只需搭S-Bahn 2站就到。

←也是長程列車起迄站的慕尼黑中央車站

從羅騰堡到其他城市

若想南北縱貫羅曼蒂克大道的話建議搭歐洲巴士（→P72）。不過只營運4月中旬～10月中旬期間，一個城市的停留時間也不長，如果希望能隨心所欲地遊逛也可選擇租車自駕。伍茲堡、奧格斯堡等有鐵路行經的城市，則搭火車比較節省時間又方便。

←有的城市並無鐵道車站

從法蘭克福到其他城市

法蘭克福中央車站為鐵路和巴士的進出門戶，歐洲巴士的停靠站就設在一旁，營運的Deutsche Touring公司辦公室也近在咫尺。與地下鐵S-Bahn、U-Bahn皆有連結，前往市中心的交通相當便捷。從德國最大的法蘭克福國際機場到市內只需20分鐘，是最方便利用的機場。

←也有國際列車行經的法蘭克福中央車站

德國鐵路官網（URL www.bahn.de）有提供查詢路線、預約車票等服務，十分方便。

主要交通工具

鐵路

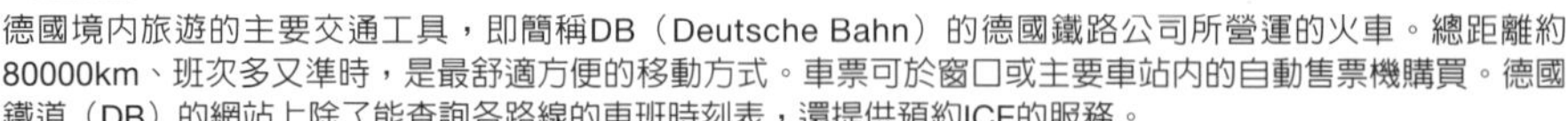

德國境內旅遊的主要交通工具，即簡稱DB（Deutsche Bahn）的德國鐵路公司所營運的火車。總距離約80000km、班次多又準時，是最舒適方便的移動方式。車票可於窗口或主要車站內的自動售票機購買。德國鐵道（DB）的網站上除了能查詢各路線的車班時刻表，還提供預約ICE的服務。

●主要種類

種類	名稱（簡稱）	列車的種類	其他費用	特徵
特快	Inter City Express（ICE）	城際特快列車	需要	以往來各主要城市間，每隔1～2小時發車的ICE和IC為主。ICE和IC使用同一條線路，但車廂的性能、設備、車資收費都不一樣。EC是連結歐洲各國的城際列車，與行駛德國境內的IC同樣等級。
	Euro City (EC)	歐洲城際列車		
	Inter City (IC)			
臥鋪夜列行車	City Night Line (CNL)	都市夜行快車		CNL有旅館列車之稱，以豪華的車廂設備為特色，德國境內行駛於漢堡～慕尼黑、柏林～慕尼黑之間。其他的CNL路線和EN則是國際特快夜車。
	Euro Night (EN)	歐洲城際特快夜車		
	Schnellzug (D)	夜間列車或快速列車		
快車	Inter Regional Express (IRE)	區際列車	不需要	IRE會停靠一些IC不停靠的小車站。

●時刻表的瀏覽方式

購買車票前，請先確認時刻表中的出發、抵達時間和列車種類。時刻表會掛在車站內的看板或是製成小冊子供人索取。

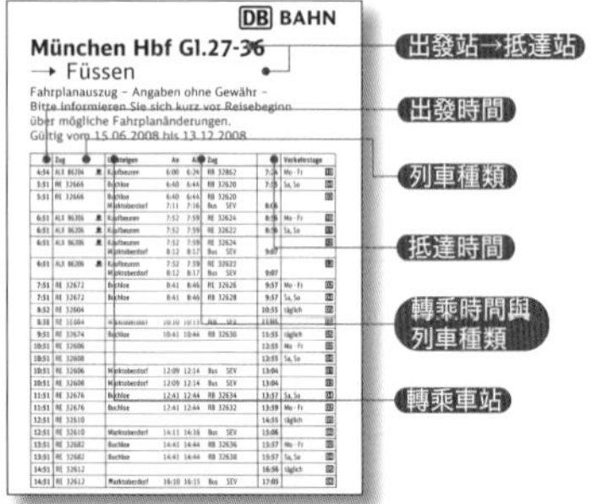

●周遊券優惠

在德國境內進行鐵道旅行時，有各種划算又方便的周遊券。德國鐵路通行證 German Rail Pass 可自由搭乘DB 所有路線，又分為可自由選擇日期使用的 Flexi Type 和必須連續使用的兩種類型，使用天數 3～15 天。類型不同使用天數也會不同、請事先確認，依年齡價格也會不同。有效期限為開始使用日算起的 1 個月內，Flexi Type 可依照天數自由選擇日期搭乘（不包含指定席費用和臥鋪費用）。其他還有歐洲鐵路通行證 Eurail Global Pass 和 Eurail Select Pass 等周遊券，皆必須事先向旅行社或是上官網購買。

●Rail Europe
URL www.raileurope-japan.com/

其他交通方式

●巴士

要前往沒有鐵道路線連結的城市或觀光街道，搭巴士是最便捷的方式。尤其巡訪羅曼蒂克大道時，不可或缺的交通工具就是歐洲巴士。時刻表請上URL www.bahn.de查詢。

【洽詢處】Deutsche Touring公司 ☎(069)719126261

●飛機

無庸贅言最大的優點就在於快速。德國各主要城市間都有航班往返，推薦給想在有限時間內多造訪幾個城市的人。慕尼黑～法蘭克福間的單程機票約€170～。

【洽詢處】→P121

●租車

從主要城市到羅曼蒂克大道上的小城鎮等交通不便的場所皆可自由穿梭，最適合想隨心所欲到處遊逛的人。有的國際連鎖租車公司在台灣也設有辦事處，可於國內直接預約。由於自排車的數量較少，提早預約會比較保險（詳細情形→P73）。

【洽詢處】→P77

小小資訊 鐵路除了上述列表中的車種外還有RE（地區快速列車）、SE（都市快速列車）、RB（普通列車）等，都只需支付車資不需加收其他費用。

travel information

旅遊常識

travel

貨幣、氣候、通訊等當地資訊請於行前做好確認。
也要留意不同國情與文化的禮儀和習慣。

貨幣資訊

單位為€（歐元）和¢（歐分），€1＝¢100。紙鈔有7種，所有歐盟國家皆為相同設計。描繪象徵歐洲歷史和建築樣式的虛擬建築物，正面圖案是窗和門、背面為橋梁。硬幣正面的造幣廠刻印為全歐盟統一的圖案，10、20、50¢硬幣的背面是象徵東西德分裂又再度統一的布蘭登堡門，€1、2則刻有國徽上的老鷹圖案。

€1≒35元 (2016年7月)

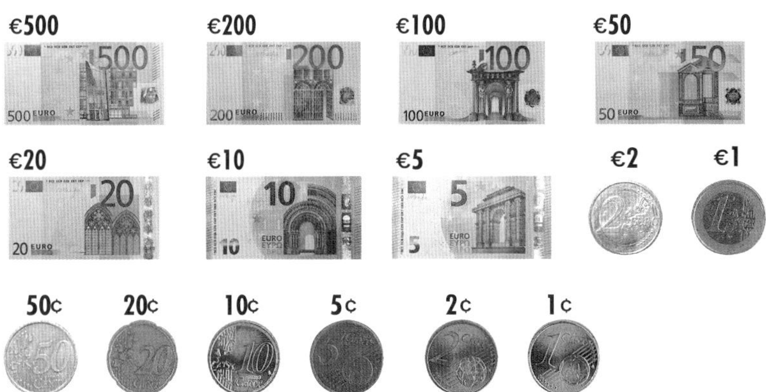

貨幣兌換

機場、主要車站、市內銀行、飯店等處皆可兌換。每個場所的匯率不盡相同，一般來說銀行的匯率比較好。觀光客聚集的場所也都設有兌幣所Geldwechsel，店門口都掛有匯率看板，請先確認後再進行換匯。

機場	銀行	兌幣所	ATM	飯店
兌換最低所需額度	**匯率較佳**	**數量眾多**	**24小時皆可使用**	**安全&便捷**
位於抵境樓層。一般來說匯率都不太划算、手續費也高，所以先兌換立即需要的金額就好。	雖然匯率比較好，但缺點是營業時間不長，週六日、假日也都公休。	能輕鬆換匯，相當方便。除了SC外，市區還有其他好幾家兌幣所。匯率則因店而異，請注意。	有SC等多家ATM。機場和市中心的銀行也有提供24小時能使用的ATM。	在櫃台就能輕鬆換匯，既安全又便捷。不過大多數飯店只服務住宿顧客，而且匯率不佳。

信用卡&ATM

餐廳、百貨公司等大多數店家都能使用信用卡，有時入住飯店也會被要求刷卡付押金，因此最好隨身攜帶一張備用。若為附預借現金功能的信用卡，即可在ATM提領所需額度的歐元（手續費依發卡公司而異）。

ATM實用英文單字表

- 密碼…PIN/ID CODE/SECRET CODE
- 確認…ENTER/OK/CORRECT/YES
- 取消…CANCEL
- 交易…TRANSACTION
- 提領現金…WITHDRAWAL/CASH ADVANCE/GET CASH
- 金額…AMOUNT
- 信用卡…CREDIT CARD/cash in advance
- 預借現金…SAVINGS

每次兌換貨幣都會被收取手續費，因此要有計畫性地聰明換匯

旅遊季節

主要節日

- **1月1日** …元旦
- **1月6日** …三王來朝（巴伐利亞州、巴登符騰堡州等）
- **3月25日** …耶穌受難日★
- **3月27日** …復活節★
- **3月28日** …復活節星期一★
- **5月1日** …勞動節
- **5月5日** …基督升天日★
- **5月15日** …聖靈降臨節★
- **5月16日** …聖靈降臨節星期一★
- **5月26日** …聖體節（巴伐利亞州）★
- **8月15日** …聖母瑪利亞升天日
- **10月3日** …德國統一紀念日
- **11月1日** …萬聖節
- **12月25·26日** …聖誕節．節禮日

主要活動

- 2月3日 …狂歡節（慕尼黑）★
- 2月中旬～3月下旬 …黑啤酒節Starkbierfest（慕尼黑）★
- 3月27日～4月10日 …民族節（奧格斯堡）★
- 5月13～16日 …勝負一飲歷史劇（羅騰堡）★
- 5～9月 …萊茵河的煙火節（萊茵河流域）★
- 6月25日～7月31日 …慕尼黑歌劇音樂節（慕尼黑）★
- 7月1～17日 …聖基利安葡萄酒節（伍茲堡）★
- 7月15～24日 …兒童節慶（丁克思比爾）★
- 8月28日～9月13日 …民族節（奧格斯堡）★
- 9月19日～10月4日 …慕尼黑啤酒節→P52（慕尼黑）★
- 11月下旬～12月下旬 …聖誕市集（德國各地）★

※上述節日、活動的預訂日程為2015年8月～2016年7月的資訊，視狀況可能會有變更。
標註★記號者代表變動性節日，由於以陰曆為計算基準因此每年日期都會變動。

聖誕市集舉辦期間（2015年）

慕尼黑…11月27日～12月24日／羅騰堡…11月27日～12月23日／法蘭克福…11月25日～12月22日／紐倫堡…11月27日～12月24日

氣候與建議

春 3～5月 氣溫上升，約4月下旬開始就邁入新綠的初春季節。德國的春天短暫、天氣多變化，因此春天也是形容情緒不穩定者的代名詞。還是會有點寒意，別忘記帶件外套。

夏 6～8月 有時最高氣溫也會超過30℃，但因為濕度低只要待在陰涼處就很舒服。若前往羅曼蒂克大道等日照較強烈的山間，則一定要戴上帽子遮陽。

秋 9～11月 10月的氣溫穩定，大部分都是晴天。羅曼蒂克大道上的城鎮有時早晚氣溫會驟降，溫差較大。11月降下初雪後，也正式宣告冬天的來臨。

冬 12～2月 多為下雪天，有時還會降到零度以下。不過，城市地區一般不太會到積雪的程度。請備妥毛帽、手套等確實做好禦寒措施。

氣溫與降雨量

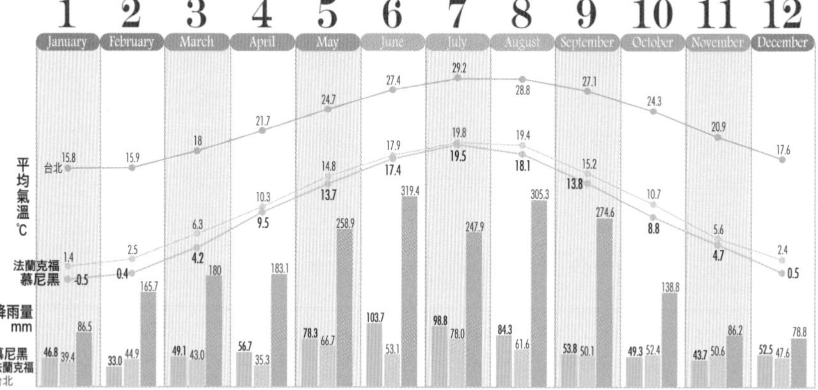

小小資訊 還能享受白蘆筍（4月中旬～7月中旬）、草莓（5月下旬～6月下旬）、櫻桃和莓果類（7～8月）等時令季節美味

撥打電話

●從自己的手機撥號時…費用依各家電信而異，出國前請先確認。
●從飯店客房撥號時…先按外線專用號碼，再撥對方電話號碼（依飯店而異）。有時須支付手續費。
●從公共電話撥號時…市內電話¢20大約可通話1分鐘，幾乎所有的電話都能撥打國際電話。可使用的硬幣有¢10、20、50和€1、2，電話卡有€10、20兩種面額。電話卡可到Kiosk或郵局購買。

●德國→台灣
00（德國的國際電話識別碼）-886（台灣的國碼）-對方電話號碼（去除開頭的0）

●台灣→德國
各電信公司的國際電話識別碼 -49（德國的國碼）-對方電話號碼（去除開頭的0）

●慕尼黑、法蘭克福的市內電話（從飯店客房撥號時）
外線專用號碼（依飯店而異）-對方電話號碼。不可省略區域號碼。

網路使用

●HotSpot

網路熱點的標誌

德國電信Deutsche Telecom的無線網路熱點，在全德國境內的機場、火車站、部分飯店和速食店、公共電話亭等約12000個場所都有設置。24小時€4.95、1星期€19.95，以信用卡或PayPal付款。由德國觀光局所提供針對智慧型手機的免費APP「YouHotSpot」，會搜尋出境內的免費Wi-Fi熱點。要查詢資料時就很方便。
URL www.germany.travel/youth

●在飯店
中級以上的飯店，大多會在大廳或商務中心設置電腦讓住宿旅客自由使用。有的飯店只要索取密碼就能免費使用無線網路，有的飯店則會收取費用因此請事先詢問清楚。

●在火車上
有些ICE等特級火車的車廂內也提供無線網路，但須付費。

郵件・包裹的寄送方式

●郵件

↑郵票自動販賣機和郵筒
←喇叭圖案為郵局的標誌

郵局Postamt的營業時間為週一～五的8～18時（週六～12時，依郵局而異），週日、假日公休。郵票可於Kiosk、郵筒旁的自動販賣機購買。寄往台灣的航空郵資，明信片€0.70、信件20g以內€0.70。可自行投入郵局或街上的郵筒，或是拜託飯店櫃台代為投遞。

●包裹
2kg以內€15.79、2～5kg€42.99，10kg以內€58.99、20kg以內€94.99。

內容	期間	費用
明信片	5～8天	€0.80
信件(20g以內)	5～8天	€0.80
包裹(2kg以內)	8～12天	€15.90

小小資訊　明信片雖然可自行投入街上的郵筒，但由於數量很少，所以還是到郵局投遞或是拜託飯店櫃台吧。若請飯店幫忙記得要給小費。

其他　基本資訊

閘門式廁所。得投入硬幣後才能推開閘門，費用約€0.50～1

●礦泉水

分為含氣泡的礦泉水Mineral-wasser mit Kohlensaure和不含氣泡的礦泉水Sprudelwas-ser兩種，購買前別忘了確認。在餐廳點礦泉水時會提供含氣泡的礦泉水。

●插頭和變壓器

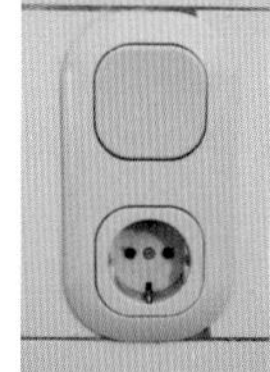

德國的電壓230伏特，頻率為50Hz。從台灣帶過去的電器用品，只要有變壓器和雙孔圓形的轉接插頭就能使用。

●廁所

觀光景點的周邊都設有公共廁所，整潔度也高。不過幾乎都要收費，有的是直接付小費給工作人員，有的是投幣後才能推開閘門。費用大約€0.50～1，因此外出時最好備妥幾枚硬幣。美術館、博物館、咖啡廳、小餐廳都可以免費出借廁所；若沒有消費光借廁所的話，記得要先跟店裡的人打聲招呼。

●營業時間 ※下述的時間僅供參考

- **餐廳** 時11時～翌1時　休無休
- **咖啡廳** 時8～19時　休週日
- **商店** 時10～19時(週六～18時)　休週日
- **百貨公司** 時9時30分～20時　休週日
- **美術館・博物館** 時9～17時(依設施夏冬兩季的開館時間不一)　休週一或週二
- **銀行** 時9～13時、14～16時(週四9～18時)　休週六日

●尺寸・度量衡 ※下列的尺寸對照表僅供參考，廠商不同多少會略有差異

女士

服飾

台灣	7	9	11	13	15
德國	34	36	38	40	42

鞋

台灣	21.5～22	22.5	23～23.5	23.5～24	24.5
德國	35.5	36	37	38	39

男士

服飾

台灣	S	M	L
德國	44～46	48～50	52～54

鞋

台灣	25～25.5	25.5～26	26.5	27	27.5～28
德國	40	41	42	43	44

●德國的物價

礦泉水（500ml）€1～

麥當勞的漢堡 €1～

咖啡（咖啡廳）€3～

啤酒（生啤酒杯1杯）€3.50～

計程車（起跳價※慕尼黑）€3.50～

礦泉水可於超市等購入。

情況別基本資訊

觀光

樓層、地址的表示方式

台灣與德國的樓層數法不太一樣，台灣的2樓在德國會變成是1樓，一樓則會標示為地面層。門牌的編號方式，街道的一側會以奇數排列、另外一側則以偶數排列。建築物大多會標示門牌號碼，街道名稱可從交叉路口的路名標誌確認。

樓層表示

※【台灣】→(德國)
【1樓】→(0樓:Erdgeschoss)
【2樓】→(1樓:Erste Etage)
【3樓】→(2樓:Zweite Etage)
【地下樓】→(地下樓:Untergeschoss)

博物館‧美術館的禮儀

請勿喧譁、觸碰展示物或作品。不可在規定以外的場所進食或吸菸。館內拍照的規範不一，但基本上只要不使用閃光燈和三腳架就沒有問題。幾乎所有博物館、美術館的最後入館時間都設定在閉館前的30分鐘～1小時，請留意。

參觀教堂

由於是莊嚴神聖的場所，請避免穿著無袖背心、迷你裙、短褲等過於暴露肌膚的服裝。而且，參觀時請保持安靜。

觀光服務處

慕尼黑旅客中心
(089)23396500 URL www.muenchen.de

慕尼黑‧瑪麗恩廣場服務處
住Marienpl. 時9～19時(週六～16時、週日10～14時) 休無休 MAP P135-D1 地圖▶表面-C3

慕尼黑中央車站服務處
住Bahnhofpl. 時9～20時(週日10～18時)
休無休 MAP P134-A1

法蘭克福旅客中心
(069)21238800
URL www.frankfurt-tourismus.de

法蘭克福‧羅馬廳服務處
住Römerberg 27 時9時30分～17時30分(週六日～16時) 休無休 MAP P141-C3 地圖▶背面-C3

法蘭克福中央車站服務處
住Frankfurt Main HBF. 時8～21時(週六日9～18時) 休無休 MAP P138-B3

美食

店家的種類

‧Restaurant…有德國、歐洲各國料理等不同類型和價位的店。

‧Gaststätte…以家族經營的大衆餐廳佔多數，推薦挑選本地客人較多的店。

‧Keller…葡萄酒藏量豐富的店。各城市市政廳地下樓的地窖餐廳Ratskeller都有提供當地最自豪的鄉土料理。

‧Bierhalle…即啤酒屋，能品嘗當地特產的啤酒。供應自製啤酒的店則稱為Bräuhaus。

‧Imbiss…在車站周邊、市中心、市場等地都能看到的小吃攤。能輕鬆買到肝起司、香腸等德國名產，營業時間又長相當方便。桌上的調味料可自取。

預約

人氣店家有可能會預約爆滿，因此請趁早預約。可打電話或直接到店預約，只需提供日期、人數、姓名即可。也可拜託飯店的禮賓員代為預約。

服裝‧禮儀

基本上不論穿任何服裝都不會被店家拒絕，但若為高級餐廳男士最好穿上西裝外套、女士則穿洋裝之類的正式休閒裝會比較合宜。入店後和店員打聲招呼，等候帶位入座才符合禮儀。由於每位服務生都有各自負責的桌區，如果坐到無人負責的座位可能會沒有人來服務點餐。

有些教堂可以上到塔樓參觀，但通常入口都設在不同位置。有的塔樓階梯既狹窄坡度又陡，請穿著方便好活動的服裝。

●購物

●商店的種類

・**百貨公司**…從生活雜貨到高級名牌應有盡有，想一次購齊所有伴手禮時就很方便。而且百貨公司內的購物可統一計算金額辦理退稅，相當划算。

・**精品店**…不論經典的一流名牌或休閒名牌都有。入店後先與店員打聲招呼才合乎禮儀，若要用手取下商品請先跟店員知會一聲。

・**超市**…生鮮食品、熟食、飲料、酒類等商品豐富。有秤重計價的乳酪、火腿、麵包還有多款啤酒、葡萄酒等，不上餐廳想在飯店內解決一餐時就很方便。也有販售以有機食材製作的食品。購物用的塑膠袋幾乎都要收費，最好自備購物袋。

・**藥妝店**…如果有考慮要買化妝品的話就非逛不可。除了選項眾多的天然有機化妝品外，還有許多實用的小包裝商品可買來當伴手禮分送給多人。成分大多只標示德文，若手機有下載德語App即可邊查詢單字邊選購也比較安心。

・**市場**…販賣白蘆筍、草莓等季節感十足食材的地方。除了生鮮食品外，還有專門販售葡萄酒、乳酪、熟食等的攤商。現場氣氛熱絡，很多店家都會提供試吃或試喝。

●退稅手續

自購物日最後一天算起3個月內，若有帶出德國境外的商品即可退還扣除手續費後一定額度的稅金。以環球藍聯Global Blue為例，單日單店購買超過€25的商品時，可以退還7～19%德國加值稅中的1.7～14.5%。辦理免稅手續的方法如下。

①若於「Tax Free」加盟店購物的合計金額超過規定金額，請向店員索取退稅申請表。退稅申請表上需填入姓名、地址、護照號碼等必填資料。若選擇信用卡退稅，也請填上信用卡號。

②若回程搭乘直航班機就在出境德國時辦理，若班機會過境歐洲則於最後一個歐盟國辦理，請機場海關在退稅申請表上蓋章。報到手續後，請連同退稅申請表和收據、護照、登機證、未開封使用的物品拿到海關。

③若選擇以現金退稅，可直接拿退稅申請表至機場的退稅櫃台。若選擇以信用卡或支票退稅，請將退稅申請表放入店家交由的專用信封並投入機場內的專用BOX。退稅申請書的有效期限，自購買日起4年以內。

洽詢處　環球藍聯 03-4530-3623 URL www.global-blue.com

●飯店

●飯店的種類

最具代表性的有下列3種，除此之外還有民宿Pension和Privatzimmer等。

・Hotel…最常見的類型，一定會附設餐廳。

・Hotel Garni…沒有餐廳的飯店。設有早餐室，能供應早餐。

・Gasthof…結合餐廳和飯店的營業方式，以餐廳為主、住宿設施較為簡單。

●小費

住宿費用幾乎都已經內含稅金、服務費，所以基本上不需再給小費。若要表示感謝之意，可以稍微支付一點無妨。

・行李員幫忙搬運行李到房間
→一件行李€1～2

・請禮賓員代為預約餐廳
→€5～10左右

・床鋪清潔員、房間清潔員→沒有給小費的習慣

●入住／退房

入住手續大概都從14時左右開始。抵達時間太遲的話有可能會被取消預約，因此若18時以後才要辦理入住手續請於預約時就先告知預定的抵達時間；若遲到的話，記得先跟飯店連絡一聲比較保險。退房手續的時間，幾乎所有飯店都是訂在10～12時。

小小資訊 可上外交部領事事務局網站的旅外安全資訊頁面，確認當地治安狀況和旅遊警示分級。
URL www.boca.gov.tw/

突發狀況應對方式

德國雖然被視為是在歐洲相對較為安全的國家，但機場、中央車站還是經常會發生偷竊、搶劫的事件。請盡量遠離車道以免被後方機車行搶，貴重物品最好放在飯店的保險箱內。大城市的車站周邊，通常是吸毒者、專盯外國人下手的小偷等聚集的地方，置物櫃附近尤其要小心。隨時留意周遭的狀況不讓宵小有機可乘，行李絕對不離身、避免揹後背包、包包拉鍊要確實關緊等，自己的東西自己要看好。雖然警察數量眾多、少有重大犯罪案件，但夜間若沒必要就不要在車站周邊或大城市的商店街上逗留，女性也最好避免在夜間單獨行動。在酒吧被敲竹槓的糾紛也時而有聞，請多加小心。

生病時

若參加團體旅遊請聯絡導遊；自助旅行的話可請飯店櫃檯幫忙介紹醫生，病況嚴重時代為叫救護車。若有投保海外旅行傷害保險可申請醫療費補助，請務必索取醫生診斷書和收據。出國旅遊時，也請記得攜帶保險公司的海外急難救助服務電話。

遭竊、遺失時

●護照

護照遺失時請先到警察局報案，並索取遭竊或遺失證明文件，之後再向我國駐當地代表處申請補發護照或是核發入國證明書。

●信用卡

為了避免卡片遭人盜刷，請於第一時間連絡發卡銀行申請掛失，再遵循發卡銀行的指示辦理後續。

●現金

請有心理準備，幾乎是不可能找得回來了。

旅遊便利貼

德國

●駐德國代表處（駐德國台北代表處）

☎(002-49) 30-203-610
☎(002-49) 171-389-8257、171-389-8467(緊急)
FAX(002-49) 30-203-611-01
住Markgrafenstrasse 35, 10117 Berlin, Germany

●駐慕尼黑辦事處

☎(002-49) 89-512-6790
☎(002-49) 175-570-8059(緊急)
FAX(002-49) 89-512-67979
住Leopoldstr. 28A/V 80802 Munich, Germany

●駐法蘭克福辦事處

☎(002-49) 69-745-734
☎(002-49)171-3147552(緊急)
FAX(002-49) 69-745-745
住Friedrichstrasse 2-6, 60323 Frankfurt am Main, Germany

●警察 ☎110

●救急·消防 ☎112

台灣

●德國在台協會

住臺北市信義路5段7號33樓
☎02-8722-2800
FAX02-8101-6282
URLwww. taipei. diplo. de

N
0
100m
丹麥
波羅的海
Baltic Sea
黑爾戈蘭灣
Helgoländer Bucht
普倫
漢堡
不萊梅
易北河
荷蘭
童話大道
艾利卡大道
漢諾威
柏林
波茨坦
杜塞道夫
科隆
歌德大道
萊比錫
德勒斯登
法蘭克福
威瑪
馬堡
比利時
哈瑙
古城街道
呂德斯海姆
布拉格
盧森堡
麥茵茲
伍茲堡
巴德梅根特海姆
羅騰堡
捷克
海德堡
紐倫堡
仙蹤大道
丁克斯布爾
諾德林根
法國
斯圖加特
黑森林
Schwarzwald
慕尼黑
奧格斯堡
羅曼蒂克大道
列支敦斯登
康士坦茲
高天鵝堡
富森
貝希特斯加登
新天鵝堡
奧地利
阿爾卑斯山大道
瑞士
義大利

慕尼黑

□想去的地方打個✓　■去過的地方塗黑

index

法蘭克福

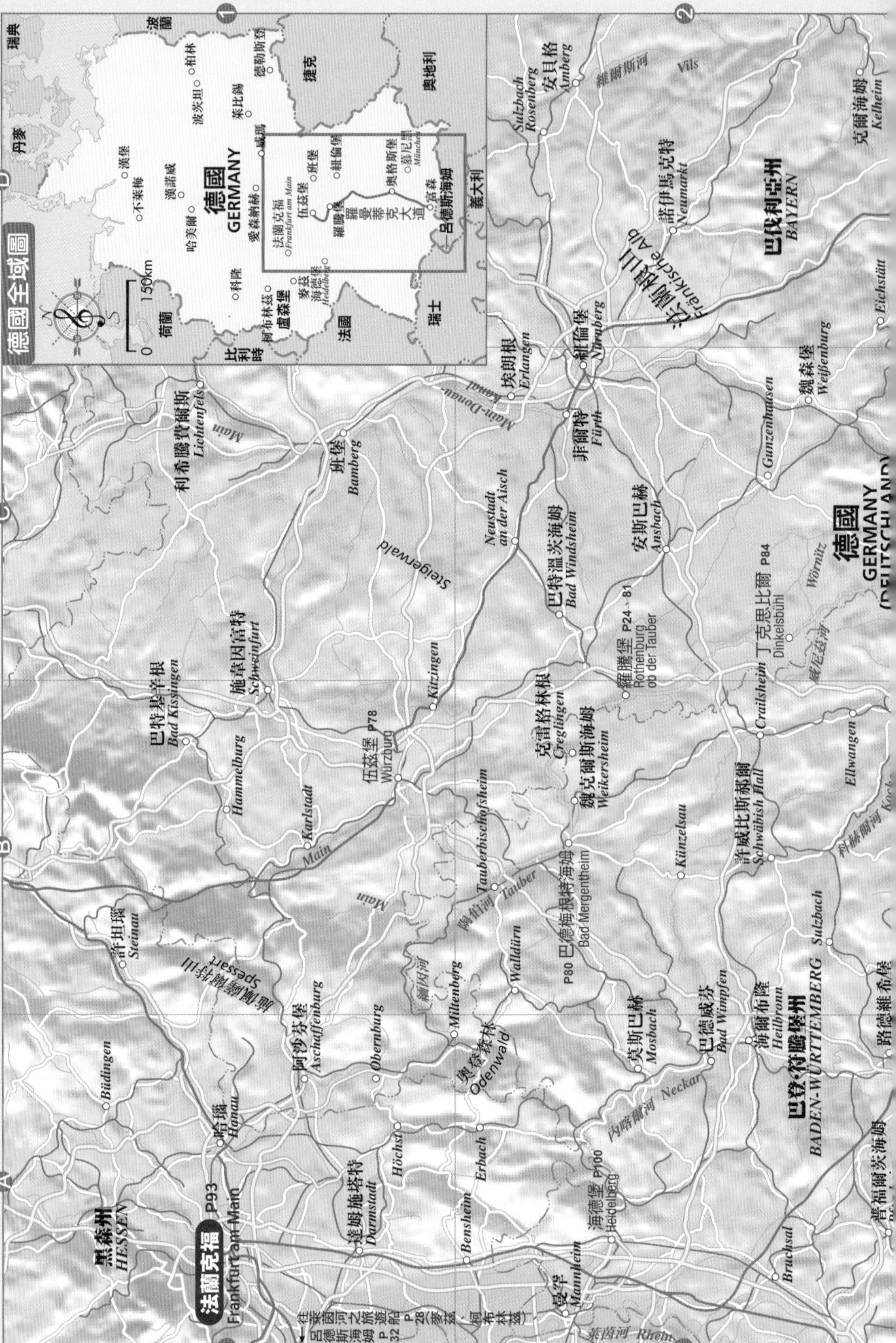

德國全域圖
0 150km
丹麥
瑞典
漢堡
不萊梅
波蘭
荷蘭
漢諾威
哈美爾
波茨坦
柏林
德國
GERMANY
比利時
科隆
萊比錫
愛森納赫
威瑪
德勒斯登
柯布林茲
盧森堡
法蘭克福
Frankfurt am Main
伍茲堡
班堡
麥茲
海德堡
Heidelberg
捷克
羅騰堡
紐倫堡
法國
羅曼蒂克大道
奧格斯堡
慕尼黑
München
瑞士
富森
奧地利
呂德斯海姆
義大利

黑森州
HESSEN
Büdingen
許坦瑙
Steinau
巴特基辛根
Bad Kissingen
利希滕費爾斯
Lichtenfels
法蘭克福 P93
Frankfurt am Main
哈瑙
Hanau
施佩薩特山
Spessart
Hammelburg
施韋因富特
Schweinfurt
Main
往萊茵河之旅遊船 P28（麥茲、柯布林茲）
呂德斯海姆 P32
阿沙芬堡
Aschaffenburg
Karlstadt
班堡
Bamberg
達姆施塔特
Darmstadt
Obernburg
Main
伍茲堡 P78
Würzburg
Höchst
緬因河
Kitzingen
Steigerwald
Miltenberg
Bensheim
Erbach
奧登森林
Odenwald
陶伯河
Tauberbischofsheim
Tauber
Neustadt an der Aisch
Main-Donau-Kanal
埃朗根
Erlangen
Walldürn
Sulzbach Rosenberg
安貝格
Amberg
克雷格林根
Creglingen
曼罕
Mannheim
P80 巴德梅根特海姆
Bad Mergentheim
巴特溫茨海姆
Bad Windsheim
菲爾特
Fürth
紐倫堡
Nürnberg
魏克爾斯海姆
Weikersheim
海德堡 P100
Heidelberg
內喀爾河
Neckar
萊茵河
Rhein
羅騰堡 P24、81
Rothenburg ob der Tauber
維爾斯河
莫斯巴赫
Mosbach
安斯巴赫
Ansbach
法蘭根山
Fränkische Alb
諾伊馬克特
Neumarkt
Vils
Künzelsau
巴德威芬
Bad Wimpfen
許威比斯郝爾
Schwäbish Hall
Crailsheim
丁克思比爾 P84
Dinkelsbühl
Gunzenhausen
巴伐利亞州
BAYERN
海爾布隆
Heilbronn
Bruchsal
巴登·符騰堡州
BADEN-WÜRTTEMBERG
Sulzbach
威尼茲河
Wörnitz
魏森堡
Weißenburg
德國
GERMANY
(DEUTSCHLAND)
科赫爾河
Ellwangen
Eichstätt
克爾海姆
Kelheim
普福爾茨海姆
路德維希堡

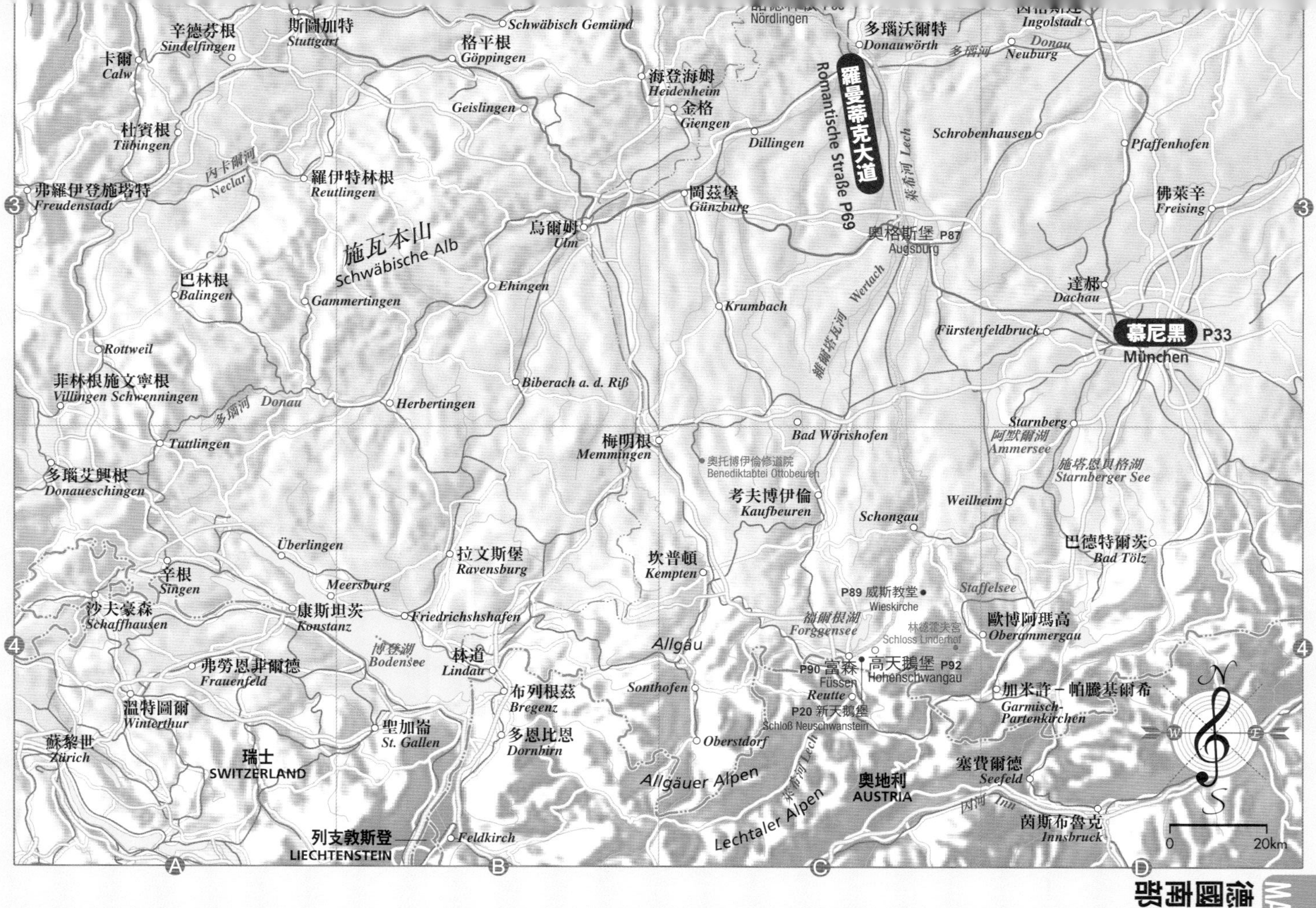
慕尼黑 P33
München
羅曼蒂克大道
Romantische Straße P69
奧格斯堡 P87
Augsburg
佛萊辛
Freising
Pfaffenhofen
Ingolstadt
多瑙沃爾特
Donauwörth
Nördlingen
多瑙河 Donau
Neuburg
Schrobenhausen
萊希河 Lech
達郝
Dachau
Fürstenfeldbruck
Starnberg
阿默爾湖
Ammersee
施塔恩貝格湖
Starnberger See
巴德特爾茨
Bad Tölz
Weilheim
Staffelsee
歐博阿瑪高
Oberammergau
林德霍夫宮
Schloss Linderhof
加米許－帕騰基爾希
Garmisch-Partenkirchen
塞費爾德
Seefeld
因河 Inn
茵斯布魯克
Innsbruck
奧地利
AUSTRIA
P89 威斯教堂
Wieskirche
福爾根湖
Forggensee
P90 富森
Füssen
高天鵝堡 P92
Hohenschwangau
Reutte
P20 新天鵝堡
Schloß Neuschwanstein
萊希河 Lech
Lechtaler Alpen
Allgäuer Alpen
Oberstdorf
Sonthofen
Allgäu
坎普頓
Kempten
Schongau
考夫博伊倫
Kaufbeuren
奧托博伊倫修道院
Benediktabtei Ottobeuren
Bad Wörishofen
維爾塔瓦河 Wertach
Krumbach
Dillingen
海登海姆
Heidenheim
金格
Giengen
岡茲堡
Günzburg
烏爾姆
Ulm
梅明根
Memmingen
Biberach a. d. Riß
Ehingen
Geislingen
Schwäbisch Gmünd
格平根
Göppingen
斯圖加特
Stuttgart
辛德芬根
Sindelfingen
卡爾
Calw
杜賓根
Tübingen
內卡爾河
Neclar
羅伊特林根
Reutlingen
弗羅伊登施塔特
Freudenstadt
施瓦本山
Schwäbische Alb
巴林根
Balingen
Gammertingen
Rottweil
菲林根施文寧根
Villingen Schwenningen
多瑙河 Donau
Herbertingen
Tuttlingen
多瑙艾興根
Donaueschingen
Überlingen
拉文斯堡
Ravensburg
辛根
Singen
Meersburg
沙夫豪森
Schaffhausen
康斯坦茨
Konstanz
Friedrichshshafen
博登湖
Bodensee
林道
Lindau
弗勞恩菲爾德
Frauenfeld
布列根茲
Bregenz
溫特圖爾
Winterthur
聖加侖
St. Gallen
多恩比恩
Dornbirn
蘇黎世
Zürich
瑞士
SWITZERLAND
列支敦斯登
LIECHTENSTEIN
Feldkirch
0 20km

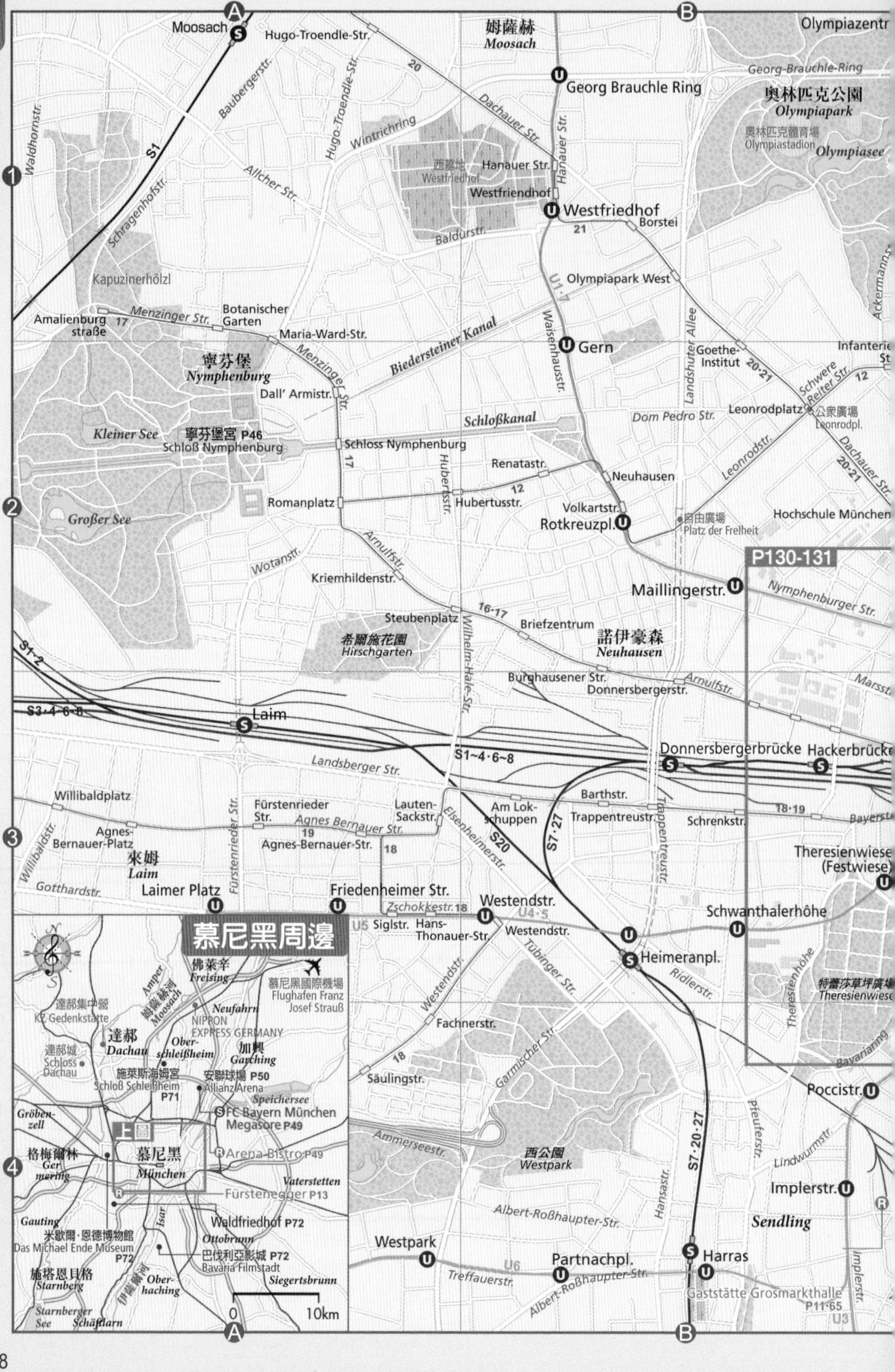

A
B
1
2
3
4

Moosach
Hugo-Troendle-Str.
姆薩赫
Moosach
Olympiazentr
Baubergerstr.
Hugo-Troendle-Str.
20
Georg Brauchle Ring
Georg-Brauchle-Ring
奧林匹克公園
Olympiapark
Dachauer Str.
Waldhornstr.
S1
Wintrichring
奧林匹克體育場
Olympiastadion
Olympiasee
Hanauer Str.
西墓地
Westfriedhof
Hanauer Str.
Allacher Str.
Schragenhofstr.
Westfriendhof
Westfriedhof
Borstei
21
Baldurstr.
Kapuzinerhölzl
U1·7
Olympiapark West
Ackermann
Amalienburgstraße
17
Menzinger Str.
Botanischer Garten
Maria-Ward-Str.
Biedersteiner Kanal
Gern
Landshuter Allee
Waisenhausstr.
Goethe-Institut
Infanterie St
寧芬堡
Nymphenburg
Menzinger Str.
20·21
Schwere Reiter Str.
12
Dall' Armistr.
Dom Pedro Str.
Leonrodplatz
公眾廣場
Leonrodpl.
Kleiner See
寧芬堡宮 P46
Schloß Nymphenburg
Schloßkanal
Schloss Nymphenburg
17
Leonrodstr.
Dachauer Str.
20·21
Hubertusstr.
Renatastr.
Neuhausen
12
Romanplatz
Hubertusstr.
Volkartstr.
Rotkreuzpl.
自由廣場
Platz der Freiheit
Hochschule München
Großer See
Arnulfstr.
Wotanstr.
Kriemhildenstr.
P130-131
Maillingerstr.
Nymphenburger Str.
Steubenplatz
16·17
Briefzentrum
諾伊豪森
Neuhausen
希爾施花園
Hirschgarten
Wilhelm-Hale-Str.
S1·2
Burghausener Str.
Donnersbergerstr.
Arnulfstr.
Marsstr.
S3·4·6·8
Laim
S1~4·6·8
Donnersbergerbrücke
Hackerbrücke
Landsberger Str.
Barthstr.
Willibaldplatz
Fürstenrieder Str.
Fürstenrieder Str.
Lauten-Sackstr.
Am Lokschuppen
Trappentreustr.
Schrenkstr.
18·19
Bayerstr.
Agnes-Bernauer-Platz
Agnes Bernauer Str.
19
Agnes-Bernauer-Str.
18
Elsenheimerstr.
S20
S7·27
Trappentreustr.
Theresienwiese (Festwiese)
Willibaldstr.
來姆
Laim
Gotthardstr.
Laimer Platz
Friedenheimer Str.
Westendstr.
Zschokkestr. 18
U4·5
Schwanthalerhöhe
U5
Siglstr.
Hans-Thonauer-Str.
Westendstr.
Heimeranpl.
Tübinger Str.
Ridlerstr.
Westendstr.
Theresienhöhe
特蕾莎草坪廣場
Theresienwiese
Fachnerstr.
Garmischer Str.
Bavariaring
18
Säulingstr.
Poccistr.
Ammerseestr.
S7·20·27
Pfeuferstr.
Lindwurmstr.
西公園
Westpark
Hansastr.
Implerstr.
Albert-Roßhaupter-Str.
Sendling
Westpark
U6
Partnachpl.
Harras
Treffauerstr.
Albert-Roßhaupter-Str.
Gaststätte Grosmarkthalle
P11·65
Implerstr.
U3

慕尼黑周邊
佛萊辛
Freising
慕尼黑國際機場
Flughafen Franz Josef Strauß
Amper
姆薩赫河
Moosach
達郝集中營
KZ Gedenkstätte
Neufahrn
NIPPON EXPRESS GERMANY
達郝
Dachau
Ober-schleißheim
加興
Garching
達郝城
Schloss Dachau
施萊斯海姆宮
Schloß Schleißheim
P71
安聯球場 P50
Allianz Arena
Speichersee
FC Bayern München Megasore P49
Gröben-zell
上圖
格梅爾林
Germering
慕尼黑
München
Arena-Bistro P49
Vaterstetten
Fürstenegger P13
Gauting
Waldfriedhof P72
米歇爾·恩德博物館
Das Michael Ende Museum
P72
Isar
Ottobrunn
巴伐利亞影城 P72
Bavaria Filmstadt
施塔恩貝格
Starnberg
伊薩爾河
Ober-haching
Siegertsbrunn
Starnberger See
Schäftlarn
0
10km

全域圖請參照P127

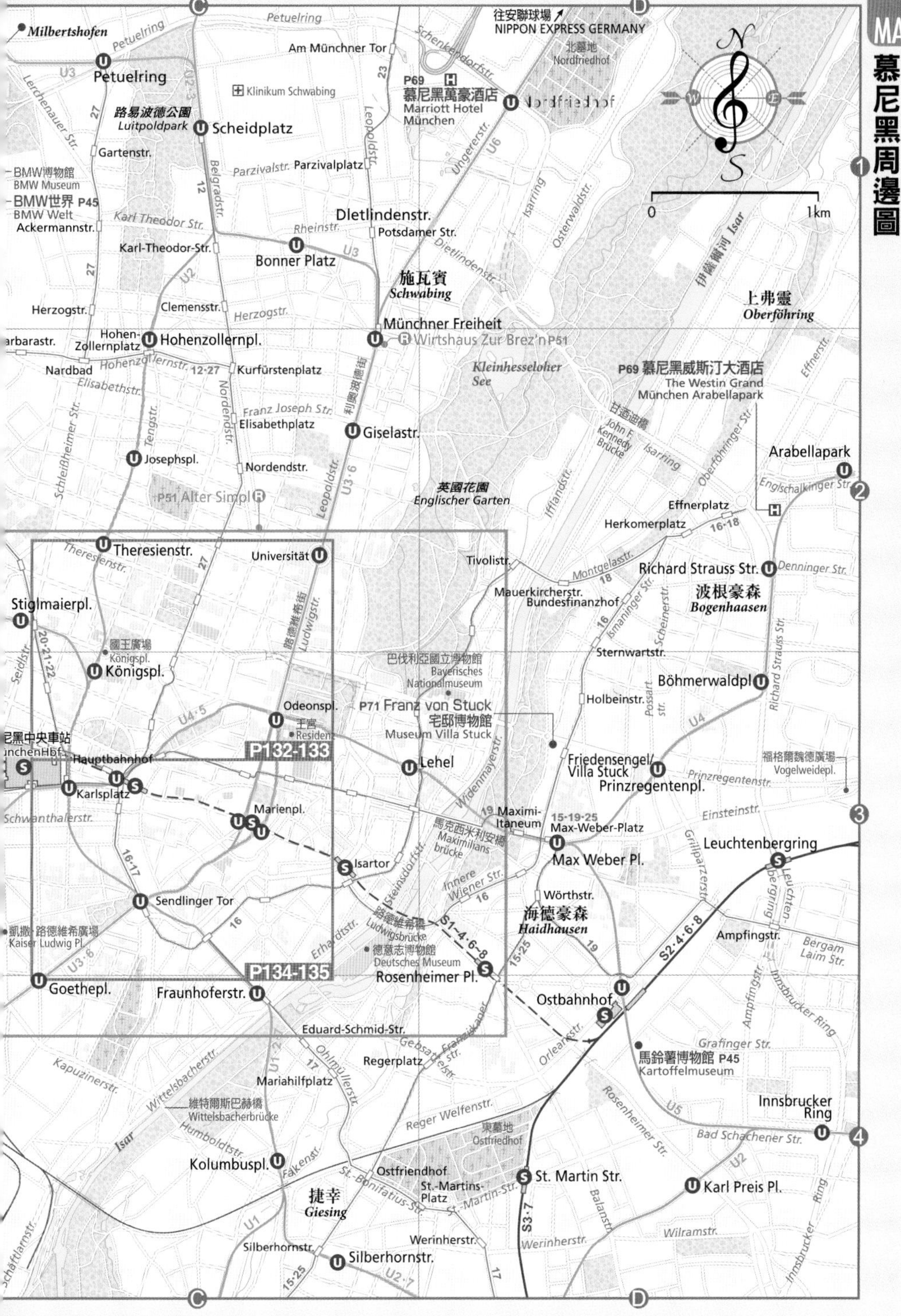
Milbertshofen
Petuelring
Petuelring
Am Münchner Tor
Klinikum Schwabing
往安聯球場
NIPPON EXPRESS GERMANY
北墓地
Nordfriedhof
P69 慕尼黑萬豪酒店
Marriott Hotel München
Nordfriedhof
路易波德公園
Luitpoldpark
Scheidplatz
Gartenstr.
Parzivalplatz
BMW博物館
BMW Museum
BMW世界 P45
BMW Welt
Ackermannstr.
Karl-Theodor-Str.
Dietlindenstr.
Potsdamer Str.
Bonner Platz
施瓦賓
Schwabing
伊薩爾河 Isar
上弗靈
Oberföhring
Herzogstr.
Clemensstr.
Münchner Freiheit
Wirtshaus Zur Brez'n P51
Hohenzollernplatz
Hohenzollernpl.
Nardbad
Kurfürstenplatz
Kleinhesseloher See
P69 慕尼黑威斯汀大酒店
The Westin Grand München Arabellapark
利奧波德街
Elisabethplatz
甘迺迪橋
John F. Kennedy Brücke
Giselastr.
Josephspl.
Nordendstr.
Arabellapark
P51 Alter Simpl
英國花園
Englischer Garten
Effnerplatz
Herkomerplatz
Theresienstr.
Universität
Tivolistr.
Richard Strauss Str.
Mauerkircherstr.
Bundesfinanzhof
波根豪森
Bogenhausen
Stiglmaierpl.
路德維希街
Ludwigstr.
國王廣場
Königspl.
Königspl.
Sternwartstr.
巴伐利亞國立博物館
Bayerisches Nationalmuseum
Böhmerwaldpl.
Holbeinstr.
Odeonspl.
P71 Franz von Stuck 宅邸博物館
Museum Villa Stuck
王宮
Residenz
P132-133
慕尼黑中央車站
München Hbf.
Hauptbahnhof
Lehel
Friedensengel/ Villa Stuck
Prinzregentenpl.
福格爾魏德廣場
Vogelweidepl.
Karlsplatz
Marienpl.
Maximi-Itaneum
馬克西米利安橋
Maximiliansbrücke
Max-Weber-Platz
Max Weber Pl.
Leuchtenbergring
Isartor
Wörthstr.
Sendlinger Tor
海德豪森
Haidhausen
凱撒·路德維希廣場
Kaiser Ludwig Pl.
路德維希橋
Ludwigsbrücke
德意志博物館
Deutsches Museum
Ampfingstr.
Rosenheimer Pl.
P134-135
Goethepl.
Fraunhoferstr.
Ostbahnhof
Eduard-Schmid-Str.
Regerplatz
馬鈴薯博物館 P45
Kartoffelmuseum
Mariahilfplatz
維特爾斯巴赫橋
Wittelsbacherbrücke
Innsbrucker Ring
東墓地
Ostfriedhof
Kolumbuspl.
Ostfriedhof
St.-Martins-Platz
St. Martin Str.
Karl Preis Pl.
捷幸
Giesing
Silberhornstr.
Silberhornstr.
Werinherstr.
0
1km

Maßmannpark
路面電車20·21·22號線
Theresienstr.
Theresienstr.
Lazarettstr.
Lothstr.
Thorwaldsenstr.
Kreittmayrstr.
Erzgießereistr.
Dachauer Str.
Maillingerstr.
U1·7
Nymphenburger Str.
Blutenburgstr.
Maillingerstr.
Rottmannstr.
Augustenstr.
Luisenstr.
Gabelsbergerstr.
Stiglmaierpl.
Stiglmaierpl.
Karlstr.
Brienner Str.
連巴赫之家美術館 P71
Städtische Galerie in Lenbachha
古代彫刻美術館
國王廣場
Königspl.
Glyptothek
Marsstr.
Königspl.
古代美術博物館
Antikensammlung
Deroystr.
Marsstr.
Wredestr.
Dachauer Str.
Deroystr.
路面電車16·17號線
Arnulfstr.
Hacker-brücke
Basilika St. Bonifaz
教堂
P57 Rossmann
Seidlstr.
Karlstr.
Marsstr.
Alfa
阿爾法酒店
Hirtenstr.
Sophienstr.
慕尼黑中央巴士站
(歐洲巴士站/ZOB17號月台)
Hopfenstr.
舊植物園
Alter Botanischer Garten
海王星噴泉
Neptunbrunn
Arnulfstr.
Hauptbahnhof
Elisenstr.
Hackerbrücke
Gassnerstr.
慕尼黑中央車站
München Hbf.
法院
Justizpalast
Prielmayerstr.
Hauptbahnhof
Schützenstr.
Karlspl.
P69 Sofitel Bayerpost München
卡爾斯廣場
Karls pl.
Landsberger Str.
Bayerstr.
路面電車18·19號線
Holzapfelstr.
Hermann-Lingg-Str.
Holzkirchner Bf.
Schwanthalerstr.
Schwanthalerstr.
德國劇場
Deutsches Theater
Ligsalzstr.
Schießstättstr.
Landwehrstr.
路面電車16·17·18·27號線
Theresienwiese
Paul Heyse Str.
歌德大道
Goethestr.
Theresienhöhe
Bavariaring
Schillerstr.
U1·2·7
Sonnenstr.
聖德林格
Sendlinger
Mathildenstr.
Kazmairstr.
Pettenkoferstr.
U4·5
Sendlinger Tor
Schwanthalerhöhe
Nußbaumstr.
Ziemssenstr.
貝多芬廣場
Beethovenpl.
Evang-Luth.Pfarramt
St. Matthäus教堂
Kangresshalle
凱撒·路德維希廣場
Kaiser-Ludwig-Pl.
慕尼黑啤酒節的會場
特蕾莎草坪廣場 P52
Theresienwiese
Thalkirchner Str.
Augsburgerstr.
Bavariapark
Lindwurmstr.
Maistr.
U3·6
Bavaria Ruhmeshalle
Matthias-Pschorr-Str.
Herzog-Heinr.-Str.
Ringseisstr.
Goethepl.
Waltherstr.
Alter Südl Friedhof
Theresienhöhe
Häberlstr.
Bavariaring
0
200m

全域圖請參照P128

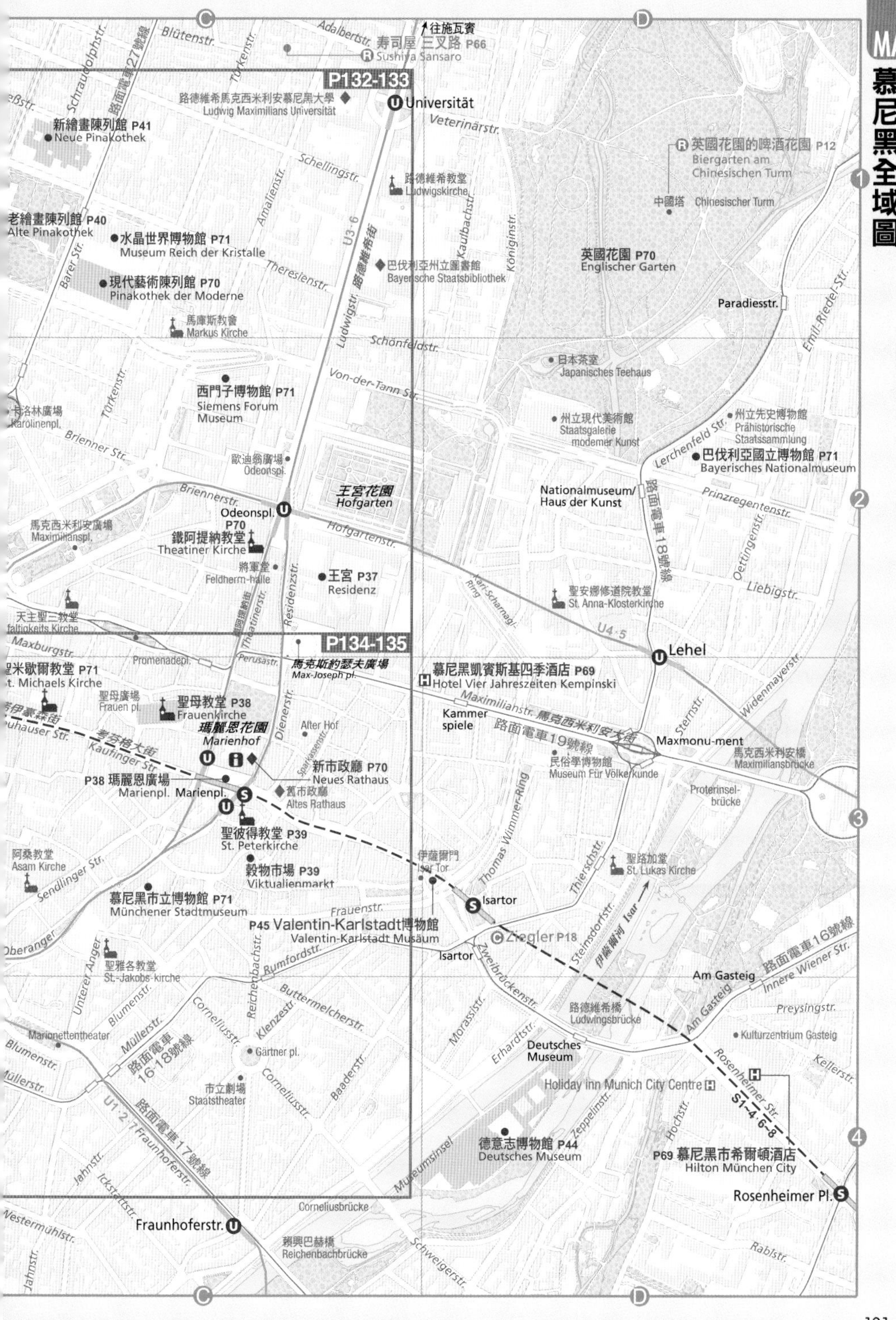
P132-133
P134-135
寿司屋 三叉路 P66
Sushiya Sansaro
往施瓦賓
路德維希馬克西米利安慕尼黑大學
Ludwig Maximilians Universität
Universität
新繪畫陳列館 P41
Neue Pinakothek
英國花園的啤酒花園 P12
Biergarten am Chinesischen Turm
中國塔 Chinesischer Turm
路德維希教堂
Ludwigskirche
老繪畫陳列館 P40
Alte Pinakothek
水晶世界博物館 P71
Museum Reich der Kristalle
現代藝術陳列館 P70
Pinakothek der Moderne
巴伐利亞州立圖書館
Bayerische Staatsbibliothek
英國花園 P70
Englischer Garten
Paradiesstr.
馬庫斯教會
Markus Kirche
日本茶室
Japanisches Teehaus
西門子博物館 P71
Siemens Forum Museum
州立現代美術館
Staatsgalerie moderner Kunst
州立先史博物館
Prähistorische Staatssammlung
巴伐利亞國立博物館 P71
Bayerisches Nationalmuseum
歐迪翁廣場
Odeonspl.
王宮花園
Hofgarten
Nationalmuseum/ Haus der Kunst
Odeonspl. P70
鐵阿提納教堂
Theatiner Kirche
馬克西米利安廣場
Maximiliansp l.
將軍堂
Feldherrn-halle
王宮 P37
Residenz
聖安娜修道院教堂
St. Anna-Klosterkirche
天主聖三教堂
faltigkeits Kirche
Lehel
馬克斯約瑟夫廣場
Max-Joseph pl.
慕尼黑凱賓斯基四季酒店 P69
Hotel Vier Jahreszeiten Kempinski
聖米歇爾教堂 P71
St. Michaels Kirche
聖母廣場
Frauen pl.
聖母教堂 P38
Frauenkirche
瑪麗恩花園
Marienhof
Alter Hof
Kammer spiele
Maxmonu-ment
馬克西米利安橋
Maximiliansbrücke
民俗學博物館
Museum Für Völkerkunde
新市政廳 P70
Neues Rathaus
舊市政廳
Altes Rathaus
P38 瑪麗恩廣場
Marienpl.
Marienpl.
Proterinsel-brücke
聖彼得教堂 P39
St. Peterkirche
阿桑教堂
Asam Kirche
穀物市場 P39
Viktualienmarkt
伊薩爾門
Isar Tor
聖路加堂
St. Lukas Kirche
慕尼黑市立博物館 P71
Münchener Stadtmuseum
Isartor
P45 Valentin-Karlstadt博物館
Valentin-Karlstadt Musäum
Ziegler P18
Isartor
聖雅各教堂
St.-Jakobs-kirche
伊薩爾河 Isar
Am Gasteig
路德維希橋
Ludwigsbrücke
Kulturzentrium Gasteig
Marionettentheater
Gärtner pl.
Deutsches Museum
市立劇場
Staatstheater
Holiday inn Munich City Centre
德意志博物館 P44
Deutsches Museum
P69 慕尼黑市希爾頓酒店
Hilton München City
Rosenheimer Pl.
Corneliusbrücke
Fraunhoferstr.
賴興巴赫橋
Reichenbachbrücke
路面電車27號線
路面電車18號線
路面電車19號線
路面電車16號線
路面電車16·18號線
路面電車17號線
U3·6
U4·5
U1·2·7
S1-4·6-8
路德維希街
馬克西米利安大街
考芬格大街
諾伊豪森街
Blütenstr.
Adalbertstr.
Schraudolphstr.
Türkenstr.
Veterinärstr.
Schellingstr.
Amalienstr.
Kaulbachstr.
Königinstr.
Barer Str.
Theresienstr.
Ludwigstr.
Schönfeldstr.
Von-der-Tann Str.
Emil-Riedel-Str.
Karolinenpl.
Brienner Str.
Lerchenfeld Str.
Prinzregentenstr.
Oettingenstr.
Liebigstr.
Hofgartenstr.
Karl-Scharnagl-Ring
Residenzstr.
Theatinerstr.
Maxburgstr.
Promenadepl.
Perusastr.
Dienerstr.
Sparkassenstr.
Maximilianstr.
Widenmayerstr.
Sternstr.
Neuhauser Str.
Kaufinger Str.
Thomas Wimmer-Ring
Thierschstr.
Sendlinger Str.
Frauenstr.
Steinsdorfstr.
Oberanger
Rumfordstr.
Zweibrückenstr.
Innere Wiener Str.
Unterer Anger
Reichenbachstr.
Buttermelcherstr.
Blumenstr.
Corneliusstr.
Klenzestr.
Morassistr.
Preysingstr.
Müllerstr.
Erhardtstr.
Kellerstr.
Baaderstr.
Rosenheimer Str.
Fraunhoferstr.
Zeppelinstr.
Hochstr.
Jahnstr.
Ickstattstr.
Museumsinsel
Westermühlstr.
Schweigerstr.
Rablstr.
C
D
1
2
3
4

P132
P134
0
100m
Theresienstr.
Theresienstr.
Heßstr.
Dachauer Str.
路面電車20·21·22號線
Luisenstr.
工科大學
Technische Hochschule
Arcisstr.
P40 老繪畫陳列館
Alte Pinakothek
P40 Klenze Café
Rottmannstr.
Gabelsbergerstr.
Augustenstr.
Löwenbräu Keller P11·13·15
Stiglmaierplatz
Stiglmaierpl.
Lex
U1·7
P71 連巴赫之家市立美術館
Städtische Galerie in Lenbachhaus
Brienner Str.
埃及美術館
Staatliches Museum Aegypischer Kunst
古代雕刻美術館 P71
Glyptothek
TH Institut für Allgem Wissenschaft
州立音樂大學
Hochschule-für-Musik und Theater
Karolinplatz
國王廣場
Königsplatz
Seidlstr.
古代美術博物館 P71
Antikensammlungen
納粹資料中心
NS Dokumentationszent
Königspl.
Dachauer Str.
Karlstr.
Katharina-von-Bora-Str. (Meiserstr.)
埃及方尖碑
Obelisk
Staatliche Graphische Sammlung München
Karolinenpl
Basilika St. Bonifaz教會
Karlstr.
Löwenbräu
Marsstr.
Barer Str.
Akademie für Bautechnik
Ottostr.
Sophienstr.
舊植物園
Alter Botanischer Garten
Hirtenstr.
Arcostr.
Ottostr.
Lenbach
Ludwig
Eden
Hotel NH München Deutscher Kaiser
噴泉
海王星噴泉
Neptunbrunn
Arnulfstr.
Elisenstr.
Hauptbahnhof
Lenbachplatz
Rubenbauer P11
慕尼黑中央車站
München Hbf.
Prielmayerstr.
法院
Justizpalast
Hauptbahnhof
Karstadt

全域圖請參照P131

往施瓦本
路德維希馬克西米利安慕尼黑大學
Ludwig Maximilians Universität
Universität
新繪畫陳列館 P41
Neue Pinakothek
Hunsinger P41
路面電車27號線
Schellingstr.
路德維希教堂
Ludwigskirche
Pinakotheken
水晶世界博物館 P71
Museum Reich der Kristalle
入口
現代藝術陳列館 P70
Pinakothek der Moderne
巴伐利亞州立圖書館
Bayerische Staatsbibliothek
路德維希街
中央公文書館
Hauptstaatsarchiv
馬庫斯教會
Markus Kirche
Rheinbergerstr.
Schönfeldstr.
西門子博物館 P71
Siemens Forum Museum
州立財務部
Landwirtsch. minist.
卡爾大公宮殿
Prinz-Carl-Palais
音樂廳廣場
Odeonspl.
P67 寧芬堡宮
Porzellan Manufaktur Nymphenburg
Wittelsbacherplatz
Platz der Opfer des Nationalsoz
P55 Kunstring
P16·66 Café Luitpold
Luigi Tambosi P17
王宮花園
Hofgarten
Amiraplatz
Mercedes-Benz
Odeonspl.
P66 Cafe Arzmiller
P70 鐵阿提納教堂
Theatiner Kirche
州立埃及美術館
Staat.Museum Ägyptischer Kunst
馬克西米利安廣場
Maximiliansp l.
Salvatorplatz
Bree P67
將軍堂
Feldherrn-halle
巴伐利亞州立銀行
Bayer. Staatsbank
噴泉
王宮 P37
Residenz
王宮博物館
Residenzmuseum
寶物館
Schatzkammer
天主聖三教會
Dreifaltigkeits Kirche
Café kunsthalle P49
Eduard Meier
路面電車19號線
Bayerischer Hof P68
Fünf Höfe
鐵阿提納街
馬克斯約瑟夫廣場
Max-Joseph pl.
Promenadepl.
往瑪麗恩廣場
Escada
Schraudolphstr.
Türkenstr.
Amalienstr.
Barer Str.
Theresienstr.
Fürstenstr.
Ludwigstr.
U3 6
Gabelsbergerstr.
Prinz-Ludwing-Str.
Von-der-Tann Str.
Jägerstr.
Oskar-von-Miller-Ring
Kardinal-Döpfner-Str.
Galeriestr.
Brienner Str.
Finkenstr.
Max-Joseph-Str.
Ottostr.
U4 5
Jungfernturmstr.
Hofgartenstr.
Rochusberg
Salvatorstr.
Rochusstr.
Prannerstr.
Kardinal-Faulhaber-Str.
Theatinerstr.
Residenzstr.
Marstallplatz
Pacellistr.

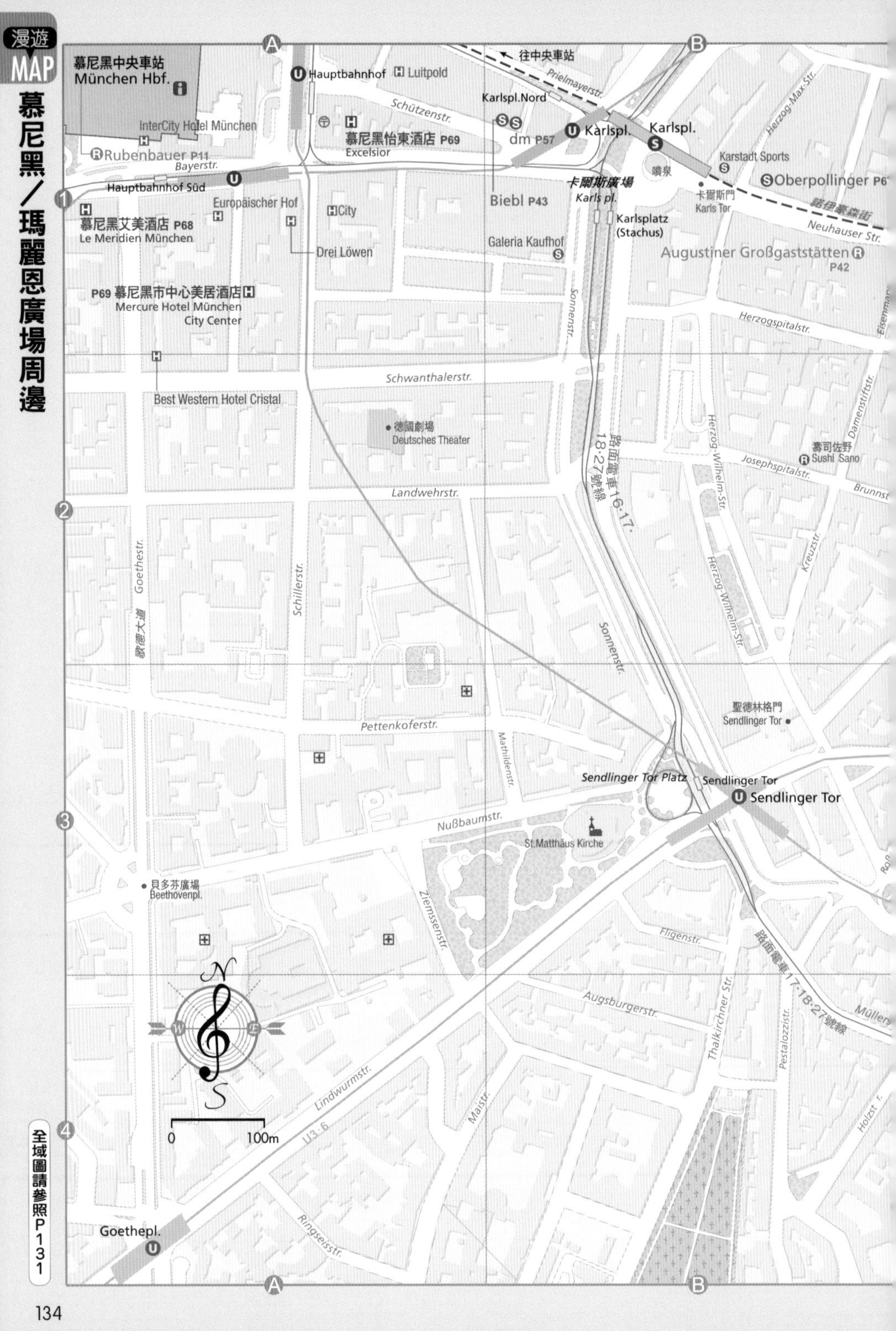
慕尼黑中央車站
München Hbf.
InterCity Hotel München
Rubenbauer P11
Hauptbahnhof
Luitpold
往中央車站
Prielmayerstr.
Schützenstr.
Karlspl.Nord
慕尼黑怡東酒店 P69
Excelsior
dm P57
Karlspl.
Karlspl.
Karstadt Sports
噴泉
Oberpollinger P6
Bayerstr.
Hauptbahnhof Süd
卡爾斯廣場
Karls pl.
卡爾斯門
Karls Tor
諾伊豪森街
Neuhauser Str.
慕尼黑艾美酒店 P68
Le Meridien München
Europäischer Hof
City
Drei Löwen
Biebl P43
Karlsplatz
(Stachus)
Galeria Kaufhof
Augustiner Großgaststätten
P42
P69 慕尼黑市中心美居酒店
Mercure Hotel München
City Center
Sonnenstr.
Herzogspitalstr.
Herzog-Max-Str.
Schwanthalerstr.
Best Western Hotel Cristal
德國劇場
Deutsches Theater
路面電車16·17·18·27號線
Herzog-Wilhelm-Str.
Damenstiftstr.
壽司佐野
Sushi Sano
Josephspitalstr.
Brunnstr.
Landwehrstr.
Goethestr.
歌德大道
Schillerstr.
Sonnenstr.
Kreuzstr.
Pettenkoferstr.
Mathildenstr.
聖德林格門
Sendlinger Tor
Sendlinger Tor Platz
Sendlinger Tor
Sendlinger Tor
Nußbaumstr.
St.Matthäus Kirche
貝多芬廣場
Beethovenpl.
Ziemssenstr.
Fligenstr.
Augsburgerstr.
Thalkirchner Str.
Pestalozzistr.
路面電車17·18·27號線
Müllerstr.
N
W
E
S
0
100m
Lindwurmstr.
U3·6
Maistr.
Holzstr.
Ringseisstr.
Goethepl.
A
B
1
2
3
4

全域圖請參照P131

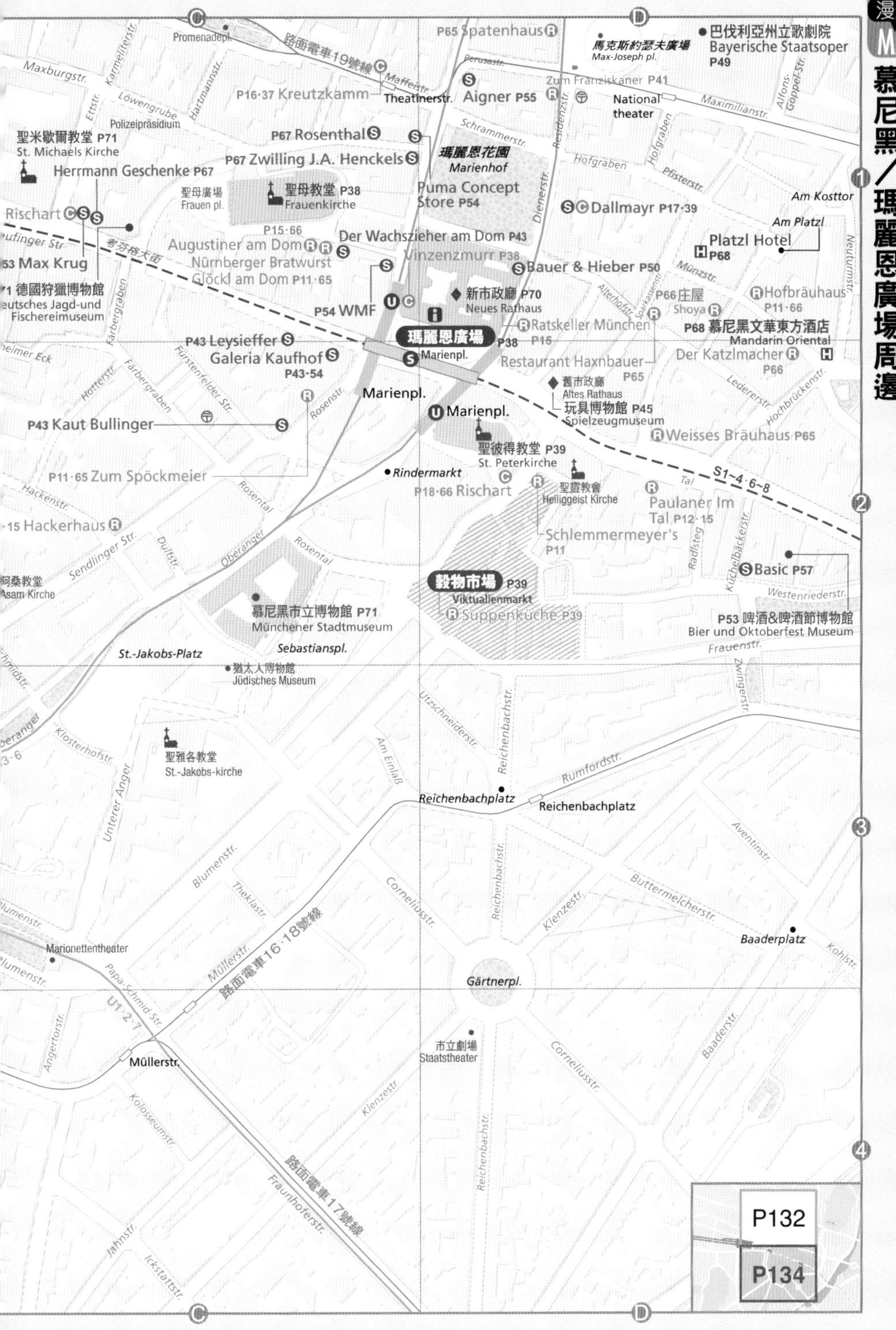
Promenadepl.
路面電車19號線
Maxburgstr.
Karmeliterstr.
Hartmannstr.
Maffeistr.
Theatinerstr.
P16·37 Kreutzkamm
P65 Spatenhaus
馬克斯約瑟夫廣場
Max-Joseph pl.
巴伐利亞州立歌劇院
Bayerische Staatsoper
P49
Perusastr.
Zum Franziskaner P41
Aigner P55
National theater
Maximilianstr.
Alfons-Goppel-Str.
Löwengrube
Ettstr.
Polizeipräsidium
P67 Rosenthal
Schrammerstr.
聖米歇爾教堂 P71
St. Michaels Kirche
P67 Zwilling J.A. Henckels
瑪麗恩花園
Marienhof
Residenzstr.
Hofgraben
Pfisterstr.
Herrmann Geschenke P67
聖母廣場
Frauen pl.
聖母教堂 P38
Frauenkirche
Puma Concept Store P54
Dienerstr.
Dallmayr P17·39
Am Kosttor
Am Platzl
Rischart
P15·66
Augustiner am Dom
Nürnberger Bratwurst Glöckl am Dom P11·65
Der Wachszieher am Dom P43
Vinzenzmurr P38
Bauer & Hieber P50
Platzl Hotel
P68
Neuturmstr.
考芬格大街
P53 Max Krug
P71 德國狩獵博物館
Deutsches Jagd-und Fischereimuseum
Färbergraben
P54 WMF
新市政廳 P70
Neues Rathaus
Altenhofstr.
Sparkassenstr.
Münzstr.
P66 庄屋
Shoya
Hofbräuhaus
P11·66
P68 慕尼黑文華東方酒店
Mandarin Oriental
P43 Leysieffer
Galeria Kaufhof
P43·54
瑪麗恩廣場
P38
Marienpl.
Ratskeller München
P15
Restaurant Haxnbauer
P65
Der Katzlmacher
P66
Fürstenfelder Str.
Hotterstr.
Rosenstr.
Marienpl.
舊市政廳
Altes Rathaus
玩具博物館 P45
Spielzeugmuseum
Ledererstr.
Hochbrückenstr.
P43 Kaut Bullinger
Weisses Bräuhaus P65
聖彼得教堂 P39
St. Peterkirche
P11·65 Zum Spöckmeier
Rindermarkt
P18·66 Rischart
聖靈教會
Heiliggeist Kirche
S1~4·6~8
Tal
Paulaner Im Tal P12·15
Hackenstr.
Rosental
P15 Hackerhaus
Schlemmermeyer's
P11
Radlsteg
Kuchelbackerstr.
Sendlinger Str.
Dultstr.
Oberanger
Basic P57
阿桑教堂
Asam Kirche
穀物市場 P39
Viktualienmarkt
Suppenküche P39
Westenriederstr.
慕尼黑市立博物館 P71
Münchener Stadtmuseum
P53 啤酒&啤酒節博物館
Bier und Oktoberfest Museum
Frauenstr.
St.-Jakobs-Platz
Sebastianspl.
猶太人博物館
Jüdisches Museum
Zwingerstr.
Utzschneiderstr.
Reichenbachstr.
Klosterhofstr.
聖雅各教堂
St.-Jakobs-kirche
Am Einlaß
Rumfordstr.
Unterer Anger
Reichenbachplatz
Reichenbachplatz
Aventinstr.
Blumenstr.
Theklastr.
Corneliusstr.
Reichenbachstr.
Klenzestr.
Buttermelcherstr.
Blumenstr.
路面電車16·18號線
Baaderplatz
Marionettentheater
Kohlstr.
Müllerstr.
Gärtnerpl.
Papa-Schmid-Str.
U1·2·7
Angertorstr.
市立劇場
Staatstheater
Müllerstr.
Baaderstr.
Corneliusstr.
Kolosseumstr.
Klenzestr.
Reichenbachstr.
路面電車17號線
Fraunhoferstr.
Jahnstr.
Ickstattstr.
P132
P134

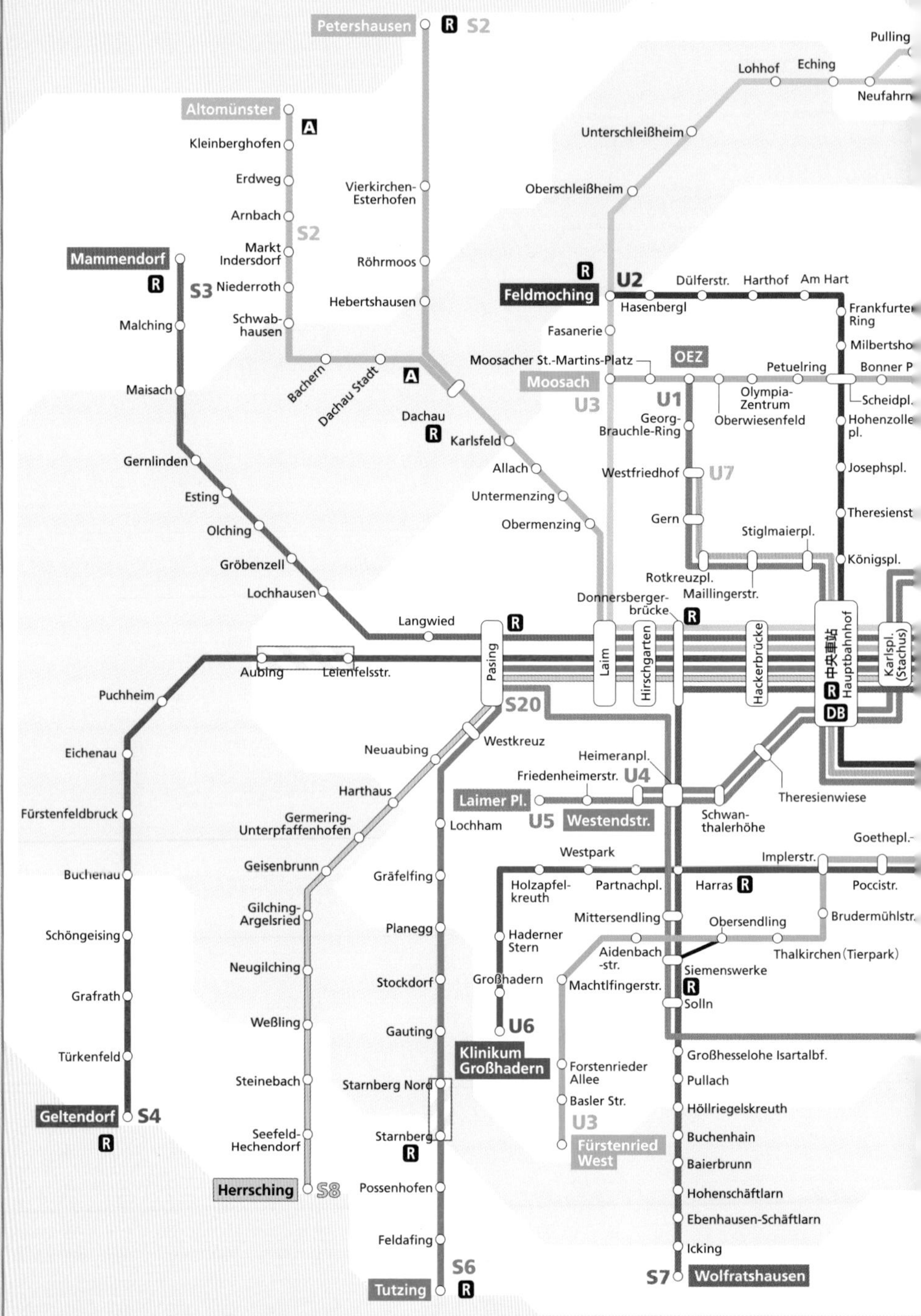
Petershausen
S2
Pulling
Lohhof
Eching
Neufahrn
Altomünster
Kleinberghofen
Erdweg
Arnbach
Markt Indersdorf
Niederroth
Schwab-hausen
Vierkirchen-Esterhofen
Röhrmoos
Hebertshausen
Unterschleißheim
Oberschleißheim
Mammendorf
S3
Malching
Maisach
Gernlinden
Esting
Olching
Gröbenzell
Lochhausen
Langwied
Bachern
Dachau Stadt
Dachau
Karlsfeld
Allach
Untermenzing
Obermenzing
Feldmoching
U2
Dülferstr.
Harthof
Am Hart
Hasenbergl
Frankfurter Ring
Milbertshofen
Fasanerie
Moosacher St.-Martins-Platz
OEZ
Petuelring
Bonner P
Moosach
U3
U1
Olympia-Zentrum
Oberwiesenfeld
Scheidpl.
Georg-Brauchle-Ring
Hohenzollernpl.
Westfriedhof
U7
Josephspl.
Gern
Theresienst
Stiglmaierpl.
Königspl.
Rotkreuzpl.
Maillingerstr.
Donnersberger-brücke
Aubing
Leienfelsstr.
Pasing
Laim
Hirschgarten
Hackerbrücke
中央車站 Hauptbahnhof
DB
Karlspl. (Stachus)
Puchheim
S20
Westkreuz
Eichenau
Neuaubing
Heimeranpl.
Friedenheimerstr.
U4
Laimer Pl.
Theresienwiese
U5
Westendstr.
Schwan-thalerhöhe
Harthaus
Fürstenfeldbruck
Germering-Unterpfaffenhofen
Lochham
Goethepl.
Westpark
Implerstr.
Geisenbrunn
Buchenau
Gräfelfing
Holzapfel-kreuth
Partnachpl.
Harras
Poccistr.
Gilching-Argelsried
Mittersendling
Obersendling
Brudermühlstr.
Schöngeising
Planegg
Haderner Stern
Aidenbach-str.
Thalkirchen (Tierpark)
Neugilching
Siemenswerke
Grafrath
Stockdorf
Großhadern
Machtlfingerstr.
Solln
Weßling
U6
Gauting
Klinikum Großhadern
Türkenfeld
Großhesselohe Isartalbf.
Forstenrieder Allee
Steinebach
Starnberg Nord
Pullach
Basler Str.
Höllriegelskreuth
Geltendorf
S4
U3
Seefeld-Hechendorf
Starnberg
Fürstenried West
Buchenhain
Baierbrunn
Herrsching
S8
Possenhofen
Hohenschäftlarn
Ebenhausen-Schäftlarn
Feldafing
Icking
S6
Tutzing
S7
Wolfratshausen

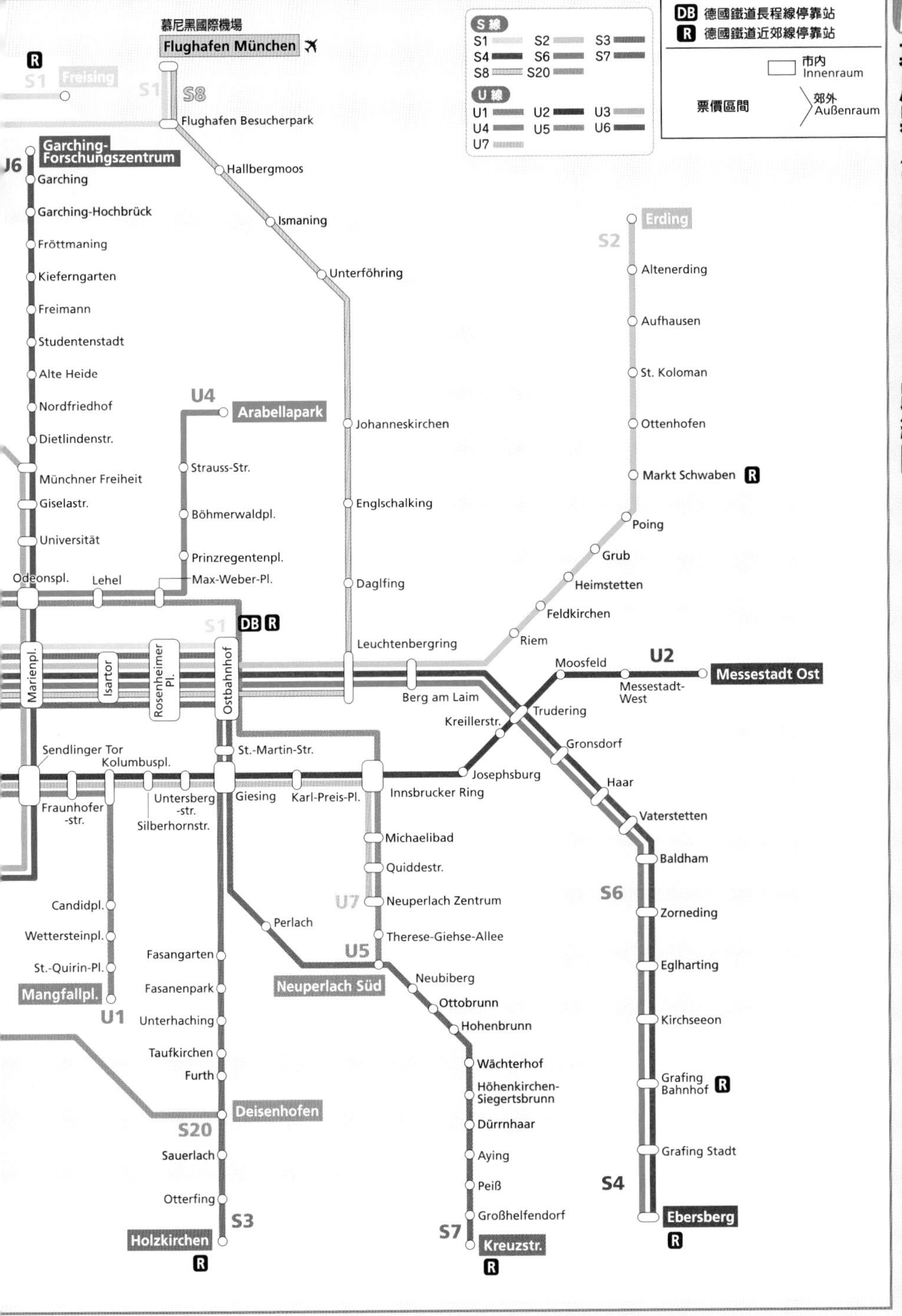

DB 德國鐵道長程線停靠站
R 德國鐵道近郊線停靠站
市內 Innenraum
票價區間
郊外 Außenraum
S線
S1 S2 S3 S4 S6 S7 S8 S20
U線
U1 U2 U3 U4 U5 U6 U7
慕尼黑國際機場
Flughafen München
Freising
Flughafen Besucherpark
Hallbergmoos
Ismaning
Unterföhring
Johanneskirchen
Englschalking
Daglfing
Leuchtenbergring
Garching-Forschungszentrum
Garching
Garching-Hochbrück
Fröttmaning
Kieferngarten
Freimann
Studentenstadt
Alte Heide
Nordfriedhof
Dietlindenstr.
Münchner Freiheit
Giselastr.
Universität
Odeonspl.
Lehel
Max-Weber-Pl.
Arabellapark
Strauss-Str.
Böhmerwaldpl.
Prinzregentenpl.
Marienpl.
Isartor
Rosenheimer Pl.
Ostbahnhof
Erding
Altenerding
Aufhausen
St. Koloman
Ottenhofen
Markt Schwaben
Poing
Grub
Heimstetten
Feldkirchen
Riem
Moosfeld
Messestadt-West
Messestadt Ost
Berg am Laim
Trudering
Kreillerstr.
Gronsdorf
Haar
Vaterstetten
Baldham
Zorneding
Eglharting
Kirchseeon
Grafing Bahnhof
Grafing Stadt
Ebersberg
Josephsburg
Innsbrucker Ring
Michaelibad
Quiddestr.
Neuperlach Zentrum
Therese-Giehse-Allee
Neuperlach Süd
Neubiberg
Ottobrunn
Hohenbrunn
Wächterhof
Höhenkirchen-Siegertsbrunn
Dürrnhaar
Aying
Peiß
Großhelfendorf
Kreuzstr.
Sendlinger Tor
Kolumbuspl.
Fraunhofer-str.
Untersberg-str.
Silberhornstr.
St.-Martin-Str.
Giesing
Karl-Preis-Pl.
Perlach
Candidpl.
Wettersteinpl.
St.-Quirin-Pl.
Mangfallpl.
Fasangarten
Fasanenpark
Unterhaching
Taufkirchen
Furth
Deisenhofen
Sauerlach
Otterfing
Holzkirchen

法蘭克福植物園 Palmengarten
Hotel Mozart
Grüneburgweg
Gervinusstr.
Grüneburgweg
Sophienstr.
Falkstr.
Zeppelinallee
Feldbergstr.
Siesmayerstr.
Freiherr-vom-Stein-Str.
Oberlindau
Parkstr.
Bockenheimer Warte
大學圖書館 Univ-Bibliothek
Basic P57
Bockenheimer Warte
博肯漢姆街
Eppsteiner Str.
Mylinsstr.
Hochsch.f.Mus u.Darst. kun
歌德大學 J.W.Goethe Universität
Senckenberg Anlage
P107 申根堡自然史博物館 Naturmuseum Senckenberg
Gräfstr.
Westend
Staufenstr.
Gärtnerweg
貝多芬廣場 Beethoven
Schubertstr.
Bockenheimer Landstr.
Liebigstr.
Unterlindau
Reuterweg
Rothschildpark
Robert-Mayer-Str.
Kettenhofweg
Mendelssohnstr.
Lindenstr.
Feuerbachstr.
U6·7
P140-141
Bockenheimer
老歌劇院 Alte Oper
Alte Oper
P106 法蘭克福萬豪酒店 Marriott Hotel Frankfurt
Arndtstr.
Kettenhofweg
Schumannstr.
Savigny Frankfurt City M Gallery Collection P106
Guiollettstr.
Ulmenstr.
Westendstr.
路面電車16·17號線
Ludwig-Erhald-Anlage
Ludwig-Erhard-Anlage
Beethovenstr.
Taunusanlage
瑪麗蒂姆酒店 P106 Maritim
Congress Center Forum
展覽中心 Messeturm
Festhalle/Messe
Westendpl.
Rheinstr.
Junghofstr.
緬因塔 Main Tower
Friedrich-Ebert-Anlage
Niedenau
S1·6·8·9
Taunusanlage
Neue Mainzer Str.
Große Gallusstr.
法蘭克福展覽中心 P107 Messe und Ausstelungsgelande
Festhalle /Messe
Halle 1
Platz Ber Einheit
Brüsseler Str.
Hohenstaufen -str.
Erlenstr.
Mainzer Landstr.
緬因河岸大道
德意志銀行 Deutsche Bundesbank Hauptverwaltung
Kaiserstr.
P106 施泰根貝格爾法蘭克福霍夫酒店 Steigenberger Frankfurter Hof
U4
Osloer Str.
Hohenstaufenstr.
Platz der Republik
Platz der Republik
Düsseldorfer Str.
Niddastr.
曼哈頓酒店 P106 Manhattan Hotel
Taunusstr.
Willy-Brandt-Pl.
P106 法蘭克福城際酒店 Intercity Hotel
Moselstr.
Kaiserstr.
凱撒大道
歌劇院Oper
Güterpl.
Güterplatz
Münchener Str.
P107 猶太人博物館 Jüdische Museum
Kölner Str.
Frankenallee
Hafenstr.
Hauptbahnhof
Am Hauptbahnhof
Mainzer Landstr.
Poststr.
法蘭克福中央車站 FRANKFURT HBF.
Hbf/Münchener Str.
Terminus
U4·5
Gutleutstr.
歐洲巴士停靠站
緬因河岸大道 路面電車11·21號線
Hbf/Südseite
Hotel Continental P106
Colour
法蘭克福公園艾美酒店 P106 Le Meridien Parkhotel Frankfurt
U1·2·3·8
Speyerer Str.
S-Bahn-Wartungshalle
Europa
Deutsche Touring公司售票中心 P76
麥茵河 Main
Pforzheimer Str.
Baseler Str.
Baseler Platz
情報通信博物館 Museum für Kommunikation
Stuttgarterstr.
Wilhelm Leuschnerstr.
荷爾拜因橋 Holbein-steg
Mannheimer Str.
Behöldenzentrum
Untermainkai
P106 洲際酒店 InterContinental
Dürerstr.
Hafenstr.
施泰德美術館 P107 Städel Museum
Schaumainkai (Museumsufer)
Speicherstr.
路面電車12·16·20·21號線
和平橋 Friedensbrücke
Otto-Hahn-Platz
路面電車15·16·19號線
Westhafen Tower
Steinlestr.
Straßenbahn-Betriebsbf.
P107 古代雕塑品博物館 Liebieghaus
Otto-Hahn-Pl.
Rubensstr.
Stresemannallee/Gartenstr.
西港 Westhafen
Theodor-Stern-Kai
Gartenstr.
Stresemannallee
Kennedyallee
Passavantstr.
Thorwaldsenstr.
A
B
1
2
3
4

全域圖請參照P126

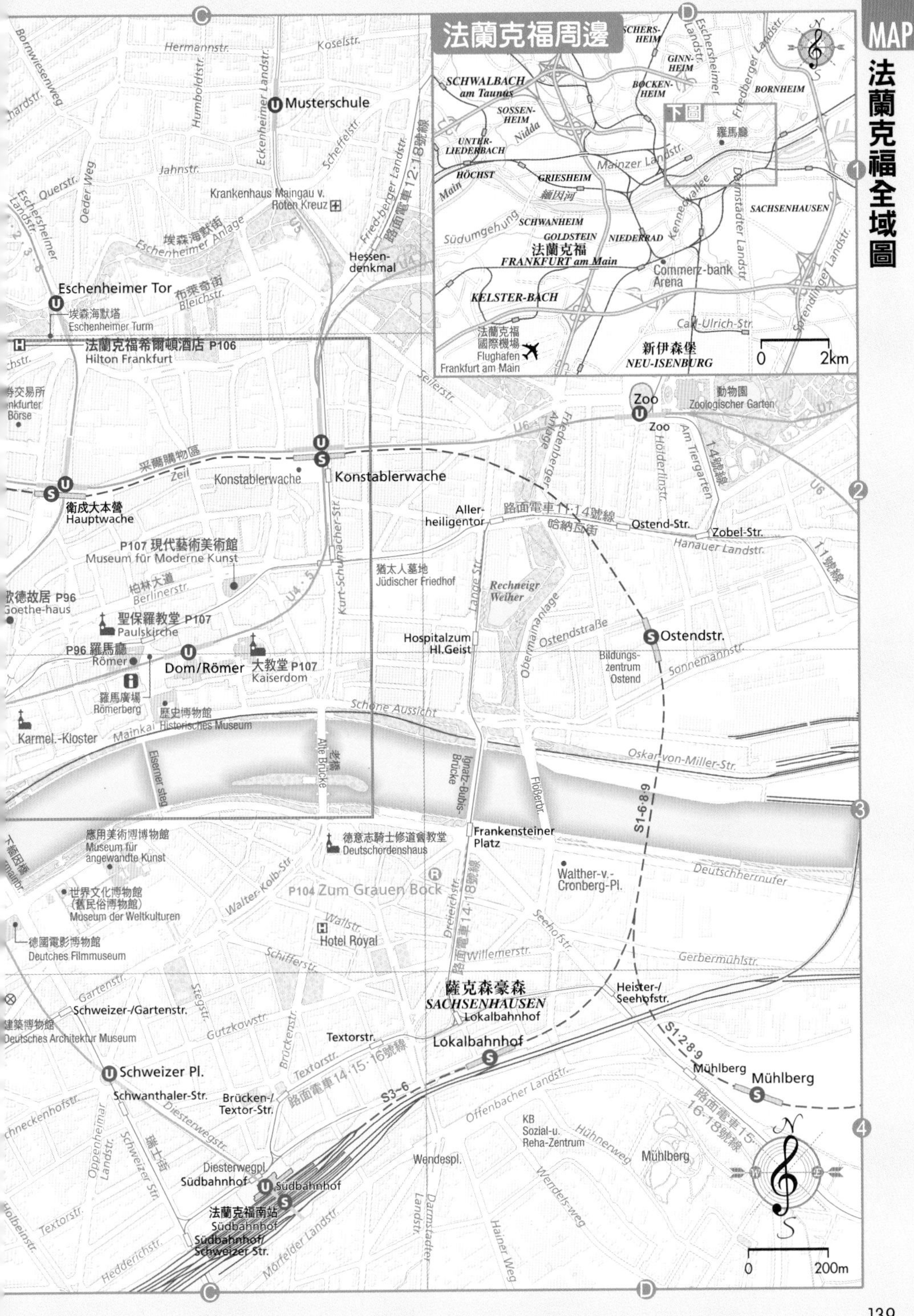

法蘭克福周邊
SCHWALBACH am Taunus
SOSSENHEIM
UNTERLIEDERBACH
HÖCHST
GRIESHEIM
SCHWANHEIM
GOLDSTEIN
NIEDERRAD
法蘭克福
FRANKFURT am Main
KELSTER-BACH
法蘭克福國際機場
Flughafen Frankfurt am Main
新伊森堡
NEU-ISENBURG
GINNHEIM
BOCKENHEIM
BORNHEIM
SACHSENHAUSEN
羅馬廳
Commerz-bank Arena
Mainzer Landstr.
0 2km
Musterschule
Eschenheimer Tor
埃森海默塔
Eschenheimer Turm
法蘭克福希爾頓酒店 P106
Hilton Frankfurt
Krankenhaus Maingau v. Roten Kreuz
埃森海默街
布萊奇街
Hessendenkmal
路面電車12·18號線
采爾購物區
Konstablerwache
衛戍大本營
Hauptwache
P107 現代藝術美術館
Museum für Moderne Kunst
柏林大道
歌德故居 P96
Goethe-haus
聖保羅教堂 P107
Paulskirche
P96 羅馬廳
Römer
Dom/Römer
大教堂 P107
Kaiserdom
羅馬廣場
Römerberg
歷史博物館
Historisches Museum
Karmel.-Kloster
老橋
Alte Brücke
Eiserner Steg
Zoo
動物園
Zoologischer Garten
路面電車11·14號線
哈納瓦街
Allerheiligentor
Ostend-Str.
Zobel-Str.
猶太人墓地
Jüdischer Friedhof
Rechneigr Weiher
Hospitalzum Hl.Geist
Ostendstr.
Bildungszentrum Ostend
Schöne Aussicht
Oskar-von-Miller-Str.
Ignatz-Bubis-Brücke
Floßerbr.
S1·6·8·9
應用美術博物館
Museum für angewandte Kunst
德意志騎士修道會教堂
Deutschordenshaus
Frankensteiner Platz
P104 Zum Grauen Bock
Walther-v.-Cronberg-Pl.
世界文化博物館（舊民俗博物館）
Museum der Weltkulturen
德國電影博物館
Deutsches Filmmuseum
Hotel Royal
路面電車14·18號線
薩克森豪森
SACHSENHAUSEN
Lokalbahnhof
Heister-/Seehofstr.
建築博物館
Deutsches Architektur Museum
Schweizer-/Gartenstr.
Textorstr.
Schweizer Pl.
Schwanthaler-Str.
Brücken-/Textor-Str.
路面電車14·15·16號線
S3~6
S1·2·8·9
Mühlberg
路面電車15·16·18號線
KB Sozial-u. Reha-Zentrum
Wendespl.
Diesterwegpl.
Südbahnhof
法蘭克福南站
Südbahnhof
Südbahnhof/Schweizer Str.
瑞士街
Offenbacher Landstr.
Darmstädter Landstr.
Mörfelder Landstr.
0 200m

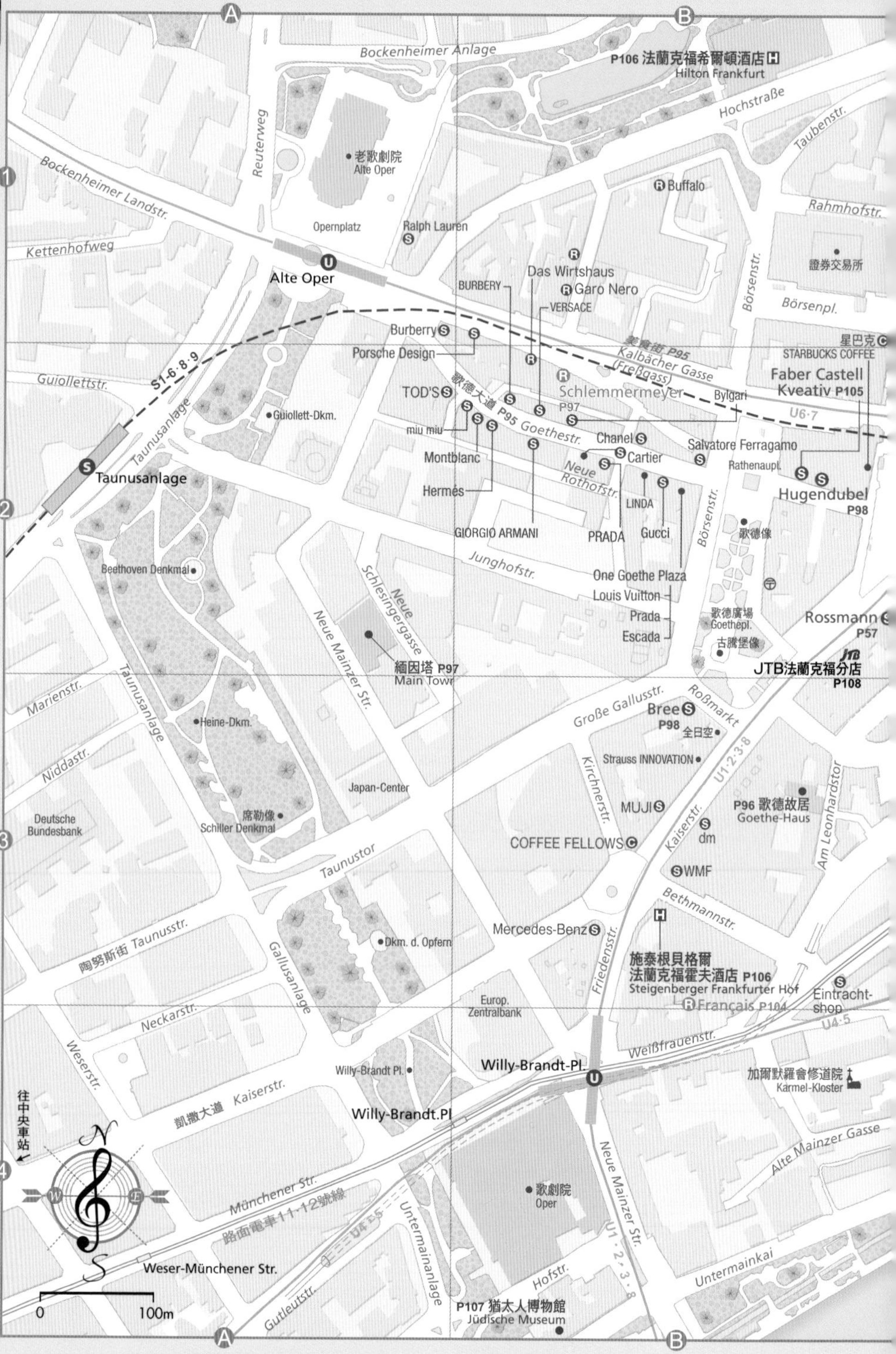

A B
1 2 3 4

Bockenheimer Anlage
P106 法蘭克福希爾頓酒店 Hilton Frankfurt
Hochstraße
Taubenstr.
Reuterweg
老歌劇院 Alte Oper
Bockenheimer Landstr.
Buffalo
Rahmhofstr.
Opernplatz
Ralph Lauren
Kettenhofweg
證券交易所
Alte Oper
Das Wirtshaus
Garo Nero
BURBERY
VERSACE
Börsenstr.
Börsenpl.
Burberry
Porsche Design
美食街 P95 Kalbächer Gasse (Freßgass)
星巴克 STARBUCKS COFFEE
Faber Castell Kveativ P105
Guiollettstr.
S1·6·8·9
TOD'S
歌德大道 P95 Goethestr.
Schlemmermeyer P97
Bylgari
U6·7
Taunusanlage
Guiollett-Dkm.
miu miu
Montblanc
Chanel
Cartier
Salvatore Ferragamo
Rathenaupl.
Taunusanlage
Hermès
Neue Rothofstr.
LINDA
Hugendubel P98
GIORGIO ARMANI
PRADA
Gucci
Börsenstr.
歌德像
Beethoven Denkmal
Junghofstr.
One Goethe Plaza
Louis Vuitton
Prada
Escada
Neue Schlesingergasse
Neue Mainzer Str.
歌德廣場 Goethepl.
Rossmann P57
古騰堡像
JTB法蘭克福分店 P108
緬因塔 P97 Main Tower
Marienstr.
Taunusanlage
Große Gallusstr.
Roßmarkt
Bree P98
全日空
Heine-Dkm.
Strauss INNOVATION
Kirchnerstr.
U1·2·3·8
Niddastr.
Japan-Center
P96 歌德故居 Goethe-Haus
MUJI
Am Leonhardstor
Deutsche Bundesbank
席勒像 Schiller Denkmal
Kaiserstr.
dm
COFFEE FELLOWS
Taunustor
WMF
Bethmannstr.
陶努斯街 Taunusstr.
Mercedes-Benz
Dkm. d. Opfern
Gallusanlage
Friedensstr.
施泰根貝格爾法蘭克福霍夫酒店 P106 Steigenberger Frankfurter Hof
Eintracht-shop
Français P104
Europ. Zentralbank
Neckarstr.
U4·5
Weserstr.
Weißfrauenstr.
Willy-Brandt Pl.
Willy-Brandt-Pl.
加爾默羅會修道院 Karmel-Kloster
往中央車站
凱撒大道 Kaiserstr.
Willy-Brandt.Pl
Alte Mainzer Gasse
Münchener Str.
路面電車11.12號線
U4·5
Untermainanlage
歌劇院 Oper
Neue Mainzer Str.
U1·2·3·8
Weser-Münchener Str.
Hofstr.
Untermainkai
0 100m
Gutleutstr.
P107 猶太人博物館 Jüdische Museum

全域圖請參照P138

Eschenheimer Tor
Best Western
Stephanstr.
Große Eschenheimer Str.
U1・2・3・8
Brönnerstr.
Stiftstr.
Schäfergasse
Große Friedberger Str.
U4・5
Konr.-Adenauer-Str.
路面電車12・18號線
Porzellanhofstr.
Heiligkreuzgasse
Frohsinn P99
圖爾恩和塔克西斯宮 P99
Palais Thurn und Taxis
Lorey P105
Lidl
P104 鮨元 Sushimoto
P106 法蘭克福威斯汀大酒店
The Westin Grand Frankfurt
dm P57
WMF P105
dm
EXPO
麥當勞 McDonald's
ZARA
C&A
Galeria Kaufhof P105
Rewe Appelrath-Cüper
P105 Karstadt
Konstablerwache
Bären-Treff P97
Jumeirah Hotel
MyZeil P99
采爾購物區 P94 Zeil
Peek&Cloppenburg
Konstablerwache
衛戍大本營 Hauptwache
H&M
Weidenhof P104
Curl-Theodor Reiffenstein Pl.
Esprit
THAI EXPRESS
漢堡王 BURGER KING
工程中
Sport Arena Hauptwache
Holzgraben
Liebfrauenstr.
An der Staufenmauer
Kurt-Schumacher-Str.
Klingerstr.
Adidas Performance Store Frankfurt P105
Hasergasse
Hessen Shop P99
Lebe Gesund P99
Töngesgasse
凱瑟琳教堂 Sankt Katharinen Kirche
Mikuni
Fahrgasse
Café Liebfrauenberg P104
Kleinmarkthalle P99
Börneplatz
Battonnstr.
Bleidentr.
Swatch
Ziegel Gasse
An der Kleinmarkthalle
美術館商店 P98 Museum Shop
Börneplatz
路面電車11號線
Neue Kräme
柏林大道
FISCH FRANKE
現代藝術美術館 P107 Museum für Moderne Kunst
猶太人街紀念館 Museum Judengasse
SWAROVSKI
哈根達斯 Häagen Dazs
Miramar
Weißadlergasse
Berliner Str.
Schaulade P105
Braubachstr.
Domstr.
Handwerkskunst am Römer P105
Kornmarkt
Paulspl.
Neue Kräme
聖保羅教堂 P107 Paulskirche
Kannengießer Gasse
Paulaner Am Dom P104
Römer/Paulskirche
Römer/Paulskirche
Dom/Römer
施工中
大教堂 P107 Kaiserdom
售票亭
Fahrgasse
Bethmannstr.
市政廳 Rathaus
羅馬廳 P96 Römer
Oberoi
Zum Standesämtchen P104
Weckmarkt
Brückhofstr.
羅馬廣場 Römerberg
聖誕市集會場
尼古拉教堂 Nikolaikirche
Saal Gasse
Zum Pfarrturm
Limpurger-G.
Buchgasse
Münzgasse
Zum Storch am Dom P104
Große Fischerstr.
施工中
Fahrtor
Schöne Aussicht
歷史博物館 P107 Historisches Museum
Mainkai
緬因河遊船搭乘處
Alte Brücke
Eiserner Steg
緬因河 Main
Kunsthalle Portikus
Sachsenhäuser Ufer
三皇教堂 Dreikönig Kirche
往薩克森豪森↓
Deutschherrn Ufer

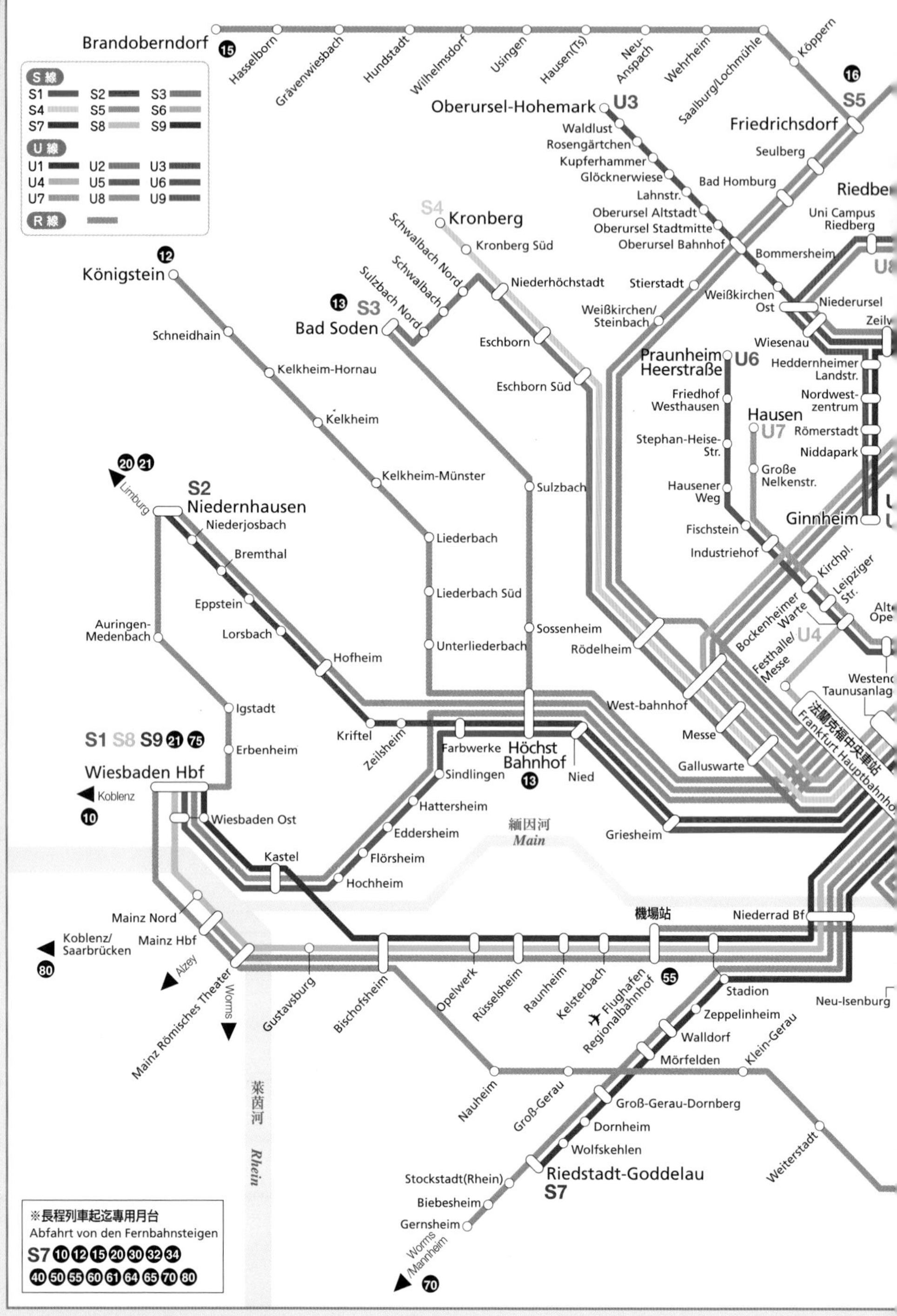
S線
S1 S2 S3
S4 S5 S6
S7 S8 S9
U線
U1 U2 U3
U4 U5 U6
U7 U8 U9
R線
Brandoberndorf
Hasselborn
Grävenwiesbach
Hundstadt
Wilhelmsdorf
Usingen
Hausen(Ts)
Neu-Anspach
Wehrheim
Saalburg/Lochmühle
Köppern
S5
Friedrichsdorf
Seulberg
Bad Homburg
Oberursel-Hohemark
U3
Waldlust
Rosengärtchen
Kupferhammer
Glöcknerwiese
Lahnstr.
Oberursel Altstadt
Oberursel Stadtmitte
Oberursel Bahnhof
Bommersheim
Stierstadt
Weißkirchen Ost
Niederursel
Weißkirchen/Steinbach
Wiesenau
Riedberg
Uni Campus Riedberg
Heddernheimer Landstr.
Nordwestzentrum
Römerstadt
Niddapark
Ginnheim
S4
Kronberg
Kronberg Süd
Schwalbach Nord
Schwalbach
Sulzbach Nord
Niederhöchstadt
Eschborn
Eschborn Süd
S3
Bad Soden
Sulzbach
Sossenheim
Rödelheim
Königstein
Schneidhain
Kelkheim-Hornau
Kelkheim
Kelkheim-Münster
Liederbach
Liederbach Süd
Unterliederbach
Praunheim Heerstraße
U6
Friedhof Westhausen
Stephan-Heise-Str.
Hausener Weg
Fischstein
Industriehof
Hausen
U7
Große Nelkenstr.
Kirchpl.
Leipziger Str.
Bockenheimer Warte
U4
Festhalle/Messe
Alte Oper
Westend
Taunusanlage
法蘭克福中央車站
Frankfurt Hauptbahnhof
West-bahnhof
Messe
Galluswarte
Griesheim
Limburg
S2
Niedernhausen
Niederjosbach
Bremthal
Eppstein
Lorsbach
Hofheim
Kriftel
Zeilsheim
Farbwerke
Höchst Bahnhof
Nied
Sindlingen
Hattersheim
Eddersheim
Flörsheim
Hochheim
Auringen-Medenbach
Igstadt
Erbenheim
S1 S8 S9
Wiesbaden Hbf
Koblenz
Wiesbaden Ost
Kastel
緬因河
Main
Mainz Nord
Mainz Hbf
Koblenz/Saarbrücken
Alzey
Mainz Römisches Theater
Worms
Gustavsburg
Bischofsheim
Opelwerk
Rüsselsheim
Raunheim
Kelsterbach
機場站
Flughafen Regionalbahnhof
Niederrad Bf
Stadion
Neu-Isenburg
Zeppelinheim
Walldorf
Mörfelden
Klein-Gerau
Nauheim
Groß-Gerau
Groß-Gerau-Dornberg
Dornheim
Wolfskehlen
Riedstadt-Goddelau
S7
Weiterstadt
Stockstadt(Rhein)
Biebesheim
Gernsheim
Worms/Mannheim
萊茵河
Rhein
※長程列車起迄專用月台
Abfahrt von den Fernbahnsteigen
S7

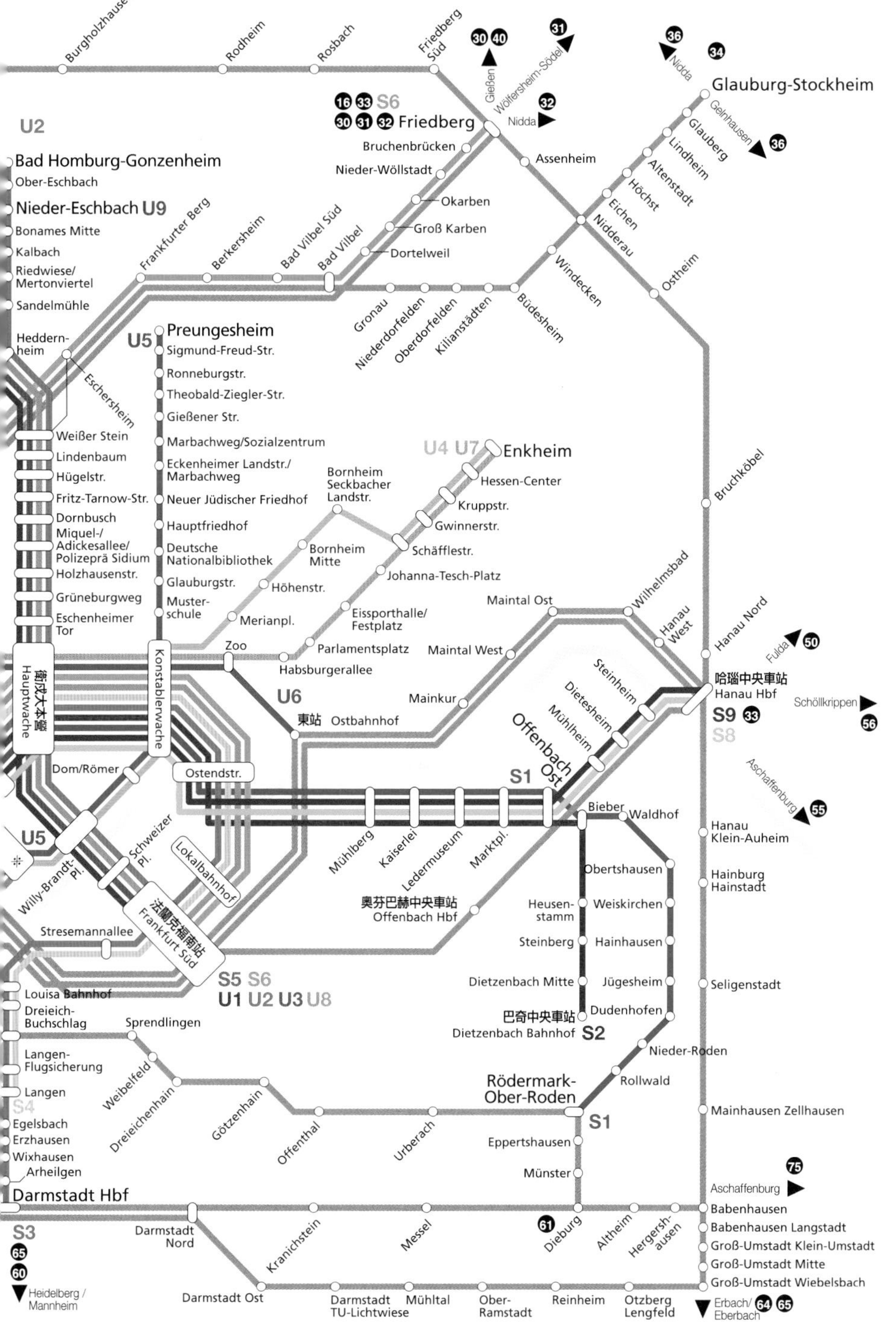
Burgholzhausen
Rodheim
Rosbach
Friedberg Süd
30 40
Gießen
31
Wölfersheim-Södel
36
Nidda
34
Glauburg-Stockheim
16 33 S6
30 31 32 Friedberg
32
Nidda
Gelnhausen
36
Glauberg
Lindheim
Altenstadt
Höchst
Eichen
Nidderau
Assenheim
Bruchenbrücken
Nieder-Wöllstadt
Okarben
Groß Karben
Dortelweil
U2
Bad Homburg-Gonzenheim
Ober-Eschbach
Nieder-Eschbach U9
Bonames Mitte
Kalbach
Riedwiese/
Mertonviertel
Sandelmühle
Frankfurter Berg
Berkersheim
Bad Vilbel Süd
Bad Vilbel
Gronau
Niederdorfelden
Oberdorfelden
Kilianstädten
Büdesheim
Windecken
Ostheim
Heddern-
heim
Eschersheim
U5
Preungesheim
Sigmund-Freud-Str.
Ronneburgstr.
Theobald-Ziegler-Str.
Gießener Str.
Marbachweg/Sozialzentrum
Eckenheimer Landstr./
Marbachweg
Neuer Jüdischer Friedhof
Hauptfriedhof
Deutsche
Nationalbibliothek
Glauburgstr.
Muster-
schule
Weißer Stein
Lindenbaum
Hügelstr.
Fritz-Tarnow-Str.
Dornbusch
Miquel-/
Adickesallee/
Polizeprä Sidium
Holzhausenstr.
Grüneburgweg
Eschenheimer
Tor
U4 U7
Enkheim
Hessen-Center
Kruppstr.
Gwinnerstr.
Schäfflestr.
Johanna-Tesch-Platz
Bornheim
Seckbacher
Landstr.
Bornheim
Mitte
Höhenstr.
Merianpl.
Eissporthalle/
Festplatz
Parlamentsplatz
Habsburgerallee
Zoo
Bruchköbel
Wilhelmsbad
Hanau
West
Maintal Ost
Maintal West
Hanau Nord
Fulda
50
哈瑙中央車站
Hanau Hbf
S9 33
S8
Schöllkrippen
56
Steinheim
Dietesheim
Mühlheim
Offenbach
Ost
Mainkur
衛戍大本營
Hauptwache
Konstablerwache
U6
東站 Ostbahnhof
Aschaffenburg
55
S1
Dom/Römer
Ostendstr.
Bieber
Waldhof
Hanau
Klein-Auheim
U5
Willy-Brandt-
Pl.
Schweizer
Pl.
Lokalbahnhof
Mühlberg
Kaiserlei
Ledermuseum
Marktpl.
Obertshausen
Hainburg
Hainstadt
奧芬巴赫中央車站
Offenbach Hbf
Heusen-
stamm
Weiskirchen
法蘭克福南站
Frankfurt Süd
Stresemannallee
Steinberg
Hainhausen
S5 S6
U1 U2 U3 U8
Dietzenbach Mitte
Jügesheim
Seligenstadt
Louisa Bahnhof
Dreieich-
Buchschlag
Sprendlingen
巴奇中央車站
Dietzenbach Bahnhof S2
Dudenhofen
Nieder-Roden
Langen-
Flugsicherung
Weibelfeld
Dreieichenhain
Götzenhain
Rödermark-
Ober-Roden
Rollwald
Langen
S4
Egelsbach
Erzhausen
Wixhausen
Arheilgen
Offenthal
Urberach
S1
Eppertshausen
Münster
Mainhausen Zellhausen
75
Aschaffenburg
Darmstadt Hbf
S3
65
60
Heidelberg /
Mannheim
Darmstadt
Nord
Kranichstein
Messel
61
Dieburg
Altheim
Hergersh-
ausen
Babenhausen
Babenhausen Langstadt
Groß-Umstadt Klein-Umstadt
Groß-Umstadt Mitte
Groß-Umstadt Wiebelsbach
Darmstadt Ost
Darmstadt
TU-Lichtwiese
Mühltal
Ober-
Ramstadt
Reinheim
Otzberg
Lengfeld
Erbach/
Eberbach
64 65

時尚・可愛・慢步樂活旅

ララチッタ Lala Citta

MÜNCHEN ROMANTISCHE STR.
FRANKFURT AM MAIN

國家圖書館出版品預行編目(CIP)資料

慕尼黑・羅曼蒂克大道・法蘭克福 / JTB Publishing, Inc.作 ; 許懷文翻譯.
-- 第一版. -- 新北市:人人, 2016.10
面; 公分. --(叩叩世界系列 ; 10)
譯自 : ミュンヘン.ロマンチック街道.フランクフルト

ISBN 978-986-461-062-4(平裝)
1.旅遊 2.德國

743.9　　105015166

JMJ

【 叩叩世界系列 10 】

慕尼黑・羅曼蒂克大道・法蘭克福

作者/JTB Publishing, Inc.
翻譯/許懷文
編輯/林德偉
校對/江宛軒
發行人/周元白
排版製作/長城製版印刷股份有限公司
出版者/人人出版股份有限公司
地址/23145 新北市新店區寶橋路235巷6弄6號7樓
電話/(02)2918-3366(代表號)
傳真/(02)2914-0000
網址/http://www.jjp.com.tw
郵政劃撥帳號/16402311 人人出版股份有限公司
製版印刷/長城製版印刷股份有限公司
電話/(02)2918-3366(代表號)
經銷商/聯合發行股份有限公司
電話/(02)2917-8022
第一版第一刷/2016年10月
定價/新台幣400元

日本版原書名/ミュンヘン・ロマンチック街道・フランクフルト
日本版發行人/秋田 守
Lala Citta Series
Title: MÜNCHEN ROMANTISCHE STR. FRANKFURT AM MAIN

※本書內頁紙張採敦榮紙業進口日本王子90g嵩艷紙

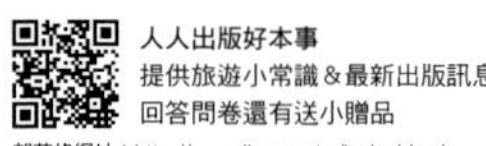

叩叩世界 10
201610